이대로 끝낼 수 없다

내 인생, 내 직장, 내 직원

저자 강 명 주 노무사

지혜와지식

백수탈출

직장생활

직원관리의 모든 것

머리말

두 발로 우뚝 서려는
고독한 인간을 위하여

다수가 힘들다고 한다. 경기침체의 장기화에 따라 구직자, 근로자, 사용자 모두가 각자의 위치에서 어려움을 호소하고 있다. 금수저가 아닌 한, 최소한의 인간적인 삶을 누리는 것조차 결코 쉽지 않은 세상이다.

상당수 근로자들은 업무 못지않게 인간관계에서의 고충을 토로한다. 많든 적든 사람이 없는 회사는 없고 사람은 감정의 동물이기에 조직 내 인간관계에서의 트러블은 어찌 보면 당연하다. 이런 트러블은 바다에 떠다니는 빙산처럼 이로 인한 불이익을 당하기 전까지는 통상 별거 아닌 것으로 취급되기에 더욱 위험하다. 또한 업무에서의 고충과 달리 구체적인 상황에 따라 그 종류가 너무 많기에 마땅한 해결책을 찾기가 매우 난감할 수 있다. 업무에서의 부진을 좋은 인간관계가 메꿔주거나 나쁜 인간관계가 확대시킬 수 있다는 점에서도 사내인간관계는 절대 경시하면 안 된다.

사용자 중에도 인간관계, 특히 직원과의 관계에 있어 어려움을 호소

하는 사람들이 많다. 임금 등 근무환경이라도 괜찮다면 별다른 눈치 볼 필요가 없겠지만 이런 회사는 드물기에 직원의 기분도 신경 써야 하는 경우가 대부분이다. 필자의 경험이나 각종 연구결과에 비춰봐도 직원이 사장이나 회사에 만족할 경우의 업무성과는 그렇지 않은 경우의 그것을 압도하기에 회사의 유지·발전 차원에서도 직원과의 적절한 관계조성은 더없이 중요하다.

구직자 역시 거의 다가 취업과정에서의 고단함을 하소연한다. 직장경험이 전혀 없는 신규구직자나 기존회사를 자의 반 타의 반 그만둔 경력직 모두가 괜찮은 일자리 숫자가 날로 감소함에 따라 취업이 너무 힘들다고 푸념한다. 이런 탓에 자기소개서나 이력서 작성법, 면접 시 주의점 등을 컨설팅해주는 학원도 성업 중인 듯하다.

포기하면 편하다.

주변 사람들 신경 쓰지 않고 마음대로 사내에서 행동하며 설사 이로 인한 불이익을 받더라도 전혀 개의치 않는다는 태도로 회사를 다니는 게 솔직히 제일 편하긴 하다. 최저임금액 이상만 지급하면 합법이므로 딱 최저임금만 주면서 직원의 기분 따위는 완전히 무시하고, 조금이라도 불만을 표출한다면 어떻게든 권고사직 시키고 새로운 직원으로 대체하는 게 가장 손쉬운 직원관리일지 모른다. 또 다른 낙방이 주는 실망감이 너무 지겹다면 아예 구직을 포기하고 부모 품으로 더욱 파고드는 게 편안함이란 측면에선 최고일 수 있다. 의지할 부모가 없다면 형제나 친구에게 빌붙거나 각종 구호단체나 사회보조금 등에 의존하여 제대로 된 취업은 포기하고 사는 것도 실패가 주는 아픔을 겪지 않을 수 있다는 점에선 괜찮아 보일 수 있다.

그래도 일어나야 한다.

사내 원만한 인간관계를 아예 포기하고 회사를 다닌다면 평판은 급락하기 마련이며 이는 승진누락 등 당장의 불이익뿐만 아니라 다른 직장까지 평생 낙인처럼 따라다니며 이직실패 등 또 다른 불이익도 줄 것이다. 직원에 대한 고려를 전혀 안 하는 독재자식 경영에 맛들이고 나면 일시적으로는 편하기에 더욱 사람을 기계처럼 다루게 되고 이것이 관행화되면 어느 순간부터 주인의식이란 단어는 사내에서 종적을 감추고 사장의 외로움은 급증할 것이다. 구직을 포기하고 하루하루 현실도피에 빠지다 보면 지금은 합격시켜줘도 전혀 갈 마음이 없는 직장에 어느새 나이 탓에 원서조차 넣지 못하게 된 스스로를 발견하게 될 것이다.

이 책은 이런 현실 속에서 구직자, 근로자, 사용자 모두에게 실질적인 도움을 주기 위하여 쓰여졌다.

일반사원 파트에서는 사내에서 평사원들이 본인의 평판을 유지·향상시키고 원만한 인간관계를 조성하며 장기적으로 경력을 개발하는데 보탬이 되거나 유의할 점들을 논해보았다. 노무사인 필자가 현실에서 접하는 가장 안타까운 케이스는 능력과 열정이 충분한 직원들이 인간관계 탓에 결국 조직에서 합당한 대우를 받지 못하거나 퇴출되는 경우이다. 이런 사태는 평소 자신의 태도에 조금만 신경 쓰면 충분히 예방할 수 있기에 이런 예방법을 집중적으로 소개하였다. 한편 IMF로 인해 정년보장의 관행이 깨지고 이직이 일상화가 된 세태를 반영하여 이직 시 유의점 등에 대해서도 다루었다.

사장 파트는 직원의 마음을 열고 적절히 동기부여 시키며 우호적인 관계를 조성하는 데 도움이 되거나 신경 써야 할 점들을 담고 있다. 아무리 아이템이 좋고 기술력이 풍부해도 결국 일을 하는 것은 사람이기에 앙심을 품은 부하직원으로 인해 회사가 힘들어지는 케이스가 비일비재하다. 근무조건은 좋아도 정이 안 가는 회사가 있고 대우는 별로라도 다니고 싶은 회사가 있다고 다수의 직장인들이 밝히는 현실 속에서 핵심은 직원의 마음을 얻는 것이므로 이에 포인트를 두어 소개해보았다.

구직자를 위해서는 일단 취업에 일조하고자 이력서·자기소개서 작성 시 주의점과 면접 시 유의점 등을 핵심위주로 다루어보았다. 단순히 취업만이 아니라 취업 이후의 삶도 중요하기에 뒤늦은 후회를 막기 위하여 미리 알아야 할 조직생리 등도 같이 소개하였다. 백수라는 단어자체를 터부시하는 사회분위기도 있는듯하나 이 시기를 현명하게 잘 보내는 것은 장기적인 관점에서 상당히 소중한 자산이 될 수 있다. 필자의 경험과 백수시기를 보낸 다수 직장인들의 의견을 반영하여 백수시절의 관리방안에 대해서도 가급적 충실히 논해보았다.

한편, 부장이나 임원 등 관리자는 노동법적으로 사용자임과 동시에 근로자라는 이중적인 성격을 지닌 경우가 다반사이기에 관리자 파트를 별도로 할애하였다. 이런 이중적 성격 탓에 일반사원과 사장 사이에서 샌드위치적인 어려움을 겪는 이들의 특성을 감안하여 부하직원에 대한 관리나 칭찬·질책 시 신경 써야 할 점과 사장과의 관계조성 시 주의할 점 등을 포괄적으로 담아보았다.

제시한 방법들은 가급적 참신하고 비용이 들지 않으며 바로 사용할 수 있는 것 위주로 선별하였으며 피부에 와 닿게 하기 위하여 되도록 사례를 가미하였다. 구체성과 실용성에 주안점을 두다 보니 각각의 방법들이 상호 모순적으로 보일지도 모른다. 가령 사장이나 관리자 파트에서 제시한 방법과 일반사원 파트에서 제시한 방법이 상충되는 느낌을 줄 수도 있다. 굳이 이를 시정하려 하지 않았다. 회사 내 직급에 따라 원하거나 지향하는 바가 다를 수밖에 없기에 그 위치에서 신경 써야 하는 점 역시 다소 상반되는 것이 당연하다고 보기 때문이다. '나의 상사나 나의 부하가 이런 생각을 할 수도 있겠구나'라는 생각을 하게 함으로써 직급 간 이해를 촉진하는데 이 상충적인 제시안들이 도움이 되길 바란다. 그리고 사장과 관리자의 업무가 중복될 소지가 큰 소규모 회사의 사용자(사장과 관리자)들에게는 사장과 관리자 파트에서 다룬 내용들 모두가 유용할지도 모른다. 혹자는 각각의 토픽들을 뻔한 이야기라고 여길 수도 있겠지만 대다수 직장인은 아주 대단한 일을 못해서가 아니라 누구나 쉽게 할 수 있는 것을 등한히 하다가 결국 직장생활에 실패한다.

누구에게나 삶은 고독하다. 이런 숙명 속에서 그래도 자신의 두 발로 우뚝 서려는 사람들에게 이 책이 모쪼록 힘이 되었으면 한다.

2019. 3. 11
황룡산이 보이는 연구실에서

강명주

contents

머리말   2

제1부 백수 (구직자)

제1장 백수시절의 마음자세 (원칙 있는 백수생활)   24
- 이웃 주민들에게 인사하기   26
- 동네에서도 깨끗한 옷 입고 다니기   26
- 가급적 술 마시는 모습 안보이기   26
- 자격지심 탈피하기 (스스로에게 적당히 관대해지기)   27
- 과도한 자기연민 버리기   27
- 규칙적인 생활하기   28
- 가급적 자주 나가기   29
- 내 안의 꿈틀대는 무언가를 인식하기   29
- 사람들과 조금이라도 대화하기   30
- 파트타임으로라도 일하기   30

제2장 백수시기의 활용방안
- 자아인식의 기회   32
- 악습타파의 기회   36
- 학습과 체력단련의 기회   37

제3장 구직활동 시 유의점
- 내가 과연 취업을 할 자격이 있을까?   38
- 직장생활 그 이상과 현실   42
- 회사에 대한 기본적인 정보 파악하고 지원하기   43
- 일단 합격하기 (첫술에 배부르랴!!!)   44
- 직장보다 직업을 중시하기   45

- 디지털 시대의 효과적인 구직방법 (역발상)   46
- 발로 뛰며 정보 구하기   47
- 취업사기 주의하기   48

제4장 이력서·자기소개서 작성 시 주의점

- 미리 방문하여 정보 구하기   50
- 사진에 어느 정도는 신경 쓰기   50
- 개근, 장학금, 우수사원 포상, 업무관련 강의, 프로젝트 등의 명시   51
- 자기소개서에 들어가야 할 핵심   51
- 자기소개서나 이력서 작성 시 피해야 할 점들   52

제5장 취업면접 시 주의점

- 미리 방문하기   56
- 면접 시 호감·비호감 지원자 여론조사결과   56
- 면접 전·후에도 주의하기   58
- 소소한 질문에도 주의해서 답하기   59
- 회사 사람들의 표정이나 회사 분위기 체크하기   60
- 편하게 행동하라고 하더라도 적당히 성의 보이기   60
- 늦지 않기   61
- 적절한 시선처리   61
- 핵심부터 답하기   62
- 핸드폰 끄기   62
- 면접관 이름 파악하고 부르기   62
- 나에 대해 무엇을 홍보할 것인가?   63
- 면접 시 예상되는 질문들   63
- 매너 없는 질문에 대한 대처법   64
- 1분 스피치 연습해두기   65

제2부 일반사원

제1장 신뢰획득의 방법

- 마마보이, 파파걸이 환영 받을까? … 70
- 귀는 최대화, 입은 최소화 … 71
- 특히 외근 시 게으름 부리지 않기 … 71
- 업종에 어울리는 옷 (회사의 복장 규범 고려) … 72
- 문신이 유행이라는데 괜찮을까? … 73
- 자주 보고하기 (문자나 이메일도 OK) … 74
- 소꼬리보다 닭 머리? (하찮고 남들이 꺼리는 프로젝트 자원하기) … 74
- 직속상사와의 공통분모나 장점 찾기 … 76
- 공로를 독차지하지 않기 … 78
- 자진해서 일하기 … 79
- 맞춤법, 띄어쓰기, 약어, ㅋㅋ, 각종 이모티콘(^^ 등) 주의하기 … 79
- 무지를 방치하지 않기 (수치심이 없는 자는 양심도 없다) … 80
- 습관적인 사과나 변명은 금물 (지나친 핑계 주의하기) … 81
- 불쾌한 언행 안 하기 … 82
- 회의 등 각종 회사모임 시 항상 일찍 도착하기 … 84
- 낭비금지 (공사구분하기) … 85
- 그날 배운 것은 그날 완전히 익히기 … 85
- 점심시간 초과 자제 … 86
- 단순반복적인 업무 부여에 대한 대처법 … 86
- 야근사실 알게 하기 … 87
- 출·퇴근은 직속상사보다 조금 일찍, 조금 늦게 … 88

제2장 신뢰유지의 방법

- 성실함은 어지간한 단점은 모두 커버해준다 … 90

- SNS 사용주의　　　　　　　　　　　　　　　　　　　　91
- 문자나 카톡, 이메일 사용주의 (돌아오지 못하는 다리)　　　91
- 백업 자주 하기 (나에게 편지 보내기 기능 추천)　　　　　92
- 중요한 대화 시 집중하기 (핸드폰·노트북 닫고 시선 마주치기)　93
- 프레젠테이션이나 연설법 몸에 익히기 (현대 직장인의 필수)　93
- 제3자 앞에서도 거짓말하지 않기　　　　　　　　　　　95
- 일관성 보이기　　　　　　　　　　　　　　　　　　　95
- 어지간하면 동료를 돕기　　　　　　　　　　　　　　　96
- 멘토가 되기　　　　　　　　　　　　　　　　　　　　96
- 멀티플레이어가 되기　　　　　　　　　　　　　　　　97
- 다양하고 깊이 있는 인맥형성　　　　　　　　　　　　　98
- 지각의 치명적 위험 인식하기　　　　　　　　　　　　　99
- 멘토를 찾기　　　　　　　　　　　　　　　　　　　100
- 슬픔은 나누면 약점이 되고 기쁨은 나누면 질투가 된다 (사생활 노출 최소화)　101
- 스캔들 (사내연애) 주의하기　　　　　　　　　　　　　102
- 이건 모르겠지? (나만 똑똑할까?)　　　　　　　　　　　104
- 편하게 행동하라는 말 들을수록 더욱 조심하기　　　　　105
- 매사 부정적인 태도는 금물　　　　　　　　　　　　　106
- 유령사원 되지 않기　　　　　　　　　　　　　　　　107
- 실례합니다, 감사합니다, 미안합니다　　　　　　　　　107

제3장 권리행사의 방법

- 분위기 봐가면서 열심히 일하기　　　　　　　　　　　109
- 인맥(부탁) 남용 금물　　　　　　　　　　　　　　　110
- 완벽주의 경계하기　　　　　　　　　　　　　　　　111
- 성희롱에 대해서는 최대한 강경대응 (성범죄에 대한 대처법)　112
- 사내폭력에 대해서도 최대한 강력대응　　　　　　　　114

- 불만표출 시 고려할 점들 … 115
- 회의나 토론자리에서는 가급적 후반부에 말하기 … 118
- 임금만 바라보고 근무하지 않기 (뭐라도 의미를 찾아보기) … 119
- 이소룡이 강도를 만난다면? (대탐소실(大貪小失)) … 120
- 연하의 상사에 대한 대처법 … 121
- 무분별한 업무부여에 대한 대책 … 121
- 매너 없는 상사에 대한 이열치열 식 대응법 … 122
- 회사 밖에서도 언행 주의하기 … 123

제4장 기타 본인관리

- 당장 눈앞의 일에 집중하기 … 125
- 망상타파 (즐겁기만 한 직장생활이 과연 존재할까?) … 126
- 태도(근태관리, 존중하는 자세 등)의 중요함 … 127
- 인사성 높이기 … 128
- 새로운 상대와의 만남 시, 명함 주고받고 만남의 장소 등을 기록하기 … 129
- 인맥 구축 시 크리스마스나 명절 적극적으로 이용하기 … 130
  (단체메일·단체문자의 효과?)
- 정기적으로 연락하기 (점심시간 활용) … 131
- 정치·종교·지역·학벌 이야기 조심하기 … 131
- 욕설, 인격모독, 조롱, 비속어 자체가 치명적 … 132
  (토닥토닥, 에효, ㅋㅋ, 쌤(줄임말) 등)
- 쓴소리 최소화하기 (재소자의 자기합리화 경향) … 133
- 곧은 나무는 금방 베어진다 (단, 마지노선 지키기) … 134
- 건강관리 (1~2 정거장 미리 하차?) … 135
- CD를 꼭 사용하기 … 135
- 질투의 무서움 인식하기 … 136
- 절대 성범죄에 연루되지 않기 … 137

- 젊어서 연애해보기   139
- 사내 인간관계에 너무 목숨 걸지 않기   139
- 경영상황(재무제표 등) 파악하고 회사 다니기   140
- 취업규칙(사규) 정도는 알고 회사 다니기   141
- 상사에게 맞춰주는 척이라도 하기   142
- 분위기 봐가며 아부하기   143
- 경쟁회사와의 적절한 관계 조성 (사장의 원수가 반드시 나의 원수일까?)   145
- 분노 승화법 개발하기   146
- 고객과의 트러블 시 고려할 사항들   147
  《산업안전보건법》 개정에 따른 감정노동자보호의무)
- 문제직원이라 불리더라도 감정적으로만 반응하지 않기   149
- 이미지 관리 필수   149
- 단골이라고 건성으로 대하지 않기   150
- 현명한 사내정치   151
- 지나친 호의 보이지 않기   152
- 다른 부서 사람과도 두루 친해두기   153
- 타인의 인생을 함부로 재단하지 않기   154
- 민망해도 질문하기   155
- 표정관리 (함부로 피식거리지 않기)   155
- 기대 근속기간에 따른 차별적 대응 (객관적·주관적으로 구분하여 판단)   156
- 파블로프의 개 경계하기   157

제5장 이직준비

- 스스로에게 솔직하기 (나는 정말 현재의 직장에 만족하는 걸까?)   160
- 반드시 한 우물만 파야 할까? (평균근속기간, 평균이직횟수)   162
- 쥐도 새도 모르게   163
- 인수인계를 꼭 해주고 나와야 할까? (특히 해고 시에는?)   164

- 섣부른 사직의 여파   166
- 저축의 중요함 (이직의 원동력)   168
- 자기소개서, 이력서의 잦은 업데이트 (증빙서류 갖추기)   169
- 면접기술 향상시키기 (면접관 실습 등)   170
- 이직 결정 전에 고려할 사항들 (동일·유사한 업종으로의 이직 시)   171
- 어떤 일이 나랑 맞나에 대한 구체적 질문들 (기존과 다른 업종으로의 이직 시)   172
- 순리(順理)를 거스르지 않기   172
- 일정 기간 무료로 일하기   174
- 회사 찾아가서 실제로 답사하기   175
- 함부로 임원(바지사장) 되지 말기   176
- 가족(친족)경영 하는 회사 주의하기   177
- 이직면접 시 나올만한 질문들   177
- 너무 오만한 태도는 금물   178
- 자주 공석이 되는 자리 주의하기   179
- 아이디어 도용 주의하기   179
- 이직 후 기존 직장이야기는 금물   180

제3부 관리자

제1장 마음열기

- 눈높이 교육   184
- 구체적 지시   185
- 이해한 것을 말하게 하기   186
- 재질문의 허용   186
- 실수사례집 만들게 하기   187
- 실수 눈감아주기   187

- 열정도 소중히 여기기   189
- 실무능력의 구비는 필수   189
- 이 길이 아닌가벼! (넓은 시야의 중요함)   190
- 사장 앞에서 지나친 yes 피하기   191
- 사과할 줄 아는 용기 지니기   191
- 사과 시 주의점 (꼭 들어가야 할 표현과 피해야 할 표현)   192
- 되돌릴 수 없는 것은 언급하지 않기   193
- 경조사의 중요함   194
- 적당히 인간적 매력 갖추기   195
- 희망을 꺾지 않기   196

제2장 칭찬과 질책

- 귀속과정 오류 주의하기 (일과 사람 중 무엇이 문제인가?)   199
- '라면밖에'로 자신감 세워주기   200
- 칭찬 시 주의점 (부탁, 제3자, 그럴듯하게, 케케묵은, 아무나)   201
- 사람 좋으면 꼴찌   202
- 샌드위치 질책법   202
- '~답지 않다'로 기대감 전달하기   203
- 시기 · 성향 · 선호방식 · 장소 고려하여 질책하기   203
- 비교하며 질책하지 않기 (특히 과거의 직원과)   204
- 상대를 질책하기 위해 타 직원을 칭찬하지 않기   204
- 잘못을 한 직후에 바로 질책하기   205
- 가급적 지난 잘못까지 들춰내지 않기   206
- 아무 때나 다른 직원 앞에서 질책하지 않기   207
- 훈계하듯 되묻지 않기 (가장 기분 상하는 질책법)   208
- 스스로 잘못한 점 찾게 하기   208
- 분출할 시간 허락하기   208

- 관점을 바꿀 수 있는 질문하기   209
- 개선책·해결책에 초점 맞추기   210
- 말로 인한 상처는 평생 간다   211
- 가벼운 대화를 통해 관계 다시 조성하기   212
- 듣기 좋은 말과 싫은 말의 예   213

제3장 지속적인 동기부여

- 부하는 소모품이 아니다   215
- 사사건건 간섭한다면?   216
- 부하직원의 변화에 대한 체크는 기본   217
- 창조력이 없는 관리자?   218
- 작은 성공의 기쁨 맛보게 하기 (학습된 무기력의 타파)   219
- 직원의 성숙도에 따른 차별적인 관리   220
- 롤모델을 파악하고 그 입장에서 생각하게 하기   222
- 기대치를 분명히 하기   222
- 장점알림카드 활용하기   224
- 단점보완카드 사용하기   224
- 성장카드로 직원의 특성 발견하기   225
- 업무 외적인 상쇄 권유하기   226

제4장 불가근불가원 (不可近不可遠)

- 꿈이 담긴 언행 보이기 (꿈을 가진 모습과 그렇지 않은 모습의 전형들)   228
- 변명하기 어려운 업무분위기 조성하기   229
- 선입견을 가지고 부하를 판단하지 않기   230
- 연상의 부하에 대한 대처법   231
- 능력 있는 부하직원과 원수 되지 않기 (인생의 아이러니)   232
- 사생활 침해 주의하기 (그런 남자는 안 만나는 게 좋지 않을까?)   233

- 가급적 근무시간에만 컨택하기 233
- 함부로 부하의 감정을 넘겨짚지 않기 234
- 배려하되 지나치지 않기 234
- 유대감은 형성하되 친구 되지 않기 235
- 공정카드 활용하기 236
- 성범죄자가 되고 싶습니까? 238

제5장 기타 본인관리

- 피는 콜라보다 진하다 (2세 경영인에 대한 대처법) 240
- 관리자다운 태도·복장 등을 갖추기 240
- 생각하며 일 하는가? 241
- 가볍게 입 놀리지 않기 242
- 관리자(임원)는 회사의 얼굴 242
- 사장이 원하는 것을 미리 캐치하기 243
- 너무 냉혹하면 모두가 등 돌린다 244
- 어떤 공을 떨어뜨릴까? (일과 가정의 조화) 245
- 손편지 활용하기 247
- 늪에 빠진 온실 속 화초 되지 않기 247

제4부 사장
제1장 신망획득의 방법

- 실무에 약한 사장에게 믿음이 갈까? 252
- 채용면접 시 예의 지키기 253
- 이름 기억하고 불러주기 254
- 사장이 먼저 인사하기 255

- CEO 콤플렉스 경계하기 (지나친 지적질의 역효과)   256
- 사적인 일 시키지 않기 (공사의 엄격한 구분)   257
- 시대의 변화에 대한 거부감 표현 덜하기   257
- 인간대접 해주기   259
- 집단칭찬 시 한 명씩 호명하기   260

제2장 신망유지의 방법

- 어설픈 농담 피하기   262
- 행동으로 보여주기   263
- 결단력 보이기   264
- 업무에 있어 오픈 마인드 보이기   266
- 여자직원에게 지나치게 관대한 사장   266
- 일관성이 없는 사장   267
- 소통을 빙자한 훈계나 자기자랑 피하기 (경청의 중요함)   268
- 역멘토링   269
- 도대체 누굴 위한 회식인가?   270

제3장 권한행사의 방법

- 특이한 채용법 (다양한 채용법의 개발필요성)   272
- 구직자 너무 만만히 안 보기   274
- 닭 잡는 데 소 잡는 칼? (사소한 일까지 챙기는 사장)   275
- 솔선수범 (진정한 경영인의 자세)   276
- 최후통첩게임 (공정함의 중요함)   277
- 불만표출의 기회제공 (마구잡이식 불만표출에 대한 대책)   278
- 적당한 긴장과 갈등 조성하기   280
- 무의미한 초과근로 지양하기 (포괄산정임금제 사용 시 주의점)   281
- 직급 부여하기   283

- 순둥이 직원이 하루아침에 돌변한 이유는? (직무불만족의 표현방식)　　283
- 직원의 성향 파악하기　　284
- 위임가능표 작성하기　　285
- 목표, 비전, 업무의 의미 등을 벽에 부착하고 상기시키기　　286
- 직원의 동의하에 업무수행과정 녹화하기　　287
- 경쟁사의 근무조건 체크하기　　287
- 역발상 이용하기 (사장의 특권)　　288

제4장 불가근불가원 (不可近不可遠)

- 벌거벗은 임금님 되지 않기　　290
- 피는 커피보다 진하다　　291
- 이직방지책 (사직하는 직원의 이야기에 귀 기울이기 등)　　292
- 자격과잉인 직원의 특성 미리 숙지하기　　294
- 아무리 친한 부하직원에게도 지킬 것은 지키기　　295
- 내 가족은 사장이 아니다, 부하의 가족은 내 부하가 아니다.　　296
- 족벌경영의 폐해 인식하기　　297
- 다수를 빙자한 무분별한 비판 차단하기　　299
- 다수가 동의하는 견해라도 자제하게 하기　　300
- 무시하는 마음은 말로만 표현되는 게 아니다　　301
- 합당한 선별의 중요함　　302
- 딸 같다고? 그래서 어쩌라고? (성범죄·사내폭력의 무서움)　　304

제5장 기타 본인관리

- 사장부터 퇴근하기　　306
- 사장부터 절약하기　　307
- 세상의 변화에 '적당히' 관심 가지기　　308
- 노무비 절감은 절대선일까? (최저임금만 지급하는 노무관리의 폐해)　　309

- 비정규직 사용의 장·단점 인식하기 310
- 사장 성에 안 차는 직원들이 증가한 이유? 312
- 구관이 명관? (100프로 나와 맞는 직원은 없다) 314
- 자신의 종교나 정치성향 강요(표출) 안 하기 315
- 너무 잘난 사장을 보는 부하의 시선? 316
- 재량권의 적절한 부여 317
- 세상에 공짜는 없다 318
- 대기업 시절 이야기 피하기 320
- 고압적이고 권위적인 태도 바꾸기 320
- 반말의 효과적인 사용 321
- 대기업 시절 리더십의 실상 인식하기 322
- 진리인 양 말하는 습관 버리기 323
- 인격모독의 후유증 325
- 칭찬과 감사함의 표현 (감정적 보상의 중요함) 326
- 종로에서 뺨 맞고 한강에서 화풀이하기? 326
- 인의 장막 제거하기 328

제6장 회의 시 주의점

- 군림하지 않기 330
- 경영인의 자리배치에 신경 쓰기 331
- 의자배치에 신중하기 331
- 회의 시작 전에 다수의 의견을 어느 정도는 파악하기 331
- 눈치 탓에 의견 제시 못하는 직원들 편들어주기 332
- 표현이 서툴다고 무시하지 않기 333
- 깨뜨리면 사야 한다 334
- 현실성부터 너무 따지지 않기 335
- 민감한 사안은 온라인에서 익명으로 논의하기 336

- 회의에 집중하도록 강제로 압박하기 (인사고과에 반영하기) 336
- 회의 시간 양분하기 337
- 동료의 발언 기록하게 하기 337
- 바로 옆에 관리자나 사장이 서 있기 337
- 발언 횟수나 시간에 제한 두기 337

미주 340

참고문헌 347

제1부
백수 (구직자)

제1장 백수시절의 마음자세 (원칙 있는 백수생활)

제2장 백수시기의 활용방안

제3장 구직활동 시 유의점

제4장 이력서·자기소개서 작성 시 주의점

제5장 취업면접 시 주의점

1장

백수시절의 마음자세
(원칙 있는 백수생활)

직업이 없고 진학이나 특정한 목적을 위한 공부도 하지 않으면서 별다른 일 없이 지내는 사람을 백수라 정의할 때, 요즘 이런 생활을 하는 사람들이 많다. 취업을 하고 싶지만 한 번도 못해본 구직자, 해고당한 후 이직에 실패한 실업자, 직장생활에 치여서 자진사퇴 후 쉬고 있는 퇴사자, 각종 자격증이나 공무원 시험에 실패하고 자포자기한 수험생 등이 그 전형이다.

백수생활 초기에는 편하다는 느낌이 들기도 한다. 아침 일찍 일어나 출근할 필요가 없고 상사의 잔소리에서도 해방되며 하루하루 피를 말리는 공부에서도 벗어난 이 생활이 천국으로 다가올 수 있다. 하지만 금수저로 태어났거나 이미 충분한 저축이 있기에 백수생활을 해도 무방한 극소수를 제외하고는 언젠가는 다시금 뭐라도 해야 한다. 백수시기라는 '늪'에 완전히 빠지기 전에….

필자 역시 오랜 백수시기를 거쳤으며 그때 했던 가장 큰 착각은 시간이 지나면 이 생활이 저절로 끝나고 남들과 비슷하게 살 수 있을 거라는 생각이었다. 지금은 비록 내 상황이 안 좋지만 조만간 좋아질 것이고 그러면 남들 못지않게 떵떵거리며 살게 될 거라는 생각을 마지막 남은 자존심 차원에서 고수했었다. 현실은 전혀 다르다. 우리 인생은 아래 그래프처럼 노력을 해야 성과를 허락하며 절대 단순히 시간이 지난다고 무언가를 얻게 해주지 않는다. 그리고 공부나 직장생활과 마찬가지로 백수생활 또한 하면 할수록 익숙해지는 까닭에 길어지면 길어질수록 빠져나오기 힘들다. 점차 현실감각이 둔해지며 세상과 괴리가 생기고 사람들이 두려워진다. 가장 무서운 점은 스스로에 대한 끝없는 자기연민과 자기비하의 악순환에 빠질 소지가 매우 크다는 사실이다. 묻지마 범죄를 저지르거나 갑자기 건강이 악화된 사람들 중 백수가 적지 않다는 사실은 지나친 백수생활이 몸과 마음에 얼마나 악영향을 끼치는 지를 잘 보여준다. 좀 심하게 말하면 늪처럼 자꾸만 바닥으로 잡아끄는 백수시기의 특성을 간과하고 근거 없는 기대감 속에 아무 생각 없이 이 생활을 계속하는 사람들은 마약에 빠져서 현실을 외면하는 자들과 유사하다고 할 수 있다.

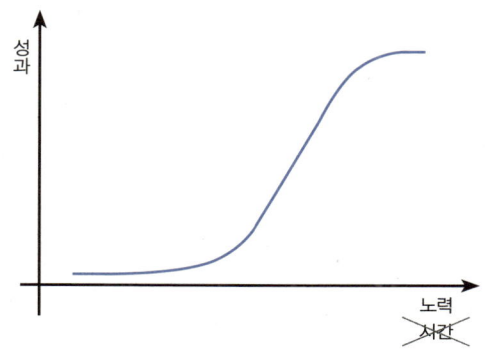

(노력과 성과 간 상관관계)

백수생활은 이처럼 삶을 피폐하게 할 수 있기에 취업 등을 통해 가급적 단축시키는 것이 바람직하며 이것이 용이하지 않다면 스스로 원칙을 세우고 이 원칙하에 백수시기를 보내는 것이 몸과 마음의 건강을 유지하는데 필수이다. 필자가 백수생활을 하며 지켰던 원칙들을 구체적으로 알아보면 다음과 같다.

● 이웃 주민들에게 인사하기

백수생활을 하다 보면 자격지심이 커지고 이로 인해 동네주민들과 자주 싸울 수 있다. 이런 다툼은 본인의 평판과 자존감만 떨어뜨리기에 필자는 백수생활 동안 동네주민이나 아파트 경비원 아저씨 등에게 일부러라도 열심히 인사를 했다. 인사성 좋은 사람은 어지간하면 좋게 보이기 마련이다.

● 동네에서도 깨끗한 옷 입고 다니기

백수시기라 하여 너무 편하게만 입고 다니면 사람들이 흉보거나 만만히 볼 수 있고 이로 인한 트러블 역시 충분히 발생 가능하다. 정장이 아니더라도 깨끗한 옷을 입고 다니면 이런 불상사가 현저히 줄어들며 본인의 마음도 상쾌해지는 것을 필자는 몸소 체험했다.

● 가급적 술 마시는 모습 안보이기

어려운 시기라 술을 더 마시게 될 소지가 크다. 자제하는 것이 좋지만 사람인 이상 인내심에도 한계가 있기 마련이다. 다만 주변 사람들에게 술 마시는 모습을 너무 자주 보이면 본인과 주위 모두가 난감해질 수 있다. 자취를 했던 필자는 주로 집에서 혼자 마셨으며 정 답답하면 가능한 집에서 멀리 떨어진 술집을 이용했고 술집에서의 혹시 모를 다툼을 피하려 극도로 주의했다. 가족들과 같이 산다면 후자의 방법을 추천하며 아무리 힘들더라도 낮술 하는 모습은 본인의 평판에 치명타를 준다.

● **자격지심 탈피하기 (스스로에게 적당히 관대해지기)**

백수시절, 담배를 사러 편의점에 갔다가 잔돈을 다소 불친절하게 주는 점원에게 크게 화를 낸 적이 있다. 요즘 같으면 '바쁜가 보네'라며 그냥 넘기겠지만 당시에는 백수라서 무시하는 것으로 느껴졌기에 이랬다. 이렇게 지나친 자격지심에 사로잡히면 세상만사를 곡해할 소지가 크므로 급속히 사회와 유리되고 주변 사람들도 매우 힘들어지게 된다. 본인의 눈높이에 지금의 모습이 미치지 못하더라도 때로는 자기 자신을 적당히 받아들이고 긍정적으로 보는 것이 중요하다. 냉정히 말해 요즘은 100프로 본인만의 잘못으로 백수가 되는 경우는 드물다.

● **과도한 자기연민 버리기**

지나친 자격지심도 문제지만 과도한 자기연민 또한 금물이다. 본인의 처지를 한탄하고 스스로를 동정만 하면 늪 속으로 더욱 빠져들어 상황은 한층 악화만 되게 된다. 이런 태도는 종종 마음을 편하게도 하지만 만

성화 되면 인생을 망치는 지름길일 뿐이다. 필자도 한때는 스스로의 처지가 너무 안타까워서 매일같이 술과 눈물로 보냈지만 변하는 것은 아무 것도 없었다. 어느 말(馬)이든 자기 짐이 제일 무겁다고 생각하게 마련이다.[1] 일정기간 자신을 위로한 후에는 다시금 힘을 내어 뭐라도 하는 것이 좋다. 아니, 해야 한다.

● 규칙적인 생활하기

처음에는 할 일이 없어서, 나중에는 할 일이 없다는 사실을 망각하기 위하여 목숨을 걸고 영화감상, 게임, 음악감상, 인터넷 서핑, 각종 취미활동 등에 몰두하는 백수들이 적지 않다. 필자 역시도 밥 먹고 잠자는 시간 외에는 게임에만 몰두했었다. 이러다 보면 자연히 취침시각이 늦어져서 낮과 밤이 바뀌게 된다. 백수라는 신분 탓에 낮에는 돌아다니기가 민망해서 밤을 선호하는 경향도 이런 전환을 촉진한다. 문제는 일정 기간 이러다 보면 낮에는 일하고 밤에는 잠을 자는 정상생활로 돌아가는 것이 상당히 어려워진다는 점이다. 오랜 백수생활 끝에 어렵게 원하는 곳에 취직했지만 낮과 밤이 바뀐 생활을 되돌리지 못해서 결국 다시 사직한 사람 몇을 안다. 하루 종일 놀기만 하더라도 최소한 낮에는 깨있고 밤에는 잠을 자는 생활을 미래를 위해 반드시 고수해야 한다. 향수가게에 들어가면 향수를 사지 않더라도 향수냄새가 몸에 밴다.[2]

● **가급적 자주 나가기**

사람들의 시선이 무서워서 6개월 이상 방에만 있었던 적이 있다. '내가 백수임을 알아챈 사람들이 조롱과 멸시를 하지 않을까' 그때는 정말 두려웠다. 하지만 유명인도 아닌 일반인의 백수여부에 세상이 관심을 가질 리 없다. 자신들이 먹고 살며 즐기는데도 시간이 부족한 터라 타인에게는 눈길도 주지 않는 것이 보통이다. 이 사실을 인식하고 자꾸 밖으로 나가면서 필자의 백수생활은 질이 달라졌다. 방에만 있을 때의 피폐함과 망상은 어느덧 사라지고 세상의 변화와 다양함에 눈을 뜨게 되었다. 처음에는 동네 한 바퀴라도 자주 도는 것을 추천한다. 이러면서 외출의 부담감이 줄어들면 산이나 공원 혹은 근처 도서관을 찾는 것도 아주 좋다.

● **내 안의 꿈틀대는 무언가를 인식하기**

밖으로 나가는 것을 무서워하지 않게 되면서 어느새 필자의 발걸음은 도서관으로 자주 옮겨졌다. 도서관이 꼭 공부만 하는 곳은 아니다. 요즘 대다수 도서관은 책이나 잡지를 읽을 수 있는 열람실이 아주 잘 돼 있다. 이곳에 앉아 각종 서적을 읽다 보면 그 동안 몰랐던 세상의 모습을 알 수 있고 호기심을 자극하는 무언가를 만나기도 쉽다. 또한 도서관 휴게실 등에서 자주 보는 사람들과의 대화를 통해 남들이 사는 모습과 그들의 생각을 생생히 알 수 있고 아주 많은 것을 느낄 수도 있다. 백수탈출의 가장 핵심적인 요소는 바로 '자극'이다. 돈이나 사랑, 명예에 대한 자극이든, 자존심이나 호기심을 건드리는 자극이든 어쨌든 자극을 통해 내 안의 무언가가 꿈틀대는 것을 느끼면 자연히 뭐라도 하게 되고 이러면서 백수생활에 안녕을 고하기 마련이다. 자극을 얻기 위해서는 새로운 정보나 사람이 필요하며 이를 충족시킬 수만 있다면 꼭 도서관이 아니어도 좋다. 다만 돈이 필요 없고 냉·난방이 제공되며 일정 수준 이상의 사람들이 모인다는 점에서 도서관을 추천할 뿐이다. 일찍 일어나 직접 싼 도시락을 들고 도서관 등으로 출근한다면 공부를 안 하거나 직장이 없더라도 당신은 이미 백수가 아닐지도 모른다.

● 사람들과 조금이라도 대화하기

백수인 처지가 부끄러워서 사람들을 피하다 보니 대화스킬이 감퇴되어 더욱 더 버벅대는 스스로를 발견한 적이 있다. 인간은 사회적 동물이라는 뻔한 이야기를 하지 않더라도 타인과의 대화를 통한 감정교환은 정신건강에 필수이다. 또한 대화를 통해 타인에게 관심을 가지면 지나친 자의식에서도 해방될 수 있다. 평일 낮에 도서관에 모이는 사람들은 대부분 처지가 비슷하며 썩 괜찮은 사람도 종종 있다. 같이 격려해가며 백수탈출 할 수 있는 동지를 도서관에서 만나는 것도 도서관을 추천하는 이유 중 하나이다.

● 파트타임으로라도 일하기

어느 정도 규칙적인 생활이 가능해지고 세상이 더 이상 그렇게 두렵지 않다면 간단한 돈벌이를 시도해 보길 권유한다. 물론 미래를 멀리 내다보고 오래할 수 있는 제대로 된 일자리를 찾는 것도 좋지만 경제적 상황이 안 좋거나 백수생활의 장기화를 막고 싶다면 아르바이트 형식의 일을 잠시 하는 것도 괜찮다. 필자는 건설현장 막노동을 주로 했었다. 이를 천시하는 시각도 있지만 순전히 자신의 몸을 사용하여 노력한 만큼 돈을 버는 직업이라 필자의 적성에는 맞았다. 이 일을 통해 세상에는 정말 열심히 사는 사람이 많다는 사실을 새삼 깨달을 수 있었기에 필자의 삶의 태도를 돌아보는 데도 큰 도움이 되었다. 그리고 이렇게 모은 돈을 기반으로 다른 직업으로 이직도 할 수 있었다. 세상과 직접 부딪쳐서 본인의 손으로 돈을 버는 과정은 그 어떤 가르침보다도 많은 것을 느끼게 해준다.

백수시절의 마음자세 핵심요약

- 이웃 주민들에게 인사하기
- 동네에서도 깨끗한 옷 입고 다니기
- 가급적 술 마시는 모습 안보이기
- 자격지심 탈피하기 (스스로에게 적당히 관대해지기)
- 과도한 자기연민 버리기
- 규칙적인 생활하기
- 가급적 자주 나가기
- 내 안의 꿈틀대는 무언가를 인식하기
- 사람들과 조금이라도 대화하기
- 파트타임으로라도 일하기

2장

백수시기의 활용방안
(자아인식의 기회, 악습의 타파 등)

백수시기는 아무 생각 없이 보내면 인생의 낭비에 불과할 수 있지만 잘만 이용하면 인생의 큰 전환점이자 도약의 계기가 될 수 있다. 이하에서는 '자아인식의 기회', '악습타파의 기회', '학습과 체력단련의 기회'라는 차원에서 이 시기의 활용방안을 알아보겠다.

● **자아인식의 기회**

자아인식은 말 그대로 스스로를 인식하는 것이다. 내가 좋아하는 것, 싫어하는 것, 성격, 취향, 스타일, 하고픈 일, 남과 다른 특성 등을 스스로 깨닫는 것이 바로 자아인식이다. 이렇게만 말하면 세상에서 가장 쉬운 일 같지만 의외로 이를 제대로 하지 못하는 사람들이 매우 많다. 특히 직업선택에 있어서.

몇 달 전 은행 다니는 친구로부터 술 한잔 하자는 전화가 왔다. 당시 바쁜 일이 많았기에 거절을 했고 그 후로도 연락이 여러 번 왔지만 과중한 업무 탓에 만나지 못했다. 그러던 어느 주말 저녁, 필자의 집 바로 앞에 있는 놀이터에 이미 와 있으니 반드시 나오라며 이미 술에 취한 목소리로 이 친구가 전화를 했다. 뭔가 중요한 문제가 있는듯하여 서둘러 나갔다. 맥주잔을 앞에 놓고 이야기를 들어보니 은행원이란 직업이 너무 싫단다. 요즘은 매일 아침 5시면 저절로 눈이 떠지고 어떻게 하면 출근하지 않을 수 있을지를 고민한단다. 원래는 문학을 좋아했는데 이런 적성은 완전히 무시한 채, 남들의 말만 듣고 은행업을 선택한 것이 너무나 후회된다고 했다. 그러고 보니 대학시절부터 글재주가 있어서 여기저기에 곧잘 투고도 했고 원고료로 같이 술도 사먹었다. 그럼 이제라도 은행을 그만두고 하고픈 일이 있냐고 묻자 방송작가가 되고 싶단다. 순간 할 말을 잃었다. 잘은 모르지만 그 분야도 상당히 경쟁이 치열하고 무엇보다 상상을 초월하는 업무량과 성공이전까지의 박봉을 견뎌낼 수 있는 사람은 극소수라고 알고 있기에 말이 안 나왔다. 학원에 다니는 등 방송작가가 되기 위한 준비를 그 동안 했냐고 묻자 전혀 하지 않았단다. 제수씨에게 말은 꺼내봤냐고 묻자 은행 그만둘 거라면 이혼하자고 한단다. 중학생인 아들이 둘이라 한창 돈이 필요한 시기에 남편이 안정적인 은행을 그만두고 방송작가 일을 하고 싶다고 했으니 당연한 반응이라 생각되었다. 이직을 지지하는 발언을 절실히 원했겠지만 이 상황에서 은행 관두는 것은 자살행위이니 계속 다니라는 말밖에 필자는 할 수 없었다. 이날 이 친구는 만취할 때까지 마시며 자신의 젊은 시절 직업선택을 엄청나게 후회했다.

근래 들어 이런 식의 후회를 하는 직장인들이 매우 많아졌다. 왜 그럴까.

[1)]1950년대에 미국의 심리학자 솔로몬 애쉬 교수는 사람들이 타인의 의견에 얼마나 좌우되는지를 알아보기 위한 실험을 했다. 같은 방안에 모인 다수의 사람들에게 다음과 같은 두 장의 카드를 보이고서 왼편 카드에 있는 수직선과 같은 길이의 수직선을 오른편 카드의 수직선 중에서 고르게 한 것이다. 그런데 방안의 사람들 중 실제 피실험자는 단 한 명이었고 나머지 모두는 미리 솔로몬 애쉬 교수가 지시한대로 전혀 다른 길이의 수직선을 고르는 역할을 맡고 있었다. 아래의 카드를 보면 왼편의 수직선과 같은 길이의 수직선은 오른편의 수직선 중 ②번이지만 피실험자를 제외한 나머지 모두가 이구동성으로 가령 ③번이라고 주장하게 한 것이다. 실제 이 실험을 실시한 결과, 피실험자의 약 30프로 가량은 자신의 판단을 따르지 않고 사실과 부합되지 않는 타인의 의견을 따랐다.

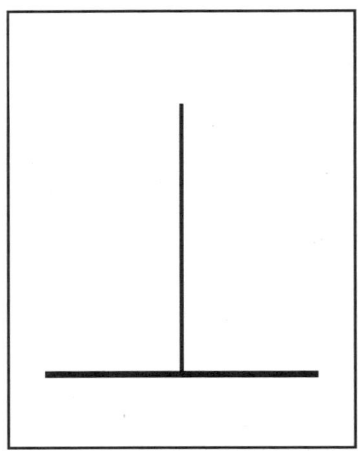 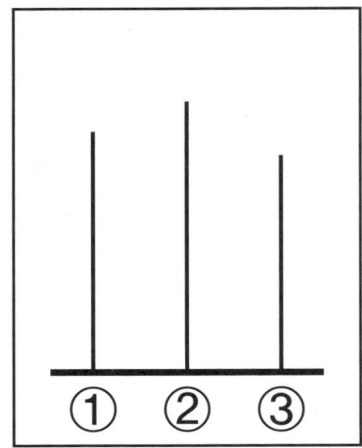

필자는 이 실험이 오늘날 직업선택을 잘못하고 후회하는 직장인들이 늘어난 이유를 설명하는데 핵심적인 역할을 한다고 본다. 가뜩이나 우리나라는 부모님의 말씀을 따르는 것을 큰 미덕으로 여기는데 요즘 출산율의 급감 탓에 아이를 한 명만 낳다 보니 어떤 직업을 가지고 어떤 인생을 살지에 대해 아이 본인의 의사나 적성보다는 부모의 뜻을 중시하는 가정이 급속히 늘고 있다. 대다수 학교와 학원에서도 부모의 기대를 충족시키기 위한 맞춤형 교육을 제공하는 데 주력한다. 이 실험의 결과가 보여주 듯 인간은 어차피 타인의 의사에 좌우될 소지가 큰데 오랜 세월을 부모나 선생 등의 일방적인 이야기만 들으며 자라난 아이들이 제대로 된 자아인식하에 본인에게 가장 적합한 직업을 스스로 선택할 수 있겠는가. 게다가 극악의 취업난 속에 어쨌든 취업부터 하자는 풍토까지 한 몫 하면서 더욱더 별다른 생각 없이 취업하는 사람들이 급증하는 것이다.

이들 상당수의 미래가 전술한 필자의 친구와 유사하리라는 점은 불문가지(不問可知 굳이 묻지 않아도 알 수 있다)이다. 그런데 백수시기는 충분한 시간이 주어지기에 그 동안 미처 인식하지 못한 자아에 대해 깨우칠 수 있는 아주 소중한 기회가 될 수 있다. 이 시기를 잘만 이용한다면 언젠가 후회할 수밖에 없는 직장선택을 방지하고 전적으로 본인의 행복과 의사에 기반한 인생설계를 할 수 있다. 영화 <해운대>, <국제시장>으로 유명한 윤제균 감독 역시 경영난에 처한 소속회사로부터 무급휴직을 당해 백수가 된 시기에 쓴 시나리오가 영화계 입문의 계기가 되었다.[2] 이런 면에서 백수시기는 남은 인생 전체를 좌우할 수 있는 정말 귀중한 시절이라 아니할 수 없다.

백수시기 동안의 자아인식에 있어 참고할 점들을 간단히 정리하면 다음과 같다.
- ✓ 인생에서 내가 가장 바라는 것은 무엇일까? 이것을 얻으려면 어떻게 해야 하나?
- ✓ 연봉과 고용안정 중 내가 중시하는 것은 무엇일까?
- ✓ 내가 좋아하는 일과 잘하는 일은 무엇일까? 이들 중 무엇을 선택하는 것이 더 행복할까?
- ✓ 내가 진짜 하고 싶은 일은 무엇일까? 이 선호는 시간이 지나면서 어떻게 변할까?
- ✓ 내가 중시하는 가치는 무엇일까? 금전? 사랑? 믿음? 인간관계? 기타 등등?
- ✓ 인생에서 나는 체면과 실리 중 무엇을 중시할 때 더 행복할까?

● **악습타파의 기회**

지나친 음주나 흡연 등으로 고생하는 사람들이 적지 않다. 이들 습관은 삶의 질을 현격히 저하시키지만 상당한 인내심 없이는 탈피하기 힘들며 무엇보다 조금만 스트레스를 받아도 다시금 시작될 가능성이 크다는 점이 문제이다. 그런데 백수시절은 바쁜 직장생활이나 학업 등으로 인한 스트레스가 없다는 점에서 조금만 의지를 가지만 이들 습관에서 벗어나는데 매우 유용한 기회가 될 수 있다. 필자의 경우, 20여년 가까이 피던 담배에서 벗어나고자 수차 시도했지만 항상 실패했는데 백수시기를 이용하여 완전히 끊을 수 있었다. 금연 시작 후, 근 1달 동안을 아무것도 못하고 좀비처럼 지냈는데 만약 백수시기가 아니었다면 각종 스트레스 탓에 분명히 다시금 담배를 피웠을 것이다. 다행히 당시 백수였기에 아무것도 안 하면서 이 기간을 보낼 수 있었고 결국 금연에 성공했다.

● 학습과 체력단련의 기회

큰마음을 먹고 진학이나 자격증 혹은 공무원 등을 준비하지 않더라도 백수기간에 조금만 노력을 하면 향후 사회생활에서 유용한 많은 것들을 익힐 수 있다. 필자는 학생시절부터 컴퓨터 소프트웨어에 약했는데 직장생활 중에는 별도로 배울 기회가 없어서 항상 임기응변으로 대처했었다. 본의 아니게 직장을 그만두고 백수생활을 하며 인터넷 강의와 도서관에서 빌린 전문서적을 통해 공부한 결과, 더 이상 소프트웨어가 두렵지 않게 되었다. 그리고 규칙적으로 동네 뒷산을 뛰어다니다 보니 조금만 기온이 떨어져도 감기에 걸리는 저질체력에서도 탈피할 수 있게 되었다.

백수시기의 활용방안 핵심요약

- 자아인식의 기회
- 악습타파의 기회
- 학습과 체력단련의 기회

3장
구직활동 시 유의점

　어느 정도 백수기간이 경과하여 이젠 노는 것도 지겨워졌다면 슬슬 구직활동에 나서야 한다. 전술한 대로 백수생활은 길어지면 길어질수록 늪처럼 작용하기에 적당한 선에서 끊는 것이 중요하다. 이하에서는 일정한 백수시기를 거치고 구직활동을 함에 있어 유의할 점들을 알아보겠다.

● 내가 과연 취업을 할 자격이 있을까?

　오래 백수생활을 하다 구직을 마음먹은 필자에게 가장 먼저 든 생각은 '과연 내가 취업을 할 자격이 있을까?' 였다. 자신감이 떨어져서 백수가 됐든, 백수생활의 연장에 따라 자신감이 떨어졌든 백수시기를 끝내기 위해 취업을 결심한 대다수는 이 문제로 고민한다. 좋은 스펙과 경력을 가진 구직자가 시중에 넘쳐나는 현실 속에서 별다른 스펙도 없이 상당한 백수기간을 거친 본인이 이제라도 사회진출을 할 수 있을지에 대해 의심하는 것은 어찌 보면 당연하다. 이 의문을 풀기 위해 일단 취업에 있어 무엇이 중요한지부터 알아보자.

　[1]2016년 10월, 취업포털 사람인이 기업 201개사를 대상으로 '불황기

에 필요한 핵심인재의 최우선 조건'을 조사한 결과, '책임감'이 27.4%로 1위를 차지했다. 이어 ▶긍정적 사고(14.9%) ▶도전정신(11.9%) ▶성실함(11.4%) ▶창의력(8%) ▶소통능력(7.5%) ▶인성(7.5%) ▶리더십(4.5%) ▶인내력(3%) 등의 순이었다.

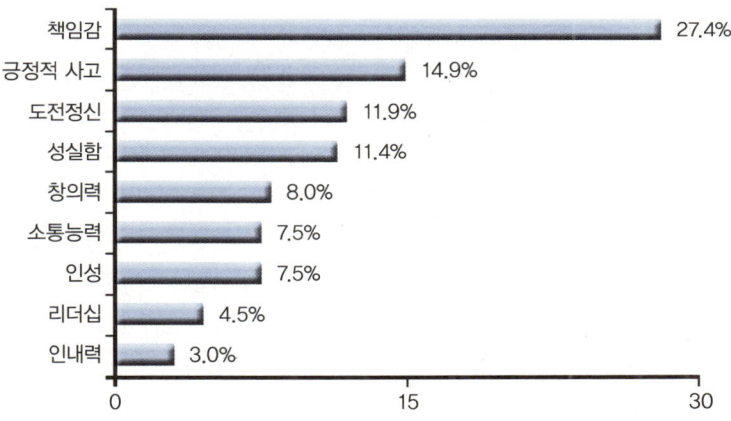

이 조사가 말해주듯 대다수 기업은 능력이나 스펙보다는 책임감, 긍정적 사고, 성실함, 도전정신 같은 '태도'와 '열정'을 중시한다. 다소 스펙이 떨어지고 백수기간을 거쳤더라도 좋은 태도와 높은 열정을 보여줄 수 있다면 얼마든지 취업은 가능하다. 필자가 자문해주고 있는 회사의 상당수 사장들 역시 좋은 태도와 열정이 두드러진 구직자라면 다른 조건의 미비는 눈감아주곤 한다. 지레짐작만으로 기가 죽어서 아예 시도조차 안 하는 것만큼 바보짓도 없다. 여기까지 읽고도 다시금 게임이나 잠으로 도피하여 백수생활을 연장하고 싶다면 3년, 5년, 10년 뒤 당신의 모습을 상상

해보라. 그때쯤에는 지금 당신이 우습게 보는 직업(직장)에 나이 때문에 응시조차 못하게 되어 있을 것이다. 이 세상 어딘가에는 반드시 나를 필요로 하는 직장이 있으리라는 믿음 하에 열심히 발로 뛰고 충실한 자기소개서를 제출하며 성실한 면접태도를 보인다면 분명히 취업은 가능하다. 산은 올라가는 자에게만 정복된다.[2]

> 모 은행에서 직원을 뽑을 때 면접위원으로 참여한 적이 있다. 최종 면접에서 2명 중 1명을 선택해야 하는 상황이었는데, 한 사람은 남자, 다른 한 사람은 여자였다. 둘 다 서울의 상위권 대학을 나와 스펙이 좋고 면접 점수도 비슷했다.
>
> 그런데 면접관 중 한 사람이 "여성 지원자를 뽑는 게 좋겠다"고 얘기했다. 그의 말로는 "여성지원자를 회사 앞 횡단보도에서 보았는데 사람들이 많은 거리에서도 큰 목소리로 허리를 굽혀가며 '안녕하십니까? 지원자 ㅇㅇㅇ 입니다'라고 인사 연습을 하더라"는 것이었다. 반면 남자 지원자는 대기실에 있는 동안 마치 합격이라도 한 듯이 '나한테 물어봐' 하는 식으로 지원자들 앞에서 잘난 척했다고 한다. 여자 지원자에게서는 입사의 열정이 느껴졌는데 남자 지원자에게서는 오만한 태도가 눈에 띄었다는 것이다. 결국 여자 지원자가 합격했다.
>
> 모 공기업 면접에서도 '태도'로 평가된 비슷한 사례가 있었다. 특이한 상황을 덧붙여 말하자면, 면접관이 우연히 화장실에서 마주쳤는데 볼 일을 마치고 나오면서 세면대에서 손을 씻은 후 휴지를 마구잡이로 뽑아 쓴 지원자가 있었다. 다른 사람들은 한 장, 많아야 두 장 쓰는 휴지를 이 지원자는 한꺼번에 여러 장을 뽑아 아무 일 아닌 듯이 쓰고 버렸다는 것이다. 평상시에는 문제가 되지 않았을 수도 있는 이러한 일들이 면접 장소에 있는 면접관의 눈에는 부정적으로 비친 것이다. 면접 시 태도는 '작은' 것에서 시작되고 평가된다. 평소 습관처럼 연습하지 않으면 결코 좋은 태도를 보일 수 없다.

최근 출연한 방송국에서 만난 어느 방송인의 얘기를 들어보아도 답은 보인다. 어느 방송사의 아나운서 면접장에서 있었던 일이다. 실기와 필기를 모두 통과한 여섯 명 가운데 단 한 명만 채용되는데, 하나같이 흠잡을 데 없이 뛰어나서 누구를 뽑아야 할지 고민이 됐다. "이제 끝났으니 나가도 좋습니다"라는 말이 떨어지자 후보자들이 일제히 일어나서 나가는데, 그 중 한 명만이 자신이 앉았던 의자를 제자리로 밀어 넣고 나갔다. 면접위원들은 그 모습을 유심히 지켜보았고 결국 그 지원자를 채용하기로 결정했다. 이유는 '사람이 긴장할 때 나오는 행동은 대개 습관처럼 늘 하던 행동일 가능성이 높다'고 본 것이었다.

미국의 사우스웨스트 항공사의 독특한 면접도 화제가 된 적이 있다. 면접장에 올 때 정장에 반짝이는 구두를 신고 온 지원자들에게 면접관이 갈색 반바지를 건네면서 "여기 계신 분들 중 정장 바지를 벗고 제가 가져온 갈색 반바지를 입으실 분 안 계십니까?"라고 질문을 던진다. 지원자 대부분 황당해 하는 표정을 지었다. 하지만 그 자리에서 정장을 벗고 갈색반바지로 갈아입는 지원자도 있었다. 물론 갈색 반바지를 입지 않는 사람들은 면접관이 정중한 인사와 함께 돌려보냈다.

왜 이렇게 황당하게 생각할 수 있는 일이 벌어졌을까? 사우스웨스트는 '재미'있는 사람을 뽑아 수익 창출을 꾀하려 했기에 이런 상황을 연출한 것이다. 재미는 고객의 신뢰를 얻는 데 도움이 되고, 장기적으로 고객 확보에도 도움이 된다고 봤기 때문이다. 또한 다양하게 이어지는 고객의 항의를 잠재우는 방법이 되기도 한다. 이 회사의 창업주이자 명예회장인 허브 켈러허는 "당신이 훌륭한 태도를 보여주지 않는다면 저희도 당신이 필요 없습니다"라고 말해왔고 이를 실천에 옮겼다.

여기서 한 가지 묻고 싶다. 합격을 위해서 여러분은 어떤 태도를 보여 줄 준비가 됐는가? 얼마 전 한 방송사에서 '요즘 젊은 것들의 사표'라는 프로그램을 방영한 적이 있다. 모 리서치 결과에 따르면, 3년간 2만 명의 신입사원을 추적한 결과 이 중 46%가 입사 후 18개월 이내에 회사생활에 실패했다고 한다. 회사에 적응하지 못한 이유는 회사의 '태도'에 부합하지 않기에 기업문화에 융화할 수 없었고 그 탓에 태도가 더욱 형편없어졌기 때문이었다. 이런 결과를 보더라도 신입사원이 실패하는 이유는 기술이나 능력 때문이 아니라 태도 때문이라는 것을 알 수 있다. 다른 대기업의 면접에서도 사소한 '태도'가 면접에 결정적인 요소로 작용했다는 것을 보면 왜 '태도'에 대한 준비가 필요한지 알 수 있을 것이다.

많은 회사의 임원들이 입버릇처럼 하는 말이 있다. '태도가 제대로 된 사람'을 뽑아야 한다는 것이다. 여러분의 태도는 합격의 문을 통과할 준비가 됐는가? 만약 그렇지 않다면 지금부터라도 당장 '상대를 존중하고, 예의를 차리고, 양보를 할 줄 알고, 공유물을 아낄 줄 아는' 연습을 시작하라.

박선규 마이더스 HR 대표 ceo@midashr.co.kr

(동아일보, 2016.11.04. http://news.donga.com/3/all/20161104/81167622/1)

● **직장생활 그 이상과 현실**

이미 직장생활을 해본 사람은 다들 알겠지만 직장생활에 대해 기대하는 이상과 실제 현실 간에는 통상 엄청난 갭이 있다. 이를 정리하면 다음과 같으며 전적으로 필자의 주관에 바탕을 두었으므로 이견이 있을 수 있음을 미리 밝힌다.

〈직장생활의 이상과 현실〉

	이상	현실
목적	자아실현, 자기개발	돈벌이
노사관계	배려와 양보	갑을관계
직원에 대한 회사의 시각	투자, 인적자산	비용, 소모품
채용 시 주안점	핵심인재 발굴	저비용·고효율 직원 선발
취업 시 주안점	적성과 보수(대가)	일단 합격
취업 시 포장여부	솔직함·당당함이 최고	적당한 포장은 필수
상사와의 관계	상식선에서의 대화와 타협	지시와 군림
합리성과 공정함의 반영 정도	이것들이 주류	불합리와 불공정함이 주류
성공 가능성	정상인이라면 누구나 가능	극소수만 가능
고용안정여부	영원히 함께 가자	비용절감 위해 여차하면 구조조정
이직의 필요성	장기근속의 권장	괜찮은 기회라면 이직을 권장

● **회사에 대한 기본적인 정보 파악하고 지원하기**

회사에 대해 완전히 무지한 상태에서 지원한 구직자는 아무리 스펙이 좋아도 호감이 안 간다는 인사담당자들이 매우 많다. 이제 막 생겨서 정보를 도저히 얻기 어려운 스타트업[3] 등이 아닌 한, 알아본 건 좀 알아보고 지원하자. 정말 가고 싶은 회사라면 면접이 확정되기 전이라도 미리 방문하여 재직자들과 대화라도 나눈 후, 이를 입사지원서 등에 기술한다면 당연히 호감을 사게 된다. 이 정도는 아니더라도 인터넷 등을 통해 회사의 전반적인 상황과 본인이 지원한 계열에 대한 다소의 지식이라도 습득하고 이를 지원서나 면접에서 밝힌다면 기본은 갖춘 구직자로 인식될 것이다.

필자가 젊은 시절에 모 회사에 지원했을 때의 일이다. 어차피 백수라 그 회사 홈페이지를 미리 샅샅이 뒤졌는데 우연히 회사연혁이 눈에 띄었다. 원래부터 역사에 관심이 많았기에 이 연혁도 유심히 보았다. 서류전형을 통과하고 면접을 보는데 필자를 포함한 5명이 한꺼번에 면접실에 들어갔다. 오랜 백수생활 중이던 필자와 달리 나머지 지원자들은 다들 경력이 화려했다. 그래선지 필자에게는 질문이 거의 주어지지 않았다. 면접이 끝나갈 무렵, 동석해 있던 사장이 자기네 회사의 창립연도를 아는 사람이 있냐고 물었고 필자만 답을 했다. 회사에 대해 더 아는 것이 있으면 말해보라고 하기에 전날 연혁에서 본 것을 그대로 말했다. 순간 사장의 눈이 빛났던 것 같다. 일주일 뒤 필자에게는 합격통보서가 날아왔다.

● 일단 합격하기 (첫술에 배부르랴!!!)

취업 시 중시하는 사항들은 구직자들마다 대부분 대동소이(大同小異)하다.[4] 서울시와 취업포털 잡코리아가 2016년 4월에 만 34세 미만 청년 구직자 1천92명을 대상으로 설문조사한 결과, 좋은 일자리의 조건은 다음 그래프와 같았다. 그런데 일부 구직자는 이 조건들을 너무 따진다. 상당수 재직자들은 이들 조건 중 1~2개라도 충족시켜준다면 그럭저럭 만족하며 다니는 것이 현실이다. 그럼에도 이들 조건의 대다수를 충족시켜 줘야 취업하겠다는 태도는 취업하지 않겠다는 말이나 다름없다. 엄청난 고스펙에 화려한 경력을 구비하고 충분한 자산이 있어서 당장 취업이 급하지 않은 케이스가 아닌 한, 일단 어디라도 들어가길 추천한다. 별다른 직장경험 없이 백수생활만 오래 했다면 더욱 그러하다. 일단 취업해서 다니다 보면 백수 시절엔 상상도 못한 것들을 체험하게 되고 이를 통해 정말 많은 것을 배울 수 있으며 이런 경험과 성숙해진 업무능력을 바탕으로 이직도 가능해진다. 너무 따지지 말고 일단 취업하자. 신인시절부터 엄청난 대우받는 선수는 극소수에 불과하다. 무엇보다 중요한 것은 암울한 골방에서 뛰쳐나와서 자신의 손으로 돈을 버는 것이다. 고기도 먹어본 사람이 잘 먹는다. 취업에도 요령이 필요하며 어쨌든 일단 합격해봐야 요령이 생겨서 다른 곳에도 합격할 가능성이 높아진다.

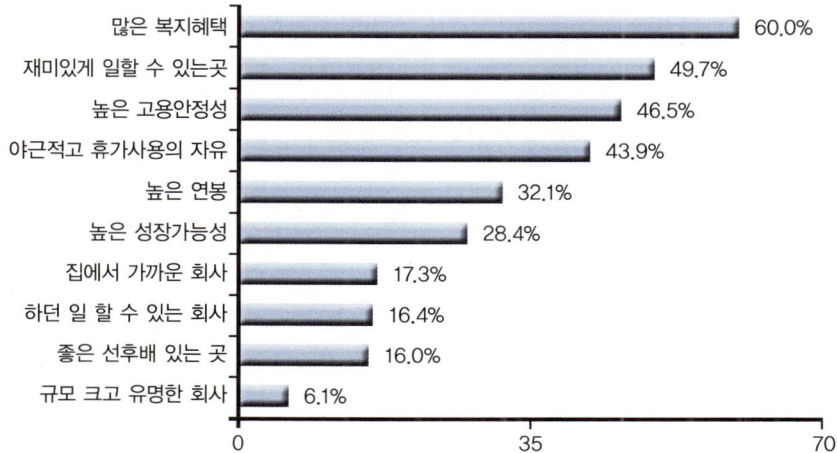

● **직장보다 직업을 중시하기**

"직장이 아니라 직업이 중요한데 왜들 그러는지 몰라~~~"

"뭔 소리세요?"

"직장은 노무사님도 아시다시피 일 하는 장소, 즉 회사를 말하는 거고 직업은 거기서 하는 일이잖아요. 가령 삼성의 기술직 사원이면 삼성이 직장, 기술직이 직업이죠"

"그런데요?"

"직장은 아무리 좋아도 나오면 그만이잖아요. 반면 직업은 평생 하는 경우가 다반사라 내 밥줄과 직결되죠. 그래서 직장이 좋아도 직업이 비전 없으면 장기적으로 많은 애로가 예상되고 직장이 별로라도 직업이 좋으면 미래가 밝죠. 현실이 이런데도 대다수 구직자들이 회사 이름만 보고 지원하는 게 참 안타깝네요"

모 대기업 임원과 필자가 나눈 대화이다. 외부에 자랑하기 위해서 혹은 자기만족감 때문에 상당수 구직자는 직업보다 직장을 중시한다. 하지만 인생에 있어 근본적으로 중요한 것은 직업이다. 좋은 직장보다는 좋은 직업을 고르는데 신경 쓰는 것이 백배는 현명할 것이다.

● 디지털 시대의 효과적인 구직방법 (역발상)

컴퓨터로 대표되는 디지털시대에는 대부분의 구인·구직활동이 인터넷을 통해 이뤄진다. 간편하고 시간도 절약되기에 그럴 것이다. 하지만 때로는 이에 대한 역발상이 취업에 더 도움이 되기도 한다. 노무사 시험에 합격하면 6개월간 수습을 받아야 개업이 가능한데 이 수습을 노무법인과 노동관련 행정기관 중 어디에서 받느냐가 개업 후에 적지 않은 영향을 미친다. 필자는 여러 일을 전전하다가 나이가 많아서 노무사가 되었고 노무법인에서 수습을 받고 싶었지만 나이 탓인지 원서를 낸 어떤 법인도 필자를 원하지 않았다. 가만히 방에 앉아 고민하다가 네이버에서 노무법인이란 키워드로 검색을 하니 서울시내에 180여 곳이 있었다. 이중 이미 동기들이 수습을 받고 있는 60여 곳을 제외한 120곳의 명단과 연락처, 위치 등을 프린트했다(당시엔 스마트폰이 없었다). 그리고 정성 들여 쓴 자기소개서와 이력서를 120부 프린트하여 가방에 넣고 무작정 이 120곳을 방문하여 제출했다. 이 과정에서 잡상인 취급도 받았고 면박이나 모욕도 겪었지만 필자가 할 수 있는 모든 것을 해보고 싶었다. 대중교통을 이용했고 120곳 전부를 방문하는 데 약 보름이 걸렸다. 격식은 갖춰야 할듯하여 양복에 구두를 신고 돌았는데 마지막 날이 가까워서는 발바닥에 물집이 잡혀서 많이 고생했다. 이런 막무가내식 홍보의 결과, 제대로 된 수습자리를 얻을 수 있었고 이때 인연을 맺은 선배노무사님들 중에는 필자의 열정을 높이 평가하고 많은 도움을 주신 분들이 적지 않다. 단순히 수습자리를 얻었다는 사실 이외에도 이 경험은 필자가 인생을 새롭게 보는데 정말 큰 역할을 했다.

진정으로 원하는 직장이 있다면 이 방법을 써보길 추천한다. 이런 아날로그식의 구직활동을 귀찮아하는 회사가 다수겠지만 좋게 보는 회사도 분명히 있을 것이다. 오랜 백수시기를 거쳤다면 이 정도의 열정을 보여줌으로써 차별화를 시도하는 것이 특히 중요하다.

● **발로 뛰며 정보 구하기**

인터넷이 대세가 되다 보니 모든 정보를 인터넷에만 의존하는 사람들이 적지 않다. 구직자들 역시 마찬가지다. 하지만 취업에 있어서는 달라야 한다. 다들 알다시피 인터넷이 제공하는 정보에는 한계가 있고 인생에 막대한 영향을 끼친다는 점에서, 들어가고픈 회사에 대한 정보를 구할 때는 물건에 대한 정보 등 일반적인 정보를 구할 때와는 당연히 다른 자세를 취해야 한다. 가장 안 좋은 케이스는 자신이 자주 가는 사이트나 인터넷 카페에 특정 회사나 업종이 어떤지 묻는 글을 올린 후, 거기에 달린 댓글만 보고 지원여부나 입사여부를 결정하는 것이다. 얼굴도 모르는 사람들이 별다른 책임감 없이 올린 몇몇 댓글에 따라 인생행로를 결정하는 방식의 어리석음은 누구나 인정할 것이다. 지원한 모든 회사를 찾아가는 것은 힘들겠지만 그 중 정말 원하는 곳이 있다면 직접 본사나 지사 혹은 매장을 찾아가서 분위기를 파악하고 재직자에게 캔커피라도 선사하며 대화를 나눠보자. 이를 통해 얻은 정보는 인터넷이 제공하는 그것과는 질이 다르며 당신의 인생에 막대한 영향을 줄 것이다. 발품 팔아 얻은 생생한 정보를 자기소개서나 면접에서 소개할 경우, 입사가능성이 급상승하게 된다는 점은 두말 하면 잔소리다.

● 취업사기 주의하기

구직난이 심하다 보니 취업을 시켜주겠다며 사기를 치는 나쁜 사람들이 종종 있다. 기존의 취업사기는 취업을 빌미로 금전 등을 갈취하고 도망가는 방법이 주류였다면 디지털 시대를 맞이하여 새로운 수법이 등장하였다. 일단 이들은 인터넷으로 접근한다. 구직사이트나 구직카페에 글을 올린 사람들에게 쪽지 등을 보내서 접근을 한 후, 조건에 맞는 회사가 있으니 소개해 준다고 한다. 이러면서 통장사본, 주민증사본, 주민등록 등·초본, 인감증명서, 가족관계증명서 등을 스캔하여 인터넷으로 보내 달라고 요구한다. 얼굴도 모르는 사람이 아무런 대가도 없이 취업시켜주 겠다는 것 자체가 말이 안 되며 취업을 시켜주더라도 이런 서류들은 전혀 필요치 않다. 이력서와 자기소개서 정도만 있으면 우리나라 대다수 회사는 입사가능하며 원칙적으로 주민번호도 입사 후 4대 보험 가입이나 세금처리 등을 위해 필요할 뿐이다(성범죄경력조회 등이 필요한 일부 업종 제외). 인터넷으로 보내준 각종 서류는 보내준 사람 명의의 대출이나 핸드폰 개통을 위해 주로 사용된다. 얼굴도 모르는 사람이 이런 요구를 할 경우, 100프로 사기이니 절대 속지 말자. 백수시기도 고달픈데 취업사기까지 당하여 생판 모르는 대출금이나 핸드폰 비용까지 떠안게 된다면 정말 피곤해진다.

구직활동 시 유의점 핵심요약

- 내가 과연 취업을 할 자격이 있을까?
- 직장생활 그 이상과 현실
- 회사에 대한 기본적인 정보 파악하고 지원하기
- 일단 합격하기 (첫술에 배부르랴!!!)
- 직장보다 직업을 중시하기
- 디지털 시대의 효과적인 구직방법 (역발상)
- 발로 뛰며 정보 구하기
- 취업사기 주의하기

4장
이력서·자기소개서 작성 시 주의점

이력서·자기소개서의 작성·제출은 요즘 구직에 있어 기본 중의 기본이다. 이하에서는 이와 관련하여 주의하거나 유념할 점들을 알아보겠다.

● **미리 방문하여 정보 구하기**
미리 회사를 직접 방문하여 관련 정보를 얻거나 확인하고 재직자들과 대화도 나눈 후, 이 사실을 자기소개서에 기재한다면 당신을 보는 회사의 시선은 당연히 우호적으로 변할 것이다.

● **사진에 어느 정도는 신경 쓰기**
스마트폰의 카메라 기능이 향상됨에 따라 이를 이용하여 자기소개서나 이력서에 첨부하는 사진을 찍는 구직자들이 종종 있다. 이렇게 찍은 사진이 전문적인 사진관에서 촬영한 사진과 별 차이가 없다면 상관없지만 아무래도 차이가 나는 것이 보통이며 성의가 없다는 인상을 줄 수도 있다. 어차피 디지털 파일로도 전송받게 되어 장차 이직 등의 경우에도 두고두고 사용 가능하므로 다소 비용이 들더라도 괜찮은 사진관에서 제대로 찍어두길 추천한다. 이때 캐주얼보다는 정장을 입는 것이 바람직하다는 점은 누구나 알 것이다.

● **개근, 장학금, 우수사원 포상, 업무관련 강의, 프로젝트 등의 명시**

자기소개서에는 내가 했던 바람직한 일들은 무조건 다 적는 것이 좋다. 학창시절 개근하거나 장학금 받은 적이 있다면 당연히 적어야 하고 예전 직장에서 우수사원 포상을 받았거나 업무 관련 강의를 했거나 각종 프로젝트에 참가했다면 이들에 대해서도 소상히 명시하는 것이 중요하다.

● **자기소개서에 들어가야 할 핵심**[1]

자기소개서에 들어갈 핵심은 '난 누구인가?', '입사원서를 넣은 이유', '왜 나를 채용해야 하나?'로 간추릴 수 있다 이들 세 가지 주제에 대해 진솔하면서도 간결한 서술을 한다면 인사담당자가 좋게 볼 가능성이 매우 높아진다. 이 핵심들을 서술하며 고려할 사항들은 다음과 같다.

핵심들	내용
난 누구인가?	- 출생부터 지금까지 살아온 과정 - 학력, 경력, 동아리 활동 등 대외경험 - 강점과 결점 (결점에 대한 개선책을 반드시 기재해야 함) - 성품, 스타일, 타인과의 관계 - 호불호(好不好) - 어떤 것에서 만족을 느끼나 - 삶에서 의미를 두는 가치들
입사원서를 넣은 이유	- 회사와 업무에 대해 알아본 것들 - 직접 회사를 방문하고 깨달은 점들 - 회사발전에 기여하고 싶은 의지와 정열 - 재직자들과의 대화를 통해 인지한 점들

왜 나를 채용해야 하나?	- 나의 강점·성품·경력·열의와 직무 간 높은 상관관계 - 나와 이 회사와의 궁합 - 회사를 어떻게 발전시킬 것인가? - 입사 후 나의 근무자세 - 나의 야망과 미래상

● **자기소개서나 이력서 작성 시 피해야 할 점들**

자기소개서나 이력서 작성 시에 피하거나 주의할 점들을 요약하면 다음과 같다.

피해야 할 점들	내용
거짓말 (학력, 학점, 외국어 능력, 경력 등)	- 가령 중국집에서 일했던 경력을 작성하며 '중국집'이 아닌 '차이니스 레스토랑'이란 단어를 사용하는 등 사회통념상 인정되는 수준의 미화나 포장은 무방하나 학점이나 출신학교, 외국어 능력 등을 거짓으로 기재하는 행위는 절대 해서는 안 된다. - 입사 후라도 이들 거짓이 밝혀질 경우, 해고될 수 있으며 이 해고는 노동법적으로 정당하다고 인정될 소지가 크다.
오타, 띄어쓰기 오류, 또래용어, 인터넷용어, 약어, '^^, ㅠ.ㅠ (각종 이모티콘)'	- 오타나 잘못된 띄어쓰기가 눈에 보이면 바로 휴지통에 던져버리고 싶다는 말을 하는 인사담당자가 매우 많다. 이는 기본 중의 기본이므로 작성 후에는 아래한글 등 워드프로세서에 내장된 검토기능을 통해 반드시 체크해야 한다. - 그리고 '샘(선생님)', '혼술(혼자 마시는 술)', '내로남불(내가 하면 로맨스, 남이 하면 불륜)' 같은 인터넷에서만 주로 사용 되는 용어나 약어를 사용하는 것 또한 가벼움의 극치로 보일 수 있으므로 주의를 요한다. - 문자메시지나 카톡에서 주로 사용되는 각종 이모티콘의 사용 역시 진중함을 해칠 수 있으므로 피하는 것이 좋다.
어설픈 감동 불러일으키기 (신파조의 동정심 유발)	- 일부 구직자는 자신의 과거가 암울했지만 다시금 새사람이 되겠다는 이야기를 너무 장황하게 쓴다. 이에 감동하는 인사담당자가 있을 수도 있지만 대다수 인사과 직원들은 읽는 것 자체를 귀찮아 한다.

	- 특히 백수생활을 오래 거친 경우, 이런 식의 동정심 유발을 종종 시도하는데, 이보다는 자신의 장점이나 포부, 회사에 대한 애정 등을 어필하는 것이 합격에는 훨씬 더 효과적이다.
상투적인 문구	- "화목한 가정에서 2남 1녀 중 막내로 태어나 별다른 문제 없이 온 가족의 사랑을 듬뿍 받으며 자랐습니다" 같은 문장은 어디서나 흔히 볼 수 있기에 솔직히 지겹다는 느낌을 준다. - 인사담당자가 호기심을 가지고 열심히 읽게 만드는 것도 자기소개서를 쓰는 요령이므로 재미와 신선함도 고려하여 작성할 필요가 있다.
어설픈 글 인용[2]	- "나폴레옹은 '나의 사전에는 불가능이란 없다'라고 말했습니다" 같은 누구나 아는 어록을 너무 많이 인용하는 것 역시 읽는 사람을 무척이나 피곤하게 만든다. - 타인의 말보다는 본인의 생각을 조리 있게 쓰는 것이 중요하며 정 인용하고 싶다면 유명한 위인의 참신한 어록을 적절히 사용하길 추천한다.
어설픈 짜깁기[3]	- 제대로 자기소개서를 쓰는 것은 사실 매우 어렵다. 그래서 인터넷 상의 여러 자기소개서를 다운받은 후 이를 짜깁기하는 구직자들이 적지 않다. 일부 대기업은 논문표절여부를 판명하는 소프트웨어를 이용하여 짜깁기한 자기소개서를 걸러낸다고도 한다. - 이렇게 걸러지지 않더라도 짜깁기한 자기소개서는 아무래도 2% 부족하다는 느낌을 줄 수밖에 없다. 비록 다소 어눌하더라도 자신이 직접 머리를 싸매고 작성한 자기소개서의 진정성은 따라가기 어렵다. - 수습노무사 자리를 구하던 필자는 근 일주일에 걸쳐 자기소개서를 상당히 공들여서 작성하고 이를 120여 곳의 노무법인에 일방적으로 뿌렸다. 그중 한 곳의 여직원이 마침 점심을 먹고 나른한 차에 필자로부터 자기소개서를 받았는데 읽다 보니 괜찮아서 챙겨뒀다고 한다. 그 후 그 법인에서 수습노무사가 필요하게 되었을 때, 이 여직원이 대표에게 필자를 소개함으로써 필자는 그곳의 수습자리를 꿰찰 수 있었다.

튀지 않는 글자체, 글씨크기, 색상 (자기소개서는 작품이 아니다!!!)[4]	– 주로 예술계통 지원자들이 이 오류를 많이 범한다. 지나치게 튀는 글씨체와 색상 등으로 자기소개서를 도배하는 것은 오히려 읽는 이의 피로감만 증가시킨다. – 굴림체 등 보편적인 글씨체와 표준크기 등을 사용하는 것이 가장 좋으며 창작의 욕구는 자기소개서의 형식이 아닌 내용에서 발휘하길 권장한다.
회사의 요구양식·요구사항 준수[5]	– 일부 회사는 자기소개서나 이력서의 양식을 미리 정하고 이에 따르길 요구한다. 이런 경우에는 하늘이 무너져도 이에 따라야 한다. – 아무리 내용이 좋고 스펙이 화려하더라도 기본적인 요구사항마저 따르지 않는 구직자를 좋게 볼 회사는 없다.
회사별 이력서·자기소개서 보관 (면접 시 필수)	– 일부 구직자는 이력서나 자기소개서를 지원한 회사별로 각기 달리 작성한다. 이런 경우에는 반드시 해당 자기소개서나 이력서에 지원한 회사의 이름을 명시하여 잘 보관해둬야 한다. – 구직난 탓에 대다수 지원자가 상당히 많은 회사에 원서를 넣는데 만약 면접을 볼 기회가 잡힐 경우, 내가 이 회사에 제출한 자기소개서나 이력서에 어떤 내용을 적었는지 기억할 수 없다면 큰 낭패를 볼 수 있기 때문이다.
회사이름 반드시 바꾸기	– 대다수 구직자는 이력서와 자기소개서를 각각 하나만 작성하고 이를 여러 회사에 제출한다. 이런 때에는 자기소개서나 이력서상의 회사이름을 원서를 넣는 회사에 맞춰 반드시 수정해야 한다. – 가령 삼성에 제출한 자기소개서에 "인재를 아끼는 곳이 삼성이기에 지원했습니다"라는 문장이 있다면 이 자기소개서를 현대에 제출할 때에는 당연히 해당 문장의 '삼성'을 '현대'로 수정해야 하는 것이다. – 이런 기본조차 신경 쓰지 않는 지원자를 눈감아줄 회사는 세상 어디에도 없다.

핵심위주로 장황하지 않게	– 자기소개서를 읽는 일도 힘들다. 필자가 자문해 주는 회사의 인사담당자 중에도 "구직자들의 절박함을 잘 알기에 아무리 내용이 별로라도 끝까지 다 읽지만 아무래도 장황한 자기소개서는 호감이 덜 간다"라고 말하는 사람이 많다. – 가급적 핵심위주로 작성하고 정 길게 쓰고 싶다면 앞부분에 핵심을 배치하고 뒷부분에서 부연 설명하는 형식을 취하길 권유한다.
알아볼 수 없는 글씨체	– 일부 구직자는 자신의 정성과 열정을 표현하기 위해 자필로 자기소개서를 쓴다. 회사를 방문하여 직접 자기소개서를 전달하는 것과 마찬가지로 이 방법 역시 효과를 발휘할 수 있다. – 다만 무슨 글자인지 알아보기조차 힘들다면 오히려 역효과만 내게 된다. 이때는 읽는 것 자체가 곤욕이기에 바로 쓰레기통으로 직행하는 것이 보통이다. 읽는 상대방을 배려하는 태도는 자기소개서나 이력서의 작성 시에도 당연히 요구된다.

이력서·자기소개서 작성 시 주의점 핵심요약

- 미리 방문하여 정보 구하기
- 사진에 어느 정도는 신경 쓰기
- 개근, 장학금, 우수사원 포상, 업무관련 강의, 프로젝트 등의 명시
- 자기소개서에 들어가야 할 핵심
- 자기소개서나 이력서 작성 시 피해야 할 점들

5장
취업면접 시 주의점

모두가 알다시피 면접이 취업에서 차지하는 비중은 막대하다. 이하에서는 취업면접 시 주의할 점들을 알아보겠다.

● 미리 방문하기

회사를 미리 방문하여 느낀 점 혹은 얻은 정보나 재직자들과의 대화를 통해 알게 된 사실을 면접 시 이야기하면 회사에 대한 애정이 높은 구직자로 인정되어 당연히 유리한 고지를 점령하게 된다.

● 면접 시 호감·비호감 지원자 여론조사결과

[1]2016년 8월, 취업포털 사람인이 기업 인사담당자 531명을 대상으로 '면접 시 가장 비호감인 지원자 유형'에 대해 조사한 결과, '지각하는 지원자'(23%)가 비호감인 지원자의 1위로 꼽혔다. 뒤이어 ▶성의 없이 대답하는 지원자(20.9%), ▶표정이 어둡고 좋지 않은 지원자(14.5%), ▶회사의 기본 정보도 모르는 지원자(13.7%), ▶자세가 좋지 않은 지원자(7.2%), ▶동문서답 하는 지원자(5.1%), ▶복장 불량 지원자(3.4%), ▶제출 서류와 다른 대답하는 지원자(2.8%), ▶무례한 질문을 하는 지원자(1.9%), ▶

면접관 말을 도중에 끊는 지원자(1.9%), ▶지나치게 자기 자랑하는 지원자(1.5%), ▶부적절한 언어를 사용하는 지원자(0.9%), ▶인사를 제대로 하지 않는 지원자(0.8%), ▶중간에 휴대폰이 울리는 지원자(0.6%), ▶다른 사람 답변 중 딴짓하는 지원자(0.4%) 등이 있었다.

그리고 '호감인 지원자 유형'으로는 '회사에 대한 애정이 보이는 지원자'(21.7%)가 첫 번째로 꼽혔다. 뒤이어 ▲논리적으로 의사 표현을 하는 지원자(17.9%), ▲자세가 바른 지원자(14.3%), ▲일찍 와서 준비하는 지원자(11.3%), ▲깔끔하고 단정한 지원자(10.7%), ▲본인의 소신을 드러내는 지원자(10.4%), ▲인사성이 바른 지원자(6.8%), ▲타인의 답변을 경청하는 지원자(6.2%) 등의 순이었다.

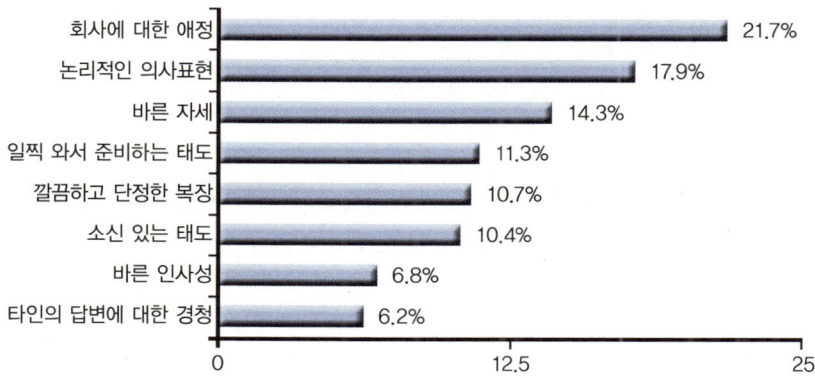

(면접 시 호감인 지원자 유형)

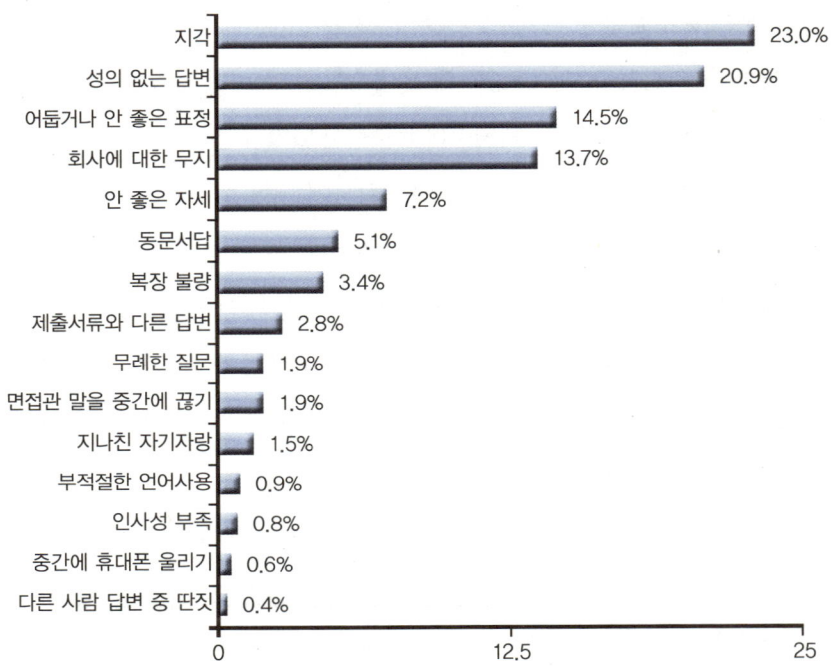

(면접 시 비호감인 지원자 유형)

이 조사결과를 숙지하여 호감 가는 언행은 실천하고 비호감인 언행은 지양한다면 합격가능성은 당연히 올라갈 것이다.

● **면접 전·후에도 주의하기**

"홍길동 씨는 왜 안 뽑으셨나요?"

"우연히 면접 전에 그 사람을 회사 화장실에서 봤어요. 친구와 전화 중인 것 같던데 'c8', '존나' 같은 비속어를 입에 달고 통화를 하더군요. 언어 수준이 그거밖에 안 되는 사람은 절대 사양입니다"

유학까지 다녀오고 고급 자격증도 가진 지원자가 면접에서 떨어졌기에 그 이유를 알아보다가 사장에게서 이런 답변을 들었다.

별거 아닌 것 같지만 면접 전·후에 대기실이나 회사 화장실에서의 언행이 당락에 영향을 미치는 경우가 흔하다. 특히 요즘 비속어 사용을 당연시 하는 젊은층이 많은데 이를 좋게 보는 사장은 단 한 명도 본 적이 없다. 꼰대들의 시대착오적인 생각이라고 우습게 볼 구직자가 다수겠지만 입장 바꿔서 이들이 사장이 되더라도 입이 거친 지원자는 비선호 하리라 장담한다. 품위 있는 언어와 바른 행동은 언제 어느 때라도 가치를 드러낸다.

● **소소한 질문에도 주의해서 답하기**

"학창시절, 방학 때는 주로 뭐하고 지냈나요?"

"부모님이랑 여행을 많이 다녔습니다. 저는 엄마, 아빠랑 같이 있을 때가 가장 좋습니다"

일부 면접관은 이런 답변을 독립심이 부족한 마마보이나 파파걸의 증거로 여길 수 있다.

"요즘 좋은 행사나 공연이 많던데 친구들이랑 그런 곳도 종종 다니나요?"

"학자금 대출을 너무 많이 받아서 그럴만한 경제적 여유가 없습니다"

이런 식의 대답은 금전적 어려움 탓에 채용 후 공금에 손을 댈지도 모른다는 우려를 불러일으킬 수 있다. 이처럼 별다른 생각 없이 한 답변이 나쁜 인상을 줄 수 있다는 점까지 고려하여 면접 시에는 아무리 가벼운 질문에도 신중에 신중을 기해 답변해야 한다.

● 회사 사람들의 표정이나 회사 분위기 체크하기

면접자리에서는 구직자 역시 회사에 대해 파악하여야 한다. 상당수 구직자가 어쩔 수 없이 을(乙)의 입장에서 회사의 질문에 답만 하고 돌아서지만 이래서는 절대 안 된다. 면접관들의 기분이 크게 상하지 않는 범위에서 궁금한 것은 물어보고 회사 분위기나 재직자들의 표정도 체크하는 등 알아볼 것은 다 알아봐야 한다. 혼신의 힘을 다해 취업에 성공했지만 알고 보니 곧 망할 회사이거나 오너일가의 무분별한 전횡 등 심각한 문제가 있어서 차라리 안 다니는 것이 나은 회사라면 이런 취업은 오히려 손해만 가져오게 된다. 절대 기죽지 말고 당신도 '면접관'이 되어 '회사'를 상대로 면접을 보라.

● 편하게 행동하라고 하더라도 적당히 성의 보이기

필자가 모 회사의 요청으로 면접관이 되었을 때 직접 보았던 일이다. 피면접자 한 명이 너무 긴장한 듯하자 회사 사장님이 편하게 행동하라고 웃으며 이야기하셨다. 그 후 질문을 주고받다가 그 피면접자의 경력에 약 6개월가량 공백이 있기에 이 기간 중에는 무엇을 했냐고 다른 면접관이 질문을 했다. 질문을 받자마자 피면접자는 "놀았어요"라고 아무렇지도 않게 답을 했다. 설사 진짜 놀았다 하더라도 도서관을 다니며 특정 분야를 공부했다고 하거나 정 할 말이 없으며 헬스클럽을 다니며 부족한 체력을 키웠다는 등 어느 정도의 포장을 하는 성의를 보여줘야 하는데 이 피면접자는 말 그대로 너무 '편하게' 답을 했다. 이런 식의 답변이 회사에 어떤 인상을 남길지는 누구나 쉽게 추측할 수 있을 것이다.

● 늦지 않기

전술한 '면접 시 호감·비호감 지원자 여론조사결과'에도 나오지만 면접 시 지각만큼 나쁜 인상을 주는 것도 없다. 20~30분가량 일찍 도착하여 충분히 여유를 갖고 면접에 임할 수 있도록 신경 써서 출발하는 자세는 필수이다. 길이 복잡해서 중간에 헤맬 가능성이 크다면 사전답사차원에서 미리 한 번 회사를 방문하는 것도 아주 좋다.

● 적절한 시선처리

면접 시 면접관의 눈을 계속 응시하는 태도는 건방지거나 화가 났다는 오해를 불러일으킬 수 있다. 그렇다고 시선을 너무 피한다면 자신감이 부족하거나 감추는 것이 있다는 인상을 줄 수 있다. 권장하는 태도는 인중(코와 윗입술 사이에 오목하게 골이 진 곳)이나 양 눈썹 사이를 바라보며 대화를 하는 것이다. 이러다가 중요한 순간에는 눈을 마주치면서 답을 한다면 편안하면서도 강렬한 이미지를 남길 수 있을 것이다.

● 핵심부터 답하기

면접관도 사람이므로 장황한 답을 하며 시간을 낭비하는 구직자는 일반적으로 좋게 안 본다. 세세한 설명이 반드시 선행되어야 하는 답변이 아닌 한, 핵심위주로 답을 하고 부수적인 사항은 면접관의 동의하에 후술(後述)하는 방식을 권장한다.

● 핸드폰 끄기

면접 중 구직자의 핸드폰이 울린다는 사실은 이 구직자가 이 면접을 경시한다는 증거일 뿐이다. 관련이 다소 적을 수 있지만 어떤 강의를 하던 필자의 핸드폰이 강의 도중에 울린 적이 있고 그 강의의 수강생들로부터 받은 강사평가점수는 당연히 낮았다. 사람 마음은 다들 비슷하다. 내가 최소한의 정성과 성의도 보이지 않는다면 상대가 나를 좋게 볼 가능성은 거의 없다.

● 면접관 이름 파악하고 부르기

김춘수 시인은 <꽃>이란 시에서 "내가 그의 이름을 불러 주기 전에는 그는 다만 하나의 몸짓에 지나지 않았다. 내가 그의 이름을 불러주었을 때, 그는 나에게로 와서 꽃이 되었다"라고 노래하였다. 내 이름을 불러주는 사람에게는 호감이 생기기 마련이다. 요즘은 상당수 회사가 책임의식을 고취시키기 위하여 면접관마다 명찰을 달게 한다. 면접 보는 장소에 들어가자마자 이 명찰유무를 파악하고 명찰이 있는 경우, 그 이름을 언급하며 답을 한다면 해당 면접관은 당신을 조금이라도 달리 보게 될 것이다.

● **나에 대해 무엇을 홍보할 것인가?**[2]

면접 시 가장 중요한 사항은 본인에 대한 홍보이다. 아래의 사항들을 종합하여 본인을 홍보할 수 있는 글을 작성한 후 달달 외우고 면접장에서 사용하기를 강력히 권유한다. 그때그때마다 생각나는 대로 말하는 것과 미리 치밀하게 준비하여 말하는 것은 차원이 다르며 당연히 후자가 훨씬 더 좋은 인상을 준다.

- ✓ 업무에 대한 빠른 이해력과 실행력
- ✓ 빈틈없이 꼼꼼한 업무처리
- ✓ 기대치 그 이상을 달성하는 업무 성취력
- ✓ 두루 원만한 인간관계
- ✓ 참신하고 새로운 기획력
- ✓ 언제나 꾸준한 성실함
- ✓ 맡은 업무에 있어 철저한 책임감

● **면접 시 예상되는 질문들**[3]

회사와 면접관 모두 천차만별이기에 면접에서 어떤 질문이 나올지는 아무도 모른다. 다만 면접 시 일반적으로 나오는 질문들을 정리하면 아래와 같으므로 이에 대한 답변을 평소 어느 정도는 고민해 둔다면 면접장에서 유리한 고지를 점령할 수 있을 것이다(각각의 질문에 대한 정답은 없으므로 각자의 소신과 상황 등에 맞춰서 준비하면 충분하다).

✓ 우리 회사를 다른 사람에게 홍보한다면?
✓ 우리 회사에 대해 얼마만큼 알고 있습니까?
✓ 왜 우리 회사(or 우리 부서)에 지원했습니까?
✓ 동료가 조퇴를 자주 하여 당신이 야근을 자주 해야 한다면 어떻게 하겠습니까?
✓ 입사해서 10년 후의 모습이 어떨지 말해보세요.
✓ 우리가 당신을 뽑아야 하는 이유를 3가지만 말해보세요.
✓ 사공이 많으면 배가 산으로 간다는데 만약 회사가 산으로 가고 있다면 어떻게 하겠습니까?
✓ 당신의 특기는 무엇입니까?
✓ 당신의 장점과 단점은 무엇입니까?
✓ 우리 회사에 대한 정보는 어떻게 조사했습니까?
✓ 아르바이트 경험이 있습니까? 이 과정에서 무엇을 느꼈습니까?
✓ 업무나 상사가 마음에 들지 않을 때는 어떻게 하겠습니까?
✓ 입사 후 희망하는 업무에 발령받지 못한다면 어떻게 하겠습니까?
✓ 복무규율이 매우 엄격할 수 있습니다. 받아들일 수 있습니까?
✓ 채용되면 몇 년 정도 근무할 수 있습니까?
✓ 존경하는 사람은 누구이며 왜 존경합니까?
✓ 가족들은 모두 건강합니까?
✓ 당신의 출석률(출근율)은 어떠했습니까?

● 매너 없는 질문에 대한 대처법

매너 없는 질문을 하는 면접관이 가끔 있다. "남자 친구가 있느냐?", "여자친구를 만나면 주로 뭘 하느냐?"같은 업무와 상관없는 지극히 사적인 질문들이 대표적인 예이다. 이런 경우 기분은 나쁘지만 입사를 위해 대다수 구직자는 참곤 한다. 정말 들어가고 싶은 회사라면 참는 것도 괜찮다. 또한 일부 회사는 난처한 질문을 받았을 때의 반응을 보고 위기상황에서의 대처능력을 파악하기 위하여 일부러 이러기도 한다. 다만 이런 의도적인 목적 없이 정도가 심한 질문을 지나치게 많이 함에도 다른 면접관이나 회사관계자가 전혀 제지하지 않는다면 이런 회사에는 차라리 안 들어가는 게 나을지도 모른다. 이런 질문을 하는 면접관을 방치한다는 것 자체가 직원의 인격을 유린하고 을(乙)로만 간주하는 사내분위기와 조직문화가 팽배했다는 증거일 수 있기 때문이다. 기본이 안 된 회사에 입사하는 것은 통상 득보다 실을 많이 가져온다.

● **1분 스피치 연습해두기**

일부 회사는 면접자리에서 구직자에게 일정한 시간을 주고 본인소개와 왜 본인을 뽑아야 하는지 등을 직접 말하도록 시킨다. 정해진 시간 동안 일정한 주제에 대해 조리 있게 말할 수 있는 능력도 특정인을 판단하는 중요한 요소이다. 미리 연습해 두자. 큰 거울(전신거울 추천) 앞에서 스마트폰의 스톱워치 기능을 켜고 1분간 자기소개와 왜 뽑아야 하는지 등을 말하는 연습을 하자. 처음에는 너무 민망해서 말이 안 나올 수 있지만 하면 할수록 익숙해지며 자연스러운 모션이나 표정도 가능해질 것이다. 이를 연습해두면 각종 PT(Presentation) 등에서도 유용하게 사용할 수 있으므로 절대 헛고생은 아니다.

취업면접 시 주의점 핵심요약

- 미리 방문하기
- 면접 시 호감·비호감 지원자 여론조사결과
- 면접 전·후에도 주의하기
- 소소한 질문에도 주의해서 답하기
- 회사 사람들의 표정이나 회사 분위기 체크하기
- 편하게 행동하라고 하더라도 적당히 성의 보이기
- 늦지 않기
- 적절한 시선처리
- 핵심부터 답하기
- 핸드폰 끄기
- 면접관 이름 파악하고 부르기
- 나에 대해 무엇을 홍보할 것인가?
- 면접 시 예상되는 질문들
- 매너 없는 질문에 대한 대처법
- 1분 스피치 연습해두기

제2부
일반사원

제1장 신뢰획득의 방법

제2장 신뢰유지의 방법

제3장 권리행사의 방법

제4장 기타 본인관리

제5장 이직준비

1장
신뢰획득의 방법

입사 후 제일 먼저 해야 할 일은 사장이나 기존 재직자들로부터 신뢰를 획득하는 것이다. "저 신입, 믿을만한데!"라는 평판을 얻는다면 일단 어느 정도는 직장생활이 궤도에 올랐다고 볼 수 있기에 어떻게든지 신뢰를 얻기 위해 노력해야 한다. 이하에서는 이를 얻는데 도움이 되거나 유의할 점들을 다양한 측면에서 알아보겠다.

● **마마보이, 파파걸이 환영 받을까?**

신입사원이 조금만 신경 쓰면 피할 수 있는 실수를 했기에 다소 질책을 했더니 바로 다음날 그 직원의 부모가 찾아왔다는 이야기를 필자의 자문사 사장이 해준 적이 있다. 입사한 자녀가 걱정되더라도 이런 태도는 해당 직원의 직장생활을 망치는 지름길일 뿐이다. 이 정도는 아니더라도 말끝마다 "엄마가요, 아빠가요"라며 부모를 언급하는 신입사원들이 늘고 있다. 하나만 낳아서 왕자·공주대접 해주며 키우는 것이 대세라지만 걸핏하면 부모 찾는 직원은 직장뿐만 아니라 일반적인 인간관계에서도 안 좋게 보이기 마련이다.

세상은 독립심이 강하고 자수성가한 사람을 가장 높이 평가한다. 설사 다이아몬드 수저를 물고 태어났더라도 이를 절대 티 내지 않고 어떻게든 본인의 문제는 본인이 책임지고 해결한다는 각오로 회사생활을 할 때, 장기적으로도 당신의 경쟁력은 극대화가 될 것이다.

● 귀는 최대화, 입은 최소화

'지혜로운 사람은 귀는 길고 혀는 짧다'는 영국속담이 있다. 이 말만큼 신입사원에게 딱 들어맞는 말도 없다. 아무리 똑똑한 사람도 말 많이 하다 보면 실수하기 쉽고 본의 아니게 오해를 살 소지도 크다. 회사에서는 업무상 대화 이외에는 입은 최소로 여는 것이 신입시절뿐만 아니라 직장생활 내내 본인에게는 일반적으로 유리하다.

반면 귀는 최대한 열고 모든 정보를 모아야 한다. 사내 실세는 누구인지, 어떤 파벌들이 있으며 그 구성원은 누구인지 등에 대한 정보를 샅샅이 파악해야 한다. 그렇다고 이런 티를 너무 내면 안 좋게 보일 수 있으므로 관심 없는 척하며 정보를 최대한 획득하는 지혜가 필요하다. 이들 정보는 설사 사용하지 않더라도 몰라서 입을 수 있는 불이익을 방지해주기에 꼭 알아둬야 한다.

● 특히 외근 시 게으름 부리지 않기

필자가 모 회사에 재직할 때의 일이다. 어느 날 협력업체를 방문하여 직접 재고를 확인하고 관련 현황을 듣는 일을 하게 되었다. 그다지 어렵지 않았고 예상보다 일찍 끝났다. 바로 회사로 복귀했어야 하지만 초봄의 정취를 만끽하고 싶은 마음에 카페에서 커피 한 잔을 마시고 산책도 즐기다가 오후 늦게 들어갔다. 필자의 얼굴을 보자마자 상사는 왜 이제서야 들어오냐고 다짜고짜 물었다. 당황해서 변명을 하려 했지만 상사는 이미 그 업체 관계자를 통해 필자의 업무가 몇 시에 끝났는지 파악하고 있었다. 그날 심한 질책을 받았음은 당연하다.

사무실에서는 더없이 성실해도 외근을 나가면 나태해질 수 있는 것이 사람의 마음이다. 하지만 이런 태도는 해당 직원에 대한 신뢰에 치명타를 주며 신입시절에는 특히 더하다. 또한 외근종료 후 회사로 복귀해도 바로 퇴근시간이 될 것 같은 경우, 일부 직원은 본인의 판단하에 곧장 집으로 퇴근하나 이를 안 좋게 보는 상사들도 많다. 이런 때에도 상사에게 연락하여 허락을 받고 집으로 퇴근하는 것은 직장생활의 기본이다.

● 업종에 어울리는 옷 (회사의 복장 규범 고려)

일만 잘한다면 복장은 얼마든지 본인의 자유라고 여기는 견해가 있다. 회사 전체의 질서와 대고객 이미지 등을 고려하여 일정한 한계는 지켜야 한다는 의견도 있다. 입고 싶은 옷을 입을 수 있는 자유는 헌법 제10조의 행복추구권에서 파생되지만 지나치게 자유분방한 복장으로 인해 사내 질서가 문란해진다면 징계가 가능할 수도 있다. 따라서 일단 회사 내 복장규범이 있다면 이를 따르는 것이 좋고 이런 규범이 없다면 가급적 상사나 사장이 입는 스타일의 옷을 입는 것이 가장 안전하다. 그런데 일부 여자상사는 여성의 특수성 탓인지 본인의 스타일을 다른 여성이 따라 하는 것을 싫어하므로 이런 경우에 해당하지는 않는지 미리 확인이 필요하다.

● 문신이 유행이라는데 괜찮을까?

문신 탓에 사장과 사이가 틀어진 모 직원의 처리문제를 맡은 적이 있다. 손목이나 발목에 하는 조그만 패션문신이 아니라 양 팔뚝에 시커멓게 새긴 조폭형 문신이라 사장이 싫어할 만 했다. 면접 시에는 긴 팔의 옷을 입고 있어서 몰랐고 이 사실을 알았다면 채용 안 했을 거라며 펄펄 뛰는 사장과 개인의 자유이며 성실히 일하고 있으니 나갈 수 없다는 직원의 주장이 팽팽히 맞서는 상황이었다. 문신은 개인의 표현의 자유라고 볼 수도 있지만 동료나 고객들의 거부감이나 공포감을 불러일으킴으로써 사내질서를 훼손할 가능성도 있는 것이 사실이다.

그 직원과 직접 만나 이야기해보니 사람은 괜찮았다. 철모르던 시절, 객기부리는 차원에서 새겼는데 나이 들수록 본인도 후회스럽다고 한다. 문신한 것이 잘못은 아니지만 사장은 이를 싫어하니 "저도 지우고 싶지만 지우기 어려워서 그냥 참고 지내는 중이니 사장님께서 이해 좀 해주시면 감사하겠습니다"라는 말 한마디만 해보라고 권유했다. 나중 이야기를 들어보니 어렵게 이 말을 꺼냈고 사장은 더 이상 문제를 삼지 않았다고 한다.

얼마 전 이 직원을 우연히 다시 만났다. 만나자마자 문신 때문이 미치겠다고 한다. 사장이 또 갈구냐고 묻자 그게 아니라 이제 막 유치원에 들어간 딸아이가 왜 아빠는 팔에 그런 게 있냐며 근처에도 못 오게 한단다.

딸아이의 이 말에 큰 상처를 받고 어떻게든 지우고 싶은데 너무 깊고 넓게 새겨서 레이저를 사용해도 잘 안 지워진다고 심각한 얼굴로 말했다. 돌이킬 수 없는 일일수록 신중에 신중을 기해서 결정해야 하지 않을까.

● 자주 보고하기 (문자나 이메일도 OK)

새로 들어온 신입사원에게 굉장히 흡족해하는 모 사장을 만난 적이 있다. 뭐가 그토록 마음에 드냐고 묻자 시키지 않아도 알아서 보고를 참 자주 그리고 성실하게 한단다. 특히 사장이 외부에 있을 때 사내에 중요한 문제가 생기면 곧바로 전화나 문자로 전후 사정을 알리며 그 직원이 외근 중에 중요한 문제에 부딪혀도 바로 보고하기에 누구보다 믿음이 간다고 한다. 아직 신입이라 보고의 형식 등에 있어서는 미흡하더라도 사장이 알아야 할 일들을 자진해서 성심껏 보고하는 직원을 믿고 아끼지 않을 회사는 어디에도 없다.

● 소꼬리보다 닭 머리? (하찮고 남들이 꺼리는 프로젝트 자원하기)[1]

"박과장, 요즘 무슨 문제 있어? 얼굴빛도 영 아니고 걸핏하면 자리도 비우고...."

"부장님, 솔직히 말씀드릴게요. 이번 프로젝트는 정말 저처럼 경력 많은 직원이 리더로 제격인데 왜 별다른 경험도 없는 김과장이 총괄을 하는지 도저히 이해가 안 갑니다"

"그거 때문에 이렇게 태만한 거야?"

"태만했다면 제 잘못입니다. 사과드리겠습니다. 하지만 이 프로젝트 책임자 임명건은 납득이 안 갑니다"

"박과장, 프로젝트 많이 참가해 봤어?"

"부장님, 정말 모르셔서 질문하시는 건가요? 부장님을 직접 보필하면서 아주 많이 참가했고 그 외에도 상당수 주요 프로젝트에서 제 이름을 쉽게 찾아보실 수 있을 겁니다"

"그럼 그 중 박과장이 총괄한 프로젝트는 몇 개야?"

"총괄이요? 총괄한 건 없습니다. 다만 그럴 기회가 항상 저에겐 주어지지 않았습니다"

"전체를 지휘할 기회가 안 주어진 것이 회사 잘못이라고만 생각하나? 인기 있는 프로젝트만 지원했던 박과장 당신의 잘못은 전혀 없을까? 다소 눈높이를 낮춰서 인기 없는 프로젝트의 리더 역할을 자청했다면 얼마든지 쉽게 총괄책임자 경험을 쌓을 수 있었을 텐데 박과장은 그런 적 한 번도 없잖아? 김과장은 프로젝트 총 경험은 박과장보다 적을지 몰라도 비선호되는 프로젝트에서 자진해서 리더역할을 맡은 적도 많기에 회사로서는 이런 결정을 할 수밖에 없었어"

왜 자신에게는 중요한 프로젝트를 지휘할 권한이 안 주어지는지 불만스러워하는 직원들이 종종 있다. 다수의 프로젝트에 이미 참가했던 본인이야말로 새로운 프로젝트의 적임자인데 왜 다른 사람에게 번번이 그 자리가 주어지는지 이들은 도통 이해하지 못한다. 누구나 참가하고 싶어하는 프로젝트와 가치가 적어 보여서 지원자가 거의 없는 프로젝트는 각각 상반된 장·단점을 지니고 있다. 외부에서 보기에는 전자가 당연히 화려하고 경력에도 도움이 될 듯하나 리더로서의 거시적인 안목과 자질을 키우는 데는 후자가 훨씬 더 유용할 수 있다. 전자의 프로젝트는 지원자가 많기에 리더의 지위를 차지하기가 매우 힘들고 구성원으로 참여하더라도 핵심업무를 못 맡을 소지가 크다. 후자의 프로젝트는 지원자가 적기에 쉽게 리더의 자리를 차지할 수 있고 설사 리더가 못되더라도 프로젝트 전체를 계획하거나 필요한 자금이나 인력의 조달방법을 구상하는 등 핵심적인 일을 할 수 있는 절호의 기회를 제공한다.

신입시절부터 소꼬리 역할만 자꾸 하려 하면 영원히 꼬리에 머무를 수 있다. 남들이 거부하는 닭 머리 역할도 자진해서 종종 함으로써 리더의 자질을 갖추면 언젠가는 진짜로 괜찮은 프로젝트의 리더가 될 소지가 부쩍 올라갈 것이다.

● 직속상사와의 공통분모나 장점 찾기

"과장님, 혹시 추리소설 좋아하세요?"

"강주임, 그건 왜 묻는 거야?"

"별다른 이유는 없습니다. 다만 지난번에 <소년탐정 김전일>과 <오리엔트특급 살인사건>을 과장님 책상에서 본 게 기억이 나서요"

"별걸 다 기억하네. 내가 원래 추리소설을 무지 좋아해. 동호회 활동도 좀 했었어"

"정말요? 저랑 비슷하시네요. 저도 아가사 크리스티 작품을 모두 모았고 제가 나온 대학교 추리연구회 3기입니다"

"난 강주임은 감성만 풍부해서 비현실적일 것 같다고 생각했는데 의외네"

"저 알고 보면 무진장 현실적입니다. 그러니 업무도 셜록 홈즈 같은 이성적 판단하에 아주 치밀하게 하죠"

당신이 믿을만한지 1차적으로 판단하는 사람은 일반적으로 직속상사이다. 일부 직원은 직속상사와 사이가 안 좋을 경우, 가급적 대면접촉은 피하고 메일 등을 통해서만 컨택하려 하나 이는 스스로 직장생활을 망치는 지름길일 뿐이다. 또한 몇몇 직원은 직속상사와의 불화로 이직을 시도하며 '저 사람만 아니라면 누구 밑에서도 열심히 일할 수 있어!!!'라고 다짐한다. 필자도 직장인 시절 직속상사문제로 회사를 바꿔봤지만 100프로 내 마음에 드는 상사는 불행히도 어디에도 없었다. 아니, 없는 것이 당연하다. 나에게 이래라저래라 하는 사람에게는 원래부터 호감이 생기기 어려운 법이다.

마인드의 전환이 필요하다. 눈이 오면 눈을 맞고 비가 오면 비를 맞는 심정으로 직속상사가 마음에 안 들더라고 자꾸 얼굴을 마주치는 것이 중요하다. 자꾸 보다 보면 그래도 덜 미워지는 것이 보통이다. 서로 간 공통분모나 그의 장점을 찾고 이에 기반하여 관계개선을 시도한다면 더욱 효과적이다. 필자가 아는 모 직원은 '전생에 저 사람에게 내가 정말 큰 죄를 지었고 이승에서 그 죄를 갚아야 하나 보다'라는 심정으로 싫은 상사를 대하다 보니 그럭저럭 지낼 만하게 되었다고 말했다.

● 공로를 독차지하지 않기

"자, 다음으로는 칭찬 좀 하겠습니다. 입사한지 얼마 되지도 않는 우리 막내, 홍길동 씨가 이번에 한 건 했습니다. 거래처에서 보내온 시제품에 큰 하자가 있음을 발견하고 제때 회사에 알림으로써 결과적으로 회사가 입을 수 있었던 큰 손해를 막았습니다. 시제품 검사 업무는 본인의 일도 아닌데 그 일 맡은 직원들이 건성으로 처리하며 체크 못한 사항을 자진해서 야근도 하며 발견한 홍길동 씨에게 회사 차원에서 진심으로 감사드립니다. 홍길동 씨, 한 마디 하세요"

"이건 제가 잘나서 할 수 있었던 게 아닙니다. 평소부터 항상 제 직속 상사이신 최과장님께서 각종 부품의 특성과 주의할 점을 알려주신 덕분입니다. 그리고 이번 시제품을 보내온 거래처가 작년에도 문제 있는 시제품을 보내온 적이 있으니 이 거래처에 대해서는 매사에 좀 더 신경 쓰라고 미리 주의주신 정과장님께도 진심으로 감사드립니다"

입사 후 얼마 지나지도 않았는데 큰 성과를 거두거나 칭찬받을 일을 하는 직원들이 있다. 이에 대한 치하 등이 따르는 것이 보통인데 이때 가급적 다른 직원과 공로를 나누는 것이 좋다. 우리나라는 좋든 싫든 유교 문화권에 속하기에 겸손의 가치는 아무리 강조해도 지나치지 않다. 게다가 이와 같은 태도는 당신이 공로를 독차지하지 않는 사람이란 인상을 줌으로써 주변 사람들의 신뢰는 급증하고 추후 다른 일에 있어서도 도움을 받기 용이하게 된다. 도움을 준 동료를 공개석상에서 거명하는 방식도 괜찮고 보고서 등에 동료의 이름을 명시하는 것도 좋다.

- **자진해서 일하기**

'주인의식을 갖고 신입사원 시절부터 회사 일을 내 일처럼 신경 쓰면 성공할 수밖에 없다' 이런 유의 이야기는 누구나 들어봤을 것이다. 사무실 누군가의 책상전화가 울리는데 그 직원이 부재중이라면 시키지 않아도 가서 좀 받자. 사무실에 본인밖에 없는데 중요하다고 판단되는 일이 생기면 상사나 사장에게 어떻게든 당장 보고하자. 당연한 이야기를 한다고 생각하는 사람도 있겠지만 의외로 요즘 신입사원 상당수는 지시받은 일만 하려 한다. 주인의식이나 성공 같은 거창한 단어를 떠올리지 않더라도 특정 회사에 취업했다면 이 정도는 하는 것이 기본이다. 이런 것도 시켜야만 하는 직원을 누가 믿고 좋아하겠는가. 필자가 아는 모 버스기사는 입사하자마자 아무도 시키지 않았는데 노선표의 모든 정류장 이름을 순서대로 외우고 인근지리도 익히기 시작했다. 굳이 이러지 않고 운전만 잘해도 되지만 버스노선과 하차장소 등을 질문하는 손님들에게 보다 만족스런 서비스를 제공하기 위해 이런 것이다. 이 기사의 정확한 안내에 감동한 손님들이 버스회사 홈페이지에 칭찬하는 글을 올리기 시작했고 버스회사는 이 기사에게 관리자 자리를 제안했다. 제일 먼저 배에 들어간 사람이 가장 좋은 노(櫓)를 얻는다.[2]

- **맞춤법, 띄어쓰기, 약어, ㅋㅋ, 각종 이모티콘(^^ 등) 주의하기**

각종 보고서 등에 있어서 맞춤법, 띄어쓰기가 신뢰도가 큰 영향을 미친다는 사실은 누구나 알 것이다. 몇 가지 더 추가하자면 다음과 같다.

- ✓ 가벼운 문자나 카톡에서도 맞춤법과 띄어쓰기, 마침표 등을 신경 쓴다면 한층 더 믿음직해 보일 것이다.
- ✓ '샘(선생님)', '혼술(혼자 마시는 술)', '내로남불(내가 하면 로맨스, 남이 하면 불륜)' 같은 인터넷에서 주로 사용되는 약어나 또래용어를 무분별하게 사용하는 것은 가벼움의 증거로 비칠 수 있다.
- ✓ 'ㅋㅋ'를 습관적으로 상사에게도 보낼 경우, 조롱의 의미로 오해받을 수 있다.
- ✓ '^^' 등의 이모티콘 역시 상사에게는 사용하지 않는 편이 낫다.

회사는 가정이나 동창회가 아니다. 표준말과 적당히 긴장한 모습은 이익은 못 가져오더라도 최소한 불필요한 오해나 불이익은 피할 수 있게 해준다.

● 무지를 방치하지 않기 (수치심이 없는 자는 양심도 없다[3])

"김차장, 올해 지점별 영업실적을 엑셀로 정리한 보고서 왜 제출 안 합니까?"

"아, 그게 자료를 다 모으지 못했습니다. 조금만 더 시간을 주십시오"

"그 말 사실입니까? 관련 자료는 이미 모든 지점으로부터 다 받아서 취합했고 김차장에게 송부한 것으로 알고 있는데요"

"저...."

"송차장, 관련 자료 김차장에서 모두 보냈죠?"

"네, 지난달에 부장님이 말씀하셨을 때 모두 다 보냈습니다"

"김차장, 답을 해 보세요. 이미 지난달에 자료 다 받아놓고 왜 아직도 제출 안 하는지. 혹시 엑셀은 다룰 줄 압니까?"

"그게...."

"모르죠? 그걸 모르니 아직도 제출 못한 거죠? 회사가 김차장처럼 소프트웨어에 약한 관리자들 위해 작년에도 외부강사 초빙해서 교육시켰는데 안 배우고 뭐한 겁니까? 언제까지 그 무지를 회사가 눈감아줘야 합니까?"

제대로 가르쳐주지 않는 회사도 문제지만 배울 생각이 없는 직원도 문제이다. 최근 상당수 회사는 신입사원교육에 상당한 시간과 비용을 투자하며 이를 유용하게 이용한다면 직원 본인에게도 큰 도움이 된다. 그런데 일부 신입사원들은 이미 충분한 능력이 있는 것도 아니면서 이런 교육을 등한히 여긴다. 업무에서의 무지는 신입시절에는 큰 흉이 아닐 수 있지만 연차가 쌓이다 보면 대단한 수치이자 단점으로 작용하는 것이 보통이다.

공부도 때가 있다는 말은 직장생활에서도 유효하다. 배울 수 있을 때 배워두지 않으면 나중에 개망신을 당할 수 있고 땅을 치고 후회해도 되돌릴 수 없게 된다. 모르는 것은 상사에게 자꾸 물어서라도 반드시 익혀야 하며 책이나 학원 등을 통해 스스로 공부하는 자세 역시 현대 직장인의 기본이다. 무지가 쌓이다 보면 더욱더 을(乙)이 될 수밖에 없고 하늘은 스스로 을이 되려는 자에게 절대 자유를 허락하지 않는다.

● 습관적인 사과나 변명은 금물 (지나친 핑계 주의하기)

"저 과장님, 요 며칠 바쁘다 보니 오늘까지 상반기 생산계획표 제출하라는 말씀을 까맣게 잊고 지냈습니다. 1주일만 시간을 더 주시면 꼭 완성해서 제출하겠습니다"

"아침에 나오는데 지갑을 깜박하고 안 가져오는 바람에 다시 돌아갔다 오느라 지각을 했습니다. 죄송합니다"

"어제 간만에 동창들 만나서 한잔하다 보니 오늘 회의가 있다는 걸 잊고 말았네요. 죄송합니다"

살다 보면 실수를 하거나 깜박할 수 있다. 사람인 이상 당연하다. 다만 유사한 잘못을 반복하면서도 습관적인 변명이나 사과로 얼버무리려는 사람을 좋아할 사람은 아무도 없다. 건망증이 심한 모 직원이 부끄러움을 무릅쓰고 손바닥과 손등에 신경 쓰거나 잊지 말아야 할 사항들을 빽빽이 적으면서 실수를 줄이려 필사적으로 노력하는 것을 본 적이 있다. 이 정도로 노력하니 건망증도 많이 줄어들었고 주위의 평도 자연히 좋아졌다고 그는 말했다. 대다수 직장인들은 정말 어려운 목표를 달성하지 못해서가 아니라 신경 쓰면 줄일 수 있는 실수를 방치하는 탓에 직장생활에서 실패한다. 그리고 미안하다는 말을 입에 달고 사는 태도 역시 사과의 가치를 떨어뜨리며 지나치게 낮은 자아존중감의 증거로만 여겨지는 것이 보통이다.

● 불쾌한 언행 안 하기

오래 전 조사지만 2011년 10월 취업·인사포털 인크루트(www.incruit.com)가 직장인 426명에게 불쾌한 언행을 일삼는 동료가 사내에 있냐고 묻자, 5명 중 4명에 해당하는 ▶80.0%가 '그렇다'고 답했으며 불쾌한 언행들 중에서 가장 참기 힘든 것으로는 '짜증을 내는 등 인격 모독적 언행'(26.4%)이 지적되었고 다른 종류의 불쾌한 언행들은 다음 그래프와 같았다. 그리고 이런 행동으로 인하여 스트레스를 받는다는 의견이 무려 ▶91.8%에 달했고 응답자의 ▶89.1%는 불쾌한 언행을 일삼는 동료는 '업무 효율을 떨어뜨린다'고 답하였다.[4]

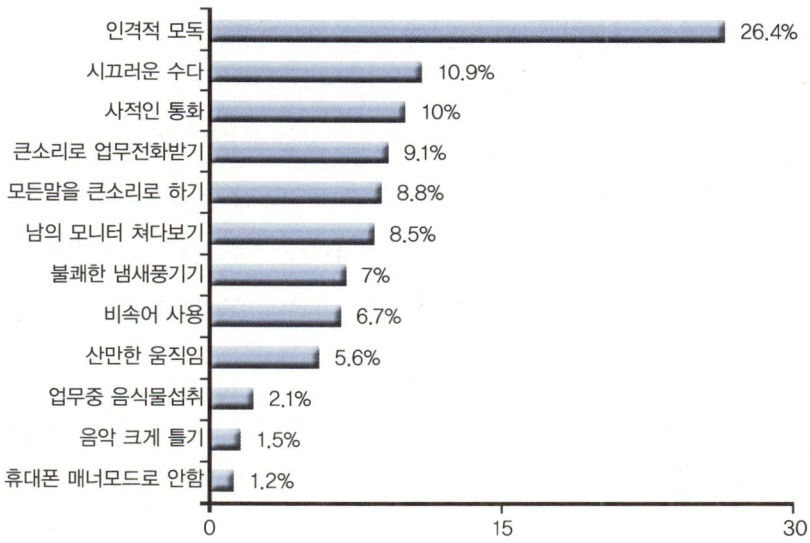

(직장내 불쾌한 언행의 종류)

이 그래프의 내용은 유치원만 나와도 지킬 것 같지만 의외로 상당수 직장인들이 못 지키고 있다. 이 그래프를 재직자나 관리자 혹은 사장을 대상으로 한 많은 강의에서 수차례 보여주었는데 대다수 수강생들이 이런 식으로 불쾌감 유발하는 직원이 정말 많으며 이런 행동만 안 해도 무조건 인사고과점수를 두 배는 주고 싶다고 말했다. 다수가 싫어하는 행동을 안 해도 당연히 신뢰는 싹튼다. 개인의 자유가 주변 사람에게 재앙이 될 때, 그 자유는 끝나며 또 끝나야 한다.[5] 불쾌한 언행이 습관이 되는 것을 막기 위해 신입시절부터 미리미리 조심하자.

● 회식 등 각종 회사모임 시 항상 일찍 도착하기

"과장님, 저 왔습니다"

"6시까지만 오면 되는데 왜 이리 일찍 왔어?"

"그냥 할 일도 없고 해서요. 제가 뭐 도울 일은 없을까요?"

"마침 잘됐네. 주문한 도시락 회사가 제대로 물건 가져오고 있는지 전화 좀 해보고 사장님 친구분들도 참석하신다는데 그분들 자리 좀 추가로 배치해줘요. 홍길동 씨는 우리 부서도 아닌데 이렇게 도와주니 진짜 고맙네"

회의나 회식, 야유회, 체육대회 등 각종 회사모임 시, 특히 신입시절에는 일찍 도착해서 도울 일은 없는지 알아보는 자세가 필요하다. 회의라면 음료수 준비나 관련 서류의 복사 등이 필요할 수 있고 회식이라면 좌석배치 등을 별도로 해야 할 수 있으며 그외 다른 모임도 소소한 일들이 요구될 수 있다. 설사 별다르게 할 일이 없더라도 이렇게 적극적으로 뭐라도 하려고 하는 사람은 좋아 보일 수밖에 없다. 시키는 일만 하려 하는 직원은 아마 당신이 사장이라도 호감을 갖기 힘들 것이다.

● 낭비금지 (공사구분하기)

모 중소기업에서 있었던 일이다. 근래 들어 회사복합기의 잉크와 프린터용지가 너무 자주 소모되는 것을 이상하게 여긴 사장이 어느 날 점심 무렵, 모 직원의 책상 아래에 있는 큰 쇼핑백에 프린터용지가 수북이 담겨있는 것을 발견했다. 점심을 먹고 들어온 그 직원에게 그 용지들이 무엇이냐고 묻자 답변을 주저하기에 추궁을 했고 결국 그 용지들은 인터넷상에 압축파일 형태로 떠도는 만화책을 회사복합기로 프린트한 것임이 밝혀졌다. 그냥 모니터로 봐도 되는데 굳이 프린트한 이유를 묻자 '종이의 질감을 느끼며 보고 싶었다'는 답이 돌아왔고 왜 개인프린터를 사용하지 않았냐고 또 묻자 "한 번 보고 버릴 만화책을 프린트하는데 개인프린터를 쓰기가 아까웠다"라고 답했다.

회사공금을 유용하거나 법인카드를 함부로 사용하는 것 이외의 낭비도 얼마든지 문제가 될 수 있다. 이 사례처럼 사소한 것이라도 낭비임이 밝혀진다면 회사의 눈 밖에 날 수밖에 없다. 반면 원재료나 회사물건 등을 하나라도 절약하려는 직원이 요즘 같은 불경기에 얼마나 빛나 보일지는 누구나 예상할 수 있을 것이다. 환락의 밤이 지나면 비애의 아침이 온다.[6]

● 그날 배운 것은 그날 완전히 익히기

회사나 상사가 아무리 열심히 가르쳐줘도 직원 본인이 이를 복습하여 자신의 것으로 만들지 않으면 아무 소용이 없다. '나중에 또 물어보면 되지'라는 안이한 생각은 본인의 퇴출만을 앞당길 뿐이다. 그날 배운 것은 그날 소화하여 나날이 실력이 향상되어가는 직원을 보면 가르치는 사람도 기분이 좋아져서 더 가르쳐주고 싶어지지만 이미 가르쳐준 것을 또 물어보는 직원에게는 짜증만 나게 된다. 스스로의 노력 없이 저절로 업무에 숙달되길 바라는 마음은 도둑놈 심보와 다를 바 없다. 스스로 모욕을 당하도록 허용하는 자는 모욕을 당하는 것이 마땅하다.[7]

● 점심시간 초과 자제

지각이나 결근은 절대 안 하면서도 점심시간은 종종 초과하여 사용하는 직원들이 있다. 근태관리의 중요성은 대다수 회사가 강조하지만 점심시간 초과에 대해서는 별다른 교육이 없는 것이 그 이유일 것이다. 점심시간을 초과하여 사용하는 것 또한 상당수 상사들의 눈살을 찌푸리게 하며 해당 직원에 대한 신뢰를 급감시킨다. 가령 12시부터 1시까지가 점심시간이라면 12시 55분쯤에는 책상에 앉아서 일할 준비를 하는 것은 특히 신입사원에게는 필수이다. 곤란함은 대개의 경우 태만의 딸이다.[8]

● 단순반복적인 업무 부여에 대한 대처법

대다수 신입사원들은 일반적으로 열정이 넘치기에 입사하자마자 의미 있는 일을 해보고 싶어 한다. 하지만 상당수 회사는 직원의 능력과 적성 등을 파악하기 위해 혹은 교육차원에서 일정기간은 간단한 일만 시키는 것이 보통이며 일부 직원은 이를 본인 같은 인재에 대한 모욕이라 받아들이기도 한다.

필자의 모 대학선배는 은행에 입사했는데 처음 6개월간 돈 세는 일만 시키는 통에 너무 지겨워서 결국 사표를 내리라 결심했다. 그런데 사표를 내려던 날 아침, 갑자기 직속상사가 본부장님께 함께 가자고 하더니 그 정도의 인내심을 보인 걸 보니 이 업종에 걸맞은 인재로 보인다면서 이제 원하는 부서로 보내주겠다는 말을 했다고 한다. 이 선배가 하루만 일찍 사표를 냈다면 유능한 은행원으로서 굉장히 만족해하는 지금의 선배모습은 존재하기 어려웠을 것이다.

물론 일부 회사는 직원의 적성파악이나 교육차원이 아니라 간단한 일을 할 사람이 정말 없어서 이러기도 하며 이런 경우에는 장기간이 지나도 여전히 그 일에만 종사하게 할 것이다. 단순반복적인 업무가 계속 부여된다면 왜 회사가 이런 일을 시키는지 그 이유부터 면밀히 검토해야 한다. 적성파악 등 좋은 의도에서 이런다면 인내심을 보이는 것이 필요할 것이고 간단한 일을 할 사람이 그냥 없어서 이런다면 이에 대해 회사와 진지한 대화를 나누는 것이 현명할 것이다.

● **야근사실 알게 하기**

"최주임, 다음 주에 지방에 있는 거래처에 출장 좀 다녀오지"

"갑자기 웬 출장인가요?"

"그냥 가서 업무 이야기 좀 하고 공장 한 번 둘러보는 거야. 의례적인 거니 부담 없이 다녀오면 돼"

"입사한지 얼마 되지도 않는 제가 가도 될까요?"

"요즘 거의 매일같이 야근한 사람이 최주임이니 그런 사람이 이런 기회에 바람 좀 쐬는 게 공평하겠지"

일이 많으면 야근(보통은 정규근무시간 후의 근로를 의미하며 노동법상의 정확한 명칭은 연장근로이다)도 할 수 있다. 요즘 상당수 젊은 직원들은 개인생활을 중시하느라 야근을 꺼리지만 회사생활을 하다 보면 불가피한 상황이 발생할 수 있고 이럴 때는 기꺼이 야근을 하는 것이 해당 직원에 대한 신뢰도를 높이는 데도 도움이 된다. 다만 이렇게 열심히 일한다는 사실을 꼭 알림으로써 스스로의 가치를 높이자. 홍보 역시 현대사회를 살아가기 위해 반드시 갖춰야 할 무기다. 야근 한다는 사실을 직속상사가 모르는 경우에는 야근 종료 후 직속상사에게 간단한 보고와 함께 이제 퇴근한다는 문자나 카톡을 보내는 방법을 추천한다.

● 출·퇴근은 직속상사보다 조금 일찍, 조금 늦게[9]

무조건 일찍 출근하고 늦게 퇴근하라는 말을 하는 사람들이 있다. 이런 근무태도가 성공의 지름길임을 강조하면서 별 보고 출근하고 달 보며 퇴근하는 것이 신입사원의 기본이라 주장한다. 하지만 인간은 기계가 아니다. 출·퇴근 탓에 지나치게 몸을 혹사시키면 병이 날 수 있고 원칙적으로 이들 질환은 산업재해로서 국가가 치료를 해주어야 하나 불행히도 실무에서는 업무와의 연관성을 인정받기 힘들어서 산재처리가 되지 않는 경우도 많다.

절충안을 찾자. 당신의 출·퇴근시간을 체크하는 사람이 있을 것이다. 소규모 회사라면 사장, 다소 규모가 있는 회사라면 직속상사가 일반적으로 직원들의 근태관리를 체크한다. 일단 며칠은 다소 일찍 출근하여 당신의 근태관리를 체크하는 사람이 언제쯤 출근하는지 파악하자. 그 후에는 이 사람보다 10분가량 일찍 출근하고 퇴근 역시 이 사람보다 10분가량 늦게 하자. 이러면 당신은 항상 회사에 일찍 나오고 늦게까지 있는 직원이라는 이미지를 갖게 되며 이런 직원을 싫어하는 회사는 절대 없다.

신뢰획득의 방법 핵심요약

- 마마보이, 파파걸이 환영 받을까?
- 귀는 최대화, 입은 최소화
- 특히 외근 시 게으름 부리지 않기
- 업종에 어울리는 옷 (회사의 복장 규범 고려)
- 문신이 유행이라는데 괜찮을까?
- 자주 보고하기 (문자나 이메일도 OK)
- 소꼬리보다 닭 머리? (하찮고 남들이 꺼리는 프로젝트 자원하기)
- 직속상사와의 공통분모나 장점 찾기
- 공로를 독차지하지 않기
- 자진해서 일하기
- 맞춤법, 띄어쓰기, 약어, ㅋㅋ, 각종 이모티콘(^^ 등) 주의하기
- 무지를 방치하지 않기 (수치심이 없는 자는 양심도 없다)
- 습관적인 사과나 변명은 금물 (지나친 핑계 주의하기)
- 불쾌한 언행 안 하기
- 회의 등 각종 회사모임 시 항상 일찍 도착하기
- 낭비금지 (공사구분하기)
- 그날 배운 것은 그날 완전히 익히기
- 점심시간 초과 자제
- 단순반복적인 업무 부여에 대한 대처법
- 야근사실 알게 하기
- 출·퇴근은 직속상사보다 조금 일찍, 조금 늦게

2장
신뢰유지의 방법

신뢰는 유리와 같다. 일단 금이 가면 원래대로 되지 않는다.[1] 따라서 신뢰를 얻는 것 못지않게 유지하는 것 역시 중요하다. 고용안정과 임금인상, 승진 등을 위하여 신뢰를 유지할 수 있는 방법들을 알아보면 다음과 같다.

● 성실함은 어지간한 단점은 모두 커버해준다

"사장님, 이 직원은 임금도 높은데 왜 명예퇴직 대상에서 제외하셨나요? 임금 높은 직원은 어지간하면 내보내고 싶다고 하지 않으셨나요? 게다가 별다른 성과도 없는 듯한데요"

"노무사님, 그 직원은 항상 제일 먼저 출근합니다. 아무리 회식하며 술 많이 먹어도 매번 그렇습니다. 지난번에 갑작스런 호우로 서울시내 교통이 다 마비됐을 때도 이 직원은 비 내리기 전인 아침 6시에 미리 나왔고 오전 내내 누구도 출근 못한 사무실을 혼자 지키며 거래처 주문 다 소화했습니다. 이 친구랑은 영원히 함께 갈 겁니다"

일단 사람이 성실하면 좋게 보일 수밖에 없다. 그 성실함이 구체적인 성과창출로 이어지지 못해도 노력하는 직원으로 평가받기 마련이며 특히 능력이 부족한 경우, 성실함만큼 효과적인 보완책도 없다. 성실함의 잣대로 대다수 회사는 근태관리, 특히 조기출근여부를 사용한다. 여건이 허락하는 한 일찍 나와서 자기개발을 하거나 미리 업무를 준비하는 태도는 신뢰유지의 초석이며 회사생활에 있어 가장 확실한 보험이다.

● SNS 사용주의

SNS는 Social Network System의 약자로서 페이스북, 트위터, 블로그 등을 통상 의미한다. 이것들은 다양한 사람들과의 소통을 촉진함으로써 신선한 청량제 역할도 하지만 직장생활에는 예기치 못한 불이익을 가져오기도 한다. 아프다며 결근을 신청하고 이날 여자친구랑 맛집에 간 직원이 이 사실을 페이스북에 올렸다가 회사동료들이 알게 되어 낭패에 처한 것을 본 적이 있다. SNS에 올린 글 때문에 크게 평판이 나빠지는 경우도 종종 발생한다. 직장생활 중에는 가급적 SNS는 자제하는 것이 가장 좋고 자제가 힘들다면 회사가 모르게 SNS를 하는 것이 현명할 것이다.

● 문자나 카톡, 이메일 사용주의 (돌아오지 못하는 다리)

만취상태에서 평소 사이가 안 좋은 상사에게 하고픈 말을 모두 적은 문자나 카톡, 이메일을 보내놓고 나중에 엄청 후회하는 직원들이 적지 않다. 이들 통신수단은 손쉽게 사용할 수 있는 반면 보내고 나면 돌이킬 수 없다는 단점을 지녔다(이메일은 송신인과 수신인이 모두 동일한 메일 서비스를 이용하고 있고 수신인이 아직 메일을 열지 않았다면 보낸 메일을 삭제할 수 있는 경우도 있긴 하다).

글자로 표현된 감정은 두고두고 남아서 리마인드 시킬 수 있고 송신인에게 불리한 증거로 작용할 수도 있다는 점에서 불만표출은 구두로 하는 것을 권유한다. 정 보내야겠다면 일단 작성만 해놓고 상당기간 동안 맨정신으로 검토한 후, 그래도 보내는 것이 좋겠다는 생각이 들 때 보내는 방법이 괜찮을 것이다.

● 백업 자주 하기 (나에게 편지 보내기 기능 추천)

"강대리, 보고서 어떻게 됐어?"

"저, 차장님. 제가 분명히 며칠 전에 다 완성해서 어젯밤에 최종 검토까지 다 했는데요. 오늘 아침에 프린트하려고 노트북을 켰더니 노트북이 안 켜지네요. 노트북의 모니터 고장인가 해서 다른 모니터에 연결해도 마찬가지입니다"

"강대리, 지금 그걸 말이라고 해? 좀 있다가 회의 때 사장님께 내가 직접 그 자료 가지고 발표해야 한다고 말했어 안 했어? 당신 지금 날 죽이려는 거야?"

요즘은 거의 모든 업무가 컴퓨터를 이용하여 수행되고 결과물도 컴퓨터에 저장되는데 의외로 컴퓨터란 물건이 고장이 잘 난다. 가장 큰 문제는 하드디스크가 고장 났을 때이다. 다른 부품이 문제라면 그 부품만 교체하면 되는데 하드디스크가 고장 난 경우에는 파일도 같이 훼손될 소지가 매우 크다. 하드디스크 복구업체가 있다고는 하지만 100프로 복구하지 못하는 경우도 허다하고 비용도 상당하다. 완성된 보고서 등 결과물을 필히 USB 등 다른 저장매체에도 복사해둠으로써 만일의 사태에 대비하는 것은 신뢰유지의 기본이다. 요즘은 네이버나 다음에서 제공하는 이메일 용량이 상당하므로 <나에게 메일 보내기>기능을 사용하여 스스로에게 이메일을 보내면서 중요한 파일을 첨부하거나 구글 드라이브 등에 직접 업로드하는 방식도 파일의 안전한 보관이란 측면에서 강력히 추천한다.

● 중요한 대화 시 집중하기 (핸드폰·노트북 끄고 시선 마주치기)

일부 직원은 중요한 대화 시에도 쓸데없이 노트북을 들여다보거나 핸드폰을 만지작거린다. 이메일이나 문자가 온 것도 아닌데 습관적으로 이런다. 이와 같은 태도는 현재의 대화를 경시한다는 인상을 풍김으로써 상대를 기분 나쁘게 하는 것이 보통이다. 요즘은 병원에서도 대부분의 업무를 컴퓨터로 관리하기에 환자가 아닌 모니터를 쳐다보며 환자와 대화하는 의사들이 적지 않다. 모 병원에서는 아무리 바빠도 환자가 진료실에 들어오면 최소 10초간은 환자의 눈을 바라보며 대화를 나누도록 의사들에게 지시하고 있다. 대화는 말로만 이뤄지는 것이 아니다. 시선을 교환하며 적당한 몸짓을 곁들일 때, 진정한 소통은 가능하며 신뢰는 싹트기 마련이다.

● 프레젠테이션이나 연설법 몸에 익히기 (현대 직장인의 필수)

입사 후 어느 정도 시간이 지나면 발표의 기회가 생길 소지가 크다. 상사나 동료, 고객 등을 상대로 업무와 관련된 여러 가지를 발표하는 것이다. 잘하지 못해도 괜찮다고 보통은 이야기하지만, 너무 버벅대거나 당황한 티를 내면 안 좋은 반응이 나오기 마련이다. 처음 한두 번은 그냥 넘어가 주기도 하지만 자꾸 이러면 말들이 많아지고 해당 발표자는 더욱 주눅이 들 수밖에 없다. 일류 강사처럼 멋진 모션과 유창한 언변은 보여주지 못하더라도 최소한 어느 정도는 논리 정연하게 말할 수 있어야 해당 직원에 대한 신뢰에 지장이 없게 된다. 발표는 잘 못해도 영업력이나 기획력 등 다른 능력이 출중하면 되지 않냐고 할 수도 있지만, 여타 출중한 능력이 언제까지나 유지된다는 보장이 없고 프로야구감독 결정시에도 PT(Presentation)를 시키는 등[2] 일정 수준의 발표력은 오늘날 모든 조직구성원의 기본이 되었다. 지난 대선 1차 토론회에서는 대통령 후보들도 슬라이드를 보며 직접 피티를 해야만 했다.

현대 사회에서 발표가 두렵다고 자꾸 피하기만 하는 태도는 일정 직급이상으로 승진하지 않겠다는 의사표시와 다를 바 없고 이러면 이럴수록 더욱 두려워져서 발표력은 퇴보할 수밖에 없다. 반면 자꾸 연습하면 할수록 발표력은 늘기 마련이며 이 연습 시 참고할 점들은 다음과 같다.

- ✓ 할 말을 원고형식으로 적고 이를 외워가며 연습하기
- ✓ 전신거울 앞에서 자신의 모습을 보며 연습하기
- ✓ 스톱워치로 시간을 재면서 연습하기
- ✓ 핸드폰 앱으로 녹음한 후, 재생하면서 톤이나 억양 등을 조정하기
- ✓ 연습 중간에 실수하더라도 처음으로 되돌아가지 않고 일단 어떻게든 정해진 수순은 다 마치고 다음 번 연습부터 같은 실수를 반복하지 않도록 신경 쓰기(연습은 실전처럼, 실전은 연습처럼)

● 제3자 앞에서도 거짓말하지 않기[3]

모 회사사람들과 함께 점심을 먹고 다 같이 음료수를 마시며 놀고 있을 때의 일이다. 한 직원의 핸드폰이 울렸고 그는 "친구야 미안한데 지금 내가 중요한 회의 중의거든. 나중에 전화할게"라며 전화를 끊었다. 순간 그 직원을 제외한 나머지 사람들 사이에 묘한 기류가 흘렀다. 며칠 뒤, 이 자리에 있었던 팀장을 또 만나 대화를 나누다가 그때 이야기가 나왔다. "받기 싫은 전화였나 봐요. 근데 아무렇지도 않게 친구에게 거짓말하는 걸 보니 회사동료인 우리에게는 더 거짓말을 잘할 것 같다는 생각이 드네요" 팀장은 쓴웃음을 지으며 이렇게 말했다.

거짓말하는 모습은 이유여하를 막론하고 당사자에 대한 신뢰를 급격히 깎아내린다. 살다 보면 어쩔 수 없이 핑계를 대야 하는 경우도 있기 마련인데 이런 때에도 가급적 제3자는 없는 자리에서 핑계를 댐으로써 본인의 이미지를 지키는 지혜가 필요하다.

● 일관성 보이기

걸핏하면 도와달라는 말을 하는 신입사원 K씨. 자기 일은 자기가 하는 것이 원칙이지만 신입이기에 주변 사람들이 많이 도와주곤 한다. 그러던 어느 날, K씨가 또 손톱을 물어뜯으며 특유의 당황한 표정을 짓고 있는 것을 과장 M씨가 목격했다. "이번에는 또 뭐가 문제야?"라며 도움의 손길을 주려 하자 "과장님! 제 일은 제가 알아서 합니다. 저를 독립적인 존재로 인정해 주십시오"라며 갑자기 정색을 하는 K씨.

동료가 다소 까칠하거나 괴팍한 것은 참겠는데 변덕이 심한 것은 도저히 참을 수 없다는 직장인들이 매우 많다. 당신의 태도나 반응을 어느 정도 회사사람들이 예측을 할 수 있도록 평소에 일정한 모습을 보이는 것은 신뢰유지의 ABC이다.

● 어지간하면 동료를 돕기

어차피 경쟁사회이므로 특별한 경우를 제외하고는 동료를 돕거나 배려할 필요가 없다는 견해가 있다. 삭막해져 가는 사회풍토에 대한 반발과 유교문화권이라는 우리나라의 특성상 타인에 대한 배려와 도움은 그 어느 때보다 중요하다는 의견도 있다. 두 주장 모두 일장일단(一長一短)이 있다. 동료를 너무 외면하는 태도는 본인에 대한 평판과 신뢰를 떨어뜨릴 수 있고 동료를 너무 챙기는 자세는 본인의 업무소홀이나 개인시간 부족으로 이어질 수 있다. 전자로 인한 불이익과 후자로 인한 불이익을 비교하여 도울지 여부를 결정하는 것이 현명할 것이며 일반적으로는 전자로 인한 불이익이 더 크므로 여건이 허락하고 상대가 도울 가치가 있는 한, 후자가 더 낫지 않을까. 평소에 베푼 덕은 가장 확실한 안전장치라는 말도 있다.

● 멘토가 되기

멘토링(mentoring)이란 신입사원이 마음이 맞는 직장선배에게서 업무 내·외적인 도움을 받아 직장생활에 빠르게 적응하게 하는 비공식적인 교육과정을 말하며 교육을 시키는 사람을 멘토(mentor), 교육받는 사람을 멘티(mentee)라고 한다. 통상 멘토는 연차가 어느 정도 쌓여 경험과 지식이 충분한 직원이 그 역할을 수행하지만 입사한 지 얼마 안 된 직원도 충분히 멘토가 될 수 있다. 비록 연차는 얼마 안 되더라도 열정과 애사심이 충분하다면 후배직원들의 이직률을 효과적으로 낮추는 멘토가 될 수 있는 것이다. 대다수 회사에서 멘토링의 가장 큰 목적은 이직의 방지이다. 어렵게 신입사원을 뽑았는데 그 사원이 적응을 못하고 이직한다면 다시 새로운 사람을 뽑아야 하고 이 과정에서 각종 기회비용 등 이직비용이 상당히 소요되기에 신입사원의 이직률을 낮추는 역할을 우선적으로 멘토에게 기대한다. 따라서 이 역할만 제대로 수행한다면 연차와 무관하게 훌륭한 멘토소리를 들을 수 있고 당연히 회사로부터 한층 높은 신뢰를 얻게 될 것이다. 멘토가 됨에 있어 주의할 점들은 다음과 같다.

- ✓ 누구나 멘토가 될 수 있음을 인식하기
- ✓ 격식 너무 따지지 않기(너무 따지면 멘티가 어려워함)
- ✓ 정기적으로 만나기(정 바쁘면 조기출근을 하여 업무시작 전에 만나기)
- ✓ 어느 정도의 전문성 보이기(멘토링은 단순한 친교관계가 아님)

● **멀티플레이어가 되기**[4]

지금은 메이저리그에 진출해있는 일본의 괴물투수 오타니 쇼헤이는 2016년에 투수로 10승 4패 평균자책점 1.86을 기록했고, 타자로는 타율 0.322, 22홈런 67타점을 올리며 팀을 10년 만에 일본시리즈 우승으로 이끌었다.[5] 미국의 농구선수인 르브론 제임스는 가드, 포워드, 센터의 자리를 모두 소화할 수 있는 엄청난 장점을 바탕으로 최고의 스타로 자리매김하고 있다. 반면, 이들은 신의 축복을 받은 특별한 사람이므로 일반인은 이들을 따라 하기보다는 하나라도 잘하도록 노력해야 한다는 견해도 있다. '재주가 많으면 밥 빌어먹는다(구걸하게 된다)'는 우리나라 속담이 단적이 예이다.

물론 제대로 된 특기 하나 없이 수박 겉핥기로 여러 가지를 배우는 것은 시간과 정력의 낭비일 수 있지만 때로는 얕지만 다양한 지식이 유용할 수도 있다. 또한 하나에만 올인하다가 그 업무의 중요성이 하락할 경우 큰 위기에 빠지기 마련이며 평균수명이 80세를 넘는[6] 오늘날에는 정년퇴직 후에도 살아갈 날이 너무 많기에 미리미리 다양한 것들을 반드시 배워둬야 한다. 입사 후 일정 기간은 주어진 일을 배우는 데 최선을 다하되 일정 연차가 지나고 나면 다른 것들도 눈치껏 익히는 것이 장기적인 고용안정과 본인의 경력개발에 도움이 되지 않을까.

● **다양하고 깊이 있는 인맥형성**

"우리 직원 중에 협력업체 S사의 직원들과 개인적인 친분 있는 사람 좀 없을까?"

"왜 그러시는데요, 사장님?"

"S사가 요즘 내부적으로 뭔가 문제가 있나 본데 아무 문제없다고 계속해서 오리발만 내밀고 있단 말이야. 최소한 문제가 뭔지는 알아둬야 불필요한 불이익을 피할 수 있을 것 같은데...."

"협력업체 쪽으로는 최대리가 상당히 발이 넓더군요. 최대리에게 한 번 알아보겠습니다"

불법적인 청탁이나 로비에 사용하지 않더라도 친분이 있느냐 없느냐는 사회생활에 상당한 영향을 준다. 부당한 불이익을 막아주고 기본적인 예의를 갖추게 하며 각종 정보의 원천 노릇을 하기 때문이다. 따라서 폭넓은 인간관계를 통해 다양한 업종이나 지위의 사람들과 친분을 쌓고 있는 직원은 그 자체만으로도 듬직해 보이며 회사로부터 선호를 받을 수밖에 없다.

아직 나이가 어리고 직급이 낮은 탓에 인맥을 쌓는 것이 어렵다고 말하는 직원들이 많다. 어느 정도는 맞는 말이다. 다만, '군중 속의 고독'으로 대표되는 현대인의 외로움을 십분 활용하여 그 누구와의 대화에서도 항상 경청하는 태도를 보인다면 의외로 빠른 속도의 깊이 있는 인맥형성이 가능할지 모른다.

● 지각의 치명적 위험 인식하기

"정대리, 또 지각이네?"

"과장님도 참. 겨우 5분입니다, 5분"

"어제도 한 10분 지각하지 않았나?"

"과장님, 쫀쫀하게 그거 가지고 뭘 그러세요. 1시간만 야근하면 다 커버하고도 남습니다"

습관적으로 5분에서 10분 정도 지각하면서 그리 많이 늦는 것도 아니니 큰 문제 아니며 정 뭐하면 그만큼 늦게 퇴근하면 되지 않느냐는 직장인들이 종종 있다. 나름 잘나가는 직원들이 주로 이러는데 직원의 근로제공은 정기행위[7]의 성질을 가지고 있으므로 퇴근시각 이후에는 일반적으로 이행불능이 된다. 즉, 근로제공은 근로계약이나 취업규칙에서 정한 소정의 시간에 해야 하는 것이 원칙이다. 게다가 인적·계속적 관계라는 특성을 지니는 노사관계에서 지속적인 지각은 그 장단(長短)이나 퇴근시각 이후의 보충과는 무관하게 사내분위기를 해이하게 만들고 당사자의 이미지에 치명타를 입히는 것이 보통이다. 설령 능력이나 성과가 우수하여 당장은 지각으로 인한 불이익을 보지 않더라도 언젠가 본인의 쇠퇴기가 도래하면 그동안의 지각에 대한 불이익을 한꺼번에 감수해야 할 소지가 크다.

한편 일부 직원은 어차피 현재의 직장은 성에 안 차기에 지각하는 것이고 좋은 곳으로 옮기면 절대 지각을 안 하리라 장담한다. 하지만 나쁜 습관은 처음에는 손님처럼 겸손하나 내버려 두면 결국 주인을 내쫓고 제가 주인 노릇을 하려고 든다.[8] 운명은 부지런한 자 앞에서는 약하고 게으른 자 앞에서는 강하다.[9]

● 멘토를 찾기

마음이 맞는 멘토를 만나서 그의 도움으로 빠르게 직장생활에 적응해간다면 당연히 회사의 신뢰는 높아진다. 이에 대해서는 많은 참고서적들이 있기에 여기서는 딱 하나만 짚고 넘어가겠다. 적지 않은 직장인들이 실력이 아닌 친밀감 위주로 멘토를 선정한다. 마음이 맞으면 통상 교육효과가 배가된다는 점에서 이해는 가나 지나치게 친밀도에 포커스를 맞추면 멘토링 본래의 취지가 퇴색된다. 멘토링은 단순히 웃고 떠들며 술 마시고 밥 먹는 자리가 아니다. 설사 싫은 소리를 듣더라도 실력 있는 멘토에게서 무언가를 배우는데 그 존재 이유가 있다. 실력도 있고 마음도 통한다면 금상첨화겠지만 그렇지 못하다면 실력에 주안점을 두고 멘토를 고르는 것이 나중에 발생할지 모르는 후회를 예방하는 데 도움이 될 것이다. 멘토선정에 있어 고려할 점들을 정리하면 다음과 같다.

- ✓ 직속상사가 멘토가 되는 것이 가장 이상적 (정 마음이 안 맞으면 다른 상사를 멘토로)
- ✓ 친밀함보다는 실력 위주로 선정하기
- ✓ 최소한의 격식 지키기
- ✓ 자주 컨택하기 (멘토로부터 하나라도 더 배울수록 본인의 회사생활도 더 안정화된다)
- ✓ 공짜는 없다!!! (고수는 아무나 제자로 삼지 않는다. 멘토링은 원칙적으로 자율적인 관계이므로 양자가 합의해야 관계가 맺어지며 일방의 의사만으로도 끝날 수 있다. 정말 괜찮은 상사를 멘토로 삼고 그 관계를 유지하고 싶다면 상대에 대한 존경심을 제대로 표현하는 등 최선을 다해야 한다)

● **슬픔은 나누면 약점이 되고 기쁨은 나누면 질투가 된다 (사생활 노출 최소화)**

"김주임, 아직 퇴근 안 했어? 보통은 애들 밥해준다고 칼퇴근하더니"

"남편이 실직을 해서 집에 있어. 남편이 대충 해주겠지"

"그럴수록 집에 일찍 가서 남편 사기도 북돋워 주고 해야 하는 거 아닌가?"

"그거보다는 야근을 하고 야근수당 더 받는 게 나을 것 같아"

"근데 김주임, 너무 솔직한 거 아냐? 사실이 그렇더라도 적당히 다른 핑계 대고 야근하는 게 나을 텐데. 솔직하다고 회사가 꼭 잘해주는 건 아닌 것 같아"

직원본인이나 그 가족의 사생활을 직장에서 어디까지 오픈하는 게 좋을까. 입학이나 승진, 합격 등 좋은 일이라면 동료의 질투를 불러일으키지 않은 한 최대한 밝히는 것이 좋겠지만 실직, 낙방, 사업실패, 질병 등 안 좋은 일은 가급적 안 밝히는 것이 바람직하다. '우리는 한 가족이므로 좋은 일, 나쁜 일 모두 함께하며 이겨나가자'는 분위기가 팽배한 회사에서는 안 좋은 일이 발생한 직원에게 실질적인 배려가 주어지기도 한다. 하지만 대다수의 경우에는 '애가 아프다던데 일은 제대로 할 수 있으려나?', '남편 사업이 부도가 났다던데 혹시 회사공금에 손대지는 않겠지?' 등의 반응을 보이며 해당 직원 자체를 비선호하게 되는 게 보통이다. '슬픔은 나누면 약점이 되고 기쁨은 나누면 질투가 된다'는 말은 특히 직장생활에서는 만고불변의 진리이다.

● 스캔들(사내연애) 주의하기

영화나 드라마에서는 스캔들만큼 흥미로운 소재도 드물다. 하지만 현실, 특히 조직에서의 스캔들은 보는 사람은 즐거울지 몰라도 당사자에게는 경력관리 등에서 치명적이 것이 보통이다. 헤어진 남자친구가 회사까지 찾아와 다시 만나자고 난동을 피우는 통에 결국 회사를 그만둔 여직원을 본 적이 있다. 회사가 내보낸 것은 절대 아니고 당사자 스스로 얼굴을 들기 힘들어 사직한 것이다. 스캔들이 있는 직원이라는 소문이 돌면 사내 모든 사람들이 조금이라도 달리 보기에 일반적으로 버티기 힘들다.

외부사람과의 스캔들도 이런데 사내연애는 오죽하겠는가. 요즘 일부 회사는 사내협력이나 장기근속의 유도 차원에서 사내연애를 지지하지만 사내연애는 다음과 같은 부작용을 지니고 있다.

(사내연애의 부작용)[10]

부작용	내용
직장질서 문란의 가능성	- 사내연애는 일단 외부에 알려질 경우 직장질서에 영향을 줄 수밖에 없다. 사내커플이 직장에서는 특별한 애정표현을 안 할 경우에도 주위의 눈은 달라지며 특히 업무와 관련된 의견대립에서 사내커플이 같은 의견을 지지한다면 이를 순수하게 볼 동료는 별로 없다. - 사내커플이 헤어질 경우 일반적으로 그 관계가 비우호적이 되고 서로에 대해 반감을 가지므로 조직융화 차원에서도 큰 문제가 될 수 있다.
승진이나 인사평가의 수용성 저하 가능성	- 상사와 부하직원이 사내커플이고 이 부하직원이 승진할 경우, 이 승진에 대한 다른 직원들의 수용성은 저하될 수밖에 없다. 또한 아무런 사심 없이 인사평가를 했을 경우에도 다른 직원들은 이 인사평가를 공정하다고 받아들이기 힘들다.
성희롱이나 성폭력 제기 가능성	- 사내연애를 하다 결별한 직원이 상대방에 대해 앙심을 품고 성희롱이나 성폭력을 당했다고 주장할 수 있으며 이로 인하여 회사의 이미지도 타격을 입을 수 있다.
사적인 비밀 유출의 가능성	- 연애를 하다 보면 상대방의 개인적 비밀을 알 수가 있는데 헤어지고 난 뒤 이를 사내에 퍼뜨리는 사람들이 종종 있다.
생산성 저하의 가능성	- 같은 부서나 팀 안에 사내커플이 있는 경우, 이로 인하여 팀이나 부서의 전반적인 생산성이 저하될 수 있다. - 사내커플 모두가 동일한 직급으로의 승진대상자인 경우, 상대방의 승진을 위하여 나머지 한 명이 직무를 소홀히 할 수 있다.

그렇다고 사내연애를 무조건 피해야 한다면 이는 너무 삭막하다. 추천하는 방법은 정말 믿을 만한 사람과 쥐도 새도 모르게 연애를 하는 것이다. 이러다가 잘되면 주위에 청첩장을 돌리고 잘 안되면 조용히 헤어지면 된다.

● 이건 모르겠지? (나만 똑똑할까?)

나이 많은 상사나 사장을 은근히 무시하는 젊은 직원들이 가끔 있다. 간단한 워드프로세서나 인터넷도 잘 다루지 못하고 스마트폰 사용도 서툰 것을 보며 평가절하하는 것이다. 하지만 리더의 진짜 내공은 최첨단 IT기기의 능수능란한 사용에만 국한되지 않는다. 과거 필자가 모 회사에 다닐 때의 일이다. 직원이 얼마 없어서 사장이 직속상사였는데 컴퓨터를 거의 할 줄 모르기에 내심 많이 깔봤다. 그러던 어느 날, 사장은 필자에게 주기적으로 거래처를 방문하여 담당자와 대화를 하고 재고를 점검하는 등 거래처의 현황을 파악하고 관계를 돈독하게 하는 일을 맡겼다. 유난히 외부로 돌아다니는 것을 좋아하는 필자의 특성을 감안한 조치였다. 처음에는 신이 나서 거래처를 돌아다녔지만 일정기간이 지나자 꾀가 나기 시작했다. 가만 눈치를 보니 필자가 직접 거래처를 방문하는지 일일이 확인하지도 않는 것 같기에 담당자와 전화로 통화만 한 후, 마치 방문한 양 보고하기 시작했다.

그렇게 몇 달이 흐른 어느 날, 마찬가지로 거래처에 가는 척하며 회사를 빠져나오는 필자의 뒤통수에 "이제 땡땡이 좀 그만치고 직접 좀 가라!!! 그 정도 속아줬으면 충분하지 않냐!!!"라는 사장의 목소리가 들려왔다. 순간 세상 모든 것이 얼어붙는 것 같았다. 단순히 꾀를 부렸다는 사실보다는 사장이 이미 오래전부터 나의 거짓말을 알고 있었을 거라는 생각에 너무나 부끄러웠다. 가족회사라는 특수성이나 사내정치 덕에 승진한 일부 무능력자를 제외한 대다수 사장이나 상사들은 고스톱 쳐서 그 자리에 오른 게 아니다. 큰 지혜를 가진 사람은 공명정대하고 잔재주를 부리지 않기에 얼핏 보기에는 어리석어 보일 수 있다 (大智如愚). 겉으로 보이는 모습만 보고 함부로 상대를 판단하는 습관은 당신의 인생을 지옥으로 떨어뜨릴 지도 모른다.

● 편하게 행동하라는 말 들을수록 더욱 조심하기

치열한 경쟁률을 뚫고 모 중앙일간지 기자시험에 합격한 후, 편하게 행동하라는 사주의 말만 믿고 환영회 자리에서 사주와 맞담배를 피웠다가 한동안 큰 고역을 치렀다는 대학후배의 경험담을 들은 적이 있다. 영화나 드라마에도 자주 나오지만 고급 중국집에서 회식을 하며 마음껏 시키라고 한 후, 자신은 달랑 자장면만 시키는 사장도 심심치 않다. 원칙적으로 이런 경우, 언행이 일치하지 않는 사용자가 잘못이지만 현실에서는 사용자의 진짜 의사를 제대로 파악하지 못한 직원만 눈 밖에 나기 일쑤이다.

요즘 가만 보면 나름 시대의 변화에 동참한다는 의미에서 신세대 직원들의 기분에 맞춘 발언을 하는 사용자들이 적지 있다. 문제는 이들 중 상당수는 겉치레이거나 일정한 한계를 내포하고 있다는 점이다. 사용자의 발언 중 무엇이 진심인지를 파악하기 어렵다면 발언내용과 무관하게 무조건 조심하고 예의를 갖추는 보수적인 대응이 신뢰유지 차원에서도 가장 안전할 것이다. 독버섯일수록 색깔이 예쁘다.

● 매사 부정적인 태도는 금물

"매출을 늘리기 위해 신문 전단지 광고를 해보는 건 어떨까?"

"요즘 종이신문 보는 사람 별로 없어서 효과 없을걸요"

"그럼 네이버나 다음에 배너 광고를 해볼까?"

"비용만 많이 들고 실제 내원으로는 이어지지 않는 경우가 대다수던데요"

"정 그렇다면 요 앞 사거리에 나가서 물티슈 등을 나눠주며 홍보하는 건 어때?"

"원장님!!! 격 떨어지게 왜 이러세요? 정 하고 싶으면 혼자 하세요"

급감하는 매출을 걱정하는 모 개인병원 원장과 간호사가 나누던 대화의 일부이다. 직장인도 상황에 따라 얼마든지 비판이나 부정적인 견해를 밝힐 자유가 있지만 그 정도가 심한 사람들이 있다. 이들은 부정적인 태도가 몸에 벤 나머지 거의 모든 의견에 비판적인 자세만 보이며 그렇다고 별도의 건설적인 제안을 하는 것도 아니다. 보통 이런 태도는 시간이 지날수록 그 정도가 더 심해지며 사내분위기나 동료들의 의욕마저 급락시킨다는 점에서 대다수 조직원들이 가장 싫어한다. 기계적인 긍정 못지

않게 막가파식 부정도 사회생활의 암적인 존재이다.

● 유령사원 되지 않기

"제가 하던 일을 분담하시느라 많이 힘드시죠? 정말 죄송합니다"

"괜찮아요. 몸부터 신경 쓰세요. 그런데 홍대리가 하던 일을 아무리 찾아봐도 전혀 보이지 않더군요. 도대체 그동안 회사에서 무슨 일을 했어요?"

갑작스런 사고로 입원을 한 직원과 문병을 온 동료들이 나눈 이야기라며 모 부장이 해준 뼈있는 농담이다. 아주 회사 규모가 크지도 않음에도 "저런 직원이 우리 회사에 있었나?"라는 말이 사장으로부터 절로 나오게 하는 직원들이 종종 있다. 존재감 없는 직원에 대한 회사의 신뢰가 어떠할지는 누구나 예상할 수 있을 것이다. 구조조정의 순간에 유령사원 만큼 노사 모두가 쌍수를 들어 퇴출에 동의하는 직원도 드물다.

● 실례합니다, 감사합니다, 미안합니다

회사생활도 인간관계가 기본을 이루기에 시간이 지나다 보면 트러블이 생길 수 있다. 이때 평소 호감이 있거나 최소한 안 좋은 감정은 쌓이지 않은 상대와의 트러블은 해소가 용이한 반면 그렇지 않은 상대와의 트러블은 더 큰 불행의 전주곡이 되어 기존에 구축된 신뢰에 큰 손상을 입히기도 한다. 그런데 안 좋은 감정이 생기는 것을 피하고 호감으로 이끄는 지름길 중 하나는 바로 '실례합니다', '감사합니다', '미안합니다'라는 세 단어의 적절한 사용이다. 초등학생도 알 것 같지만 스펙 좋은 직장인 중에도 이를 경시하다가 인간관계를 망치는 사람이 아주 많다. 말로 천 냥 빚 갚는다는 속담은 괜히 나온 게 아니다.

신뢰유지의 방법 핵심요약

- 성실함은 어지간한 단점은 모두 커버해준다
- SNS 사용주의
- 문자나 카톡, 이메일 사용주의 (돌아오지 못하는 다리)
- 백업 자주 하기 (나에게 편지 보내기 기능 추천)
- 중요한 대화 시 집중하기 (핸드폰·노트북 닫고 시선 마주치기)
- 프레젠테이션이나 연설법 몸에 익히기 (현대 직장인의 필수)
- 제3자 앞에서도 거짓말하지 않기
- 일관성 보이기
- 어지간하면 동료를 돕기
- 멘토가 되기
- 멀티플레이어가 되기
- 다양하고 깊이 있는 인맥형성
- 지각의 치명적 위험 인식하기
- 멘토를 찾기
- 슬픔은 나누면 약점이 되고 기쁨은 나누면 질투가 된다 (사생활 노출 최소화)
- 스캔들 (사내연애) 주의하기
- 이건 모르겠지? (나만 똑똑할까?)
- 편하게 행동하라는 말 들을수록 더욱 조심하기
- 매사 부정적인 태도는 금물
- 유령사원 되지 않기
- 실례합니다, 감사합니다, 미안합니다

3장
권리행사의 방법

일단 채용된 후에는, 성실하게 노무를 제공해야 한다는 의무와 함께 직원으로서의 다양한 권리도 부여받는다. 이하에서는 이들 권리를 행사함에 있어 도움이 되거나 주의할 점들을 알아보겠다.

● **분위기 봐가면서 열심히 일하기**

이 말에 거센 반발을 하는 사람들이 분명히 있을 것이다. 특히 7~80년대 호황기에 회사를 다니며 성실 하나로 높은 자리까지 올라간 사람일수록 눈살을 찌푸릴 게 뻔하다. 하지만 당시와 지금은 상황이 완전히 다르다. 그때는 경제성장률은 높은 반면 중소기업과 대기업 간 임금격차는 지금처럼 크지 않았고 무엇보다 중소기업에서도 한 번 채용한 직원은 어지간하면 정년을 보장해주는 등 사회 전반적으로 고용안정이 매우 중시되었다. 즉, 성실함에 대한 반대급부로 최소한 고용안정은 주어졌기에 입사 후에는 무조건 열심히 일하라는 말이 충분히 따를만했다.

반면 요즘은 누구나 알다시피 대기업도 수시로 인력을 재조정하는 등 고용안정이 보장되는 사기업은 거의 없다. 이런 상황에서도 무턱대고 충성만 바치다가 내쳐진다면 그 박탈감은 누가 보상해줄 것인가. 그렇다고 불성실하게 근무하라는 것은 아니다. 기본적으로 할 일은 하되, 성실함에 대한 대가가 임금인상이든 고용안정이든 그 어떤 형태로라도 충분히 주어진다면 열과 성을 다하고 그렇지 않다면 본인의 몸도 생각하며 일하는 방식을 추천한다. 짝사랑으로 인해 마음뿐만 아니라 몸도 병든 상태에서 차이기까지 한다면 너무나 억울하지 않겠는가. '아는 것이라고 해서 다 말하지 말고 할 수 있는 일이라고 해서 무조건 다하지 말라'는 이탈리아 속담은 숙고해볼 가치가 있다.

● 인맥(부탁) 남용 금물

"여보세요?"

"명주선배, 저예요"

"아, 길동이구나. 오래간만이다. 근데 아침부터 어쩐 일이야?"

"제가 이번에 저희 회사 임금체계에 대한 보고서를 쓰게 되었는데요. 관련 노동법을 전혀 몰라서 노무사인 선배에게 질문 좀 드리려고 전화드렸어요"

"통상임금, 최저임금, 평균임금 등 기본적인 것들에 대한 지식은 가지고 있지?"

"아뇨. 전혀 모르는데요"

"길동아, 이런 전문적인 사항을 질문하려면 어느 정도 기본적인 것들은 책 등을 통해 미리 익히고 질문해야 하지 않을까? 내 시간도 한정되어 있는데 어떻게 그 많은 걸 일일이 다 알려줄 수 있을까?"

인맥을 구축하는 가장 큰 이유는 필요할 때 이들로부터 도움을 받기 위해서지만 본인 스스로 처리할 수 있는 일도 걸핏하면 의존하는 태도는 오히려 기존의 인맥을 와해시킬 수 있다. 진인사 대천명(盡人事 待天命 인간으로서 해야 할 일을 다 하고 나서 하늘의 뜻을 기다린다)의 자세로 스스로 할 수 있는 노력을 모두 다 한 자에게는 어떻게든 도움을 주고 싶지만 타인에게만 의존하려는 자는 외면하고 싶은 것이 인간의 본성이다. 신입시절에는 주변으로부터 종종 도움이 주어지는데 이를 남용하지 않고 일단은 스스로 처리하려 최선을 다할 때 주위의 평도 좋아진다. 그리고 닭 잡는 칼과 소 잡는 칼을 구분하는 지혜도 꼭 필요하다. 상대의 능력에 비해 지나치게 어려운 부탁은 미안함이나 당혹감을 불러일으킬 소지가 크고 상대의 능력에 비해 너무 하찮은 부탁을 자주 하는 것은 상대를 무시하는 태도로 비칠 수 있기 때문이다.

● **완벽주의 경계하기**

"박대리, 어디 아파? 얼굴빛이 영 안 좋네?"

"괜찮습니다. 그거보다 과장님, 오후 거래처 방문은 3시쯤 가면 되겠죠?"

"괜찮긴 뭐가 괜찮아? 아까 보니까 입술도 다 터져서 밥도 영 못 먹더만. 요즘 하루 몇 시간이나 자?"

"사는 게 다 그렇죠"

"박대리, 몸도 생각하면서 일해. 몸 축나게 일한다고 회사가 알아나 줄 것 같아?"

지나치게 완벽을 추구하는 직원들이 가끔 있다. 이들은 스스로에 대한 기대치가 너무 높기에 조금의 실수도 용납하지 못하며 끊임없이 자신을 채찍질한다. 주로 높은 스펙을 가진 직원이 보이는 이런 태도는 득 못지않게 실도 많다는 것이 중론이다. 회사로서야 직원 스스로 완벽을 추구하기에 더없이 좋지만 직원 본인 입장에서는 엄청난 정신적 스트레스를 항상 받아야 하기에 언젠가는 몸이나 마음에 문제가 생길 소지가 매우 크다. 게다가 이렇게 문제가 생길 경우 상당수 회사는 냉랭히 등을 돌리기 일쑤다. 또한 일부 회사는 높은 업무성과를 보이는 신입사원에게 고마움의 표현보다는 더 많은 업무를 부여하고 기존과 동일한 수준의 성과를 기대하기도 한다. 꼭 안타를 쳐야 1루에 출루할 수 있는 건 아니다. 스스로를 너무 몰아붙이지 않고 몸이나 마음이 손상되는 것을 방지하면서 일하는 지혜 역시 장기간의 사회생활을 위한 필수요건이 아닐까.

● 성희롱에 대해서는 최대한 강경대응 (성범죄에 대한 대처법)

'직장 내 성희롱'이란 사업주, 상급자 또는 근로자가 직장 내의 지위를 이용하거나 업무와 관련하여 다른 근로자에게 성적 언동 등으로 성적 굴욕감 또는 혐오감을 느끼게 하거나 성적 언동 또는 그 밖의 요구 등에 따르지 아니하였다는 이유로 근로조건 및 고용에서 불이익을 주는 것을 말한다.[1] 일정한 경우에는 성추행 등 성범죄에도 해당하여 형사처벌이 가능할 수 있지만 단순히 언어적 희롱에 그친다면 모욕이나 명예훼손에 해당하지 않는 한 형사처벌은 어려운 것이 보통이다.

아직도 음담패설, 지나친 성적농담 등 성희롱을 자행하는 조직구성원이 적지 않은 현실에서 이에 대한 효과적인 대응책을 알아보면 다음과 같다.

대응책	내용
최대한 강경대응	성희롱 가해자들의 가장 큰 특징은 약자에겐 강하고 강자에겐 약하다는 점이다. 이들은 강하게 저항하는 모습 앞에서는 꼬리를 내리곤 하지만 쉬쉬하고 감추려고만 하는 사람들에게는 악마 같은 집착을 보인다. 도리가 없다. 이 악마를 지금 퇴치하지 않는다면 내 인생은 끝장이라는 각오 하에 최대한 강경 대응을 해야 한다. 성희롱에 맛 들인 자들은 결코 스스로 자제하지 않는다는 사실 역시 명심해야 한다.
징계요구	회사는 성희롱을 한 가해자에게 무조건 징계나 이에 준하는 조치를 하여야 하며 이를 거부할 경우 5백만 원 이하의 과태료가 부과된다.[2]
단체항의	한 사람의 항의라면 윗선에서 무시할 수 있겠지만 단체로 한다면 심각히 받아들이는 것이 보통이다.
만만히 보이지 않기	직장 내에서는 당연히 예의를 지키고 존댓말을 사용해야 하나 이를 만만함의 증거로 오해하고 성희롱을 반복하는 자들이 있다. 이들에게는 육두문자와 반말을 가미한 강한 항의를 하여 정신이 번쩍 들게 하는 것이 최선일 수 있다.
망신주기	모 여직원은 성희롱을 반복하는 동료의 모니터에 성희롱 관련 법령을 크게 프린트한 것을 아침에 일찍 출근하여 붙여뒀고 그 후 그 직원의 태도는 확연히 변했다고 한다.
가해자의 가족 언급하기	'당신의 딸이나 아내나 누이가 당신 같은 사람으로부터 이런 성희롱을 당했다는 사실을 알게 된다면 당신 기분은 어떨 것 같으냐'는 식의 질문을 하며 가족을 들먹이는 것도 때로는 효과적이다.

가족이나 친구 동원하기	직장 내 문제에 가족이나 친구까지 동원하는 것은 독립심 결여로 오해받을 수 있기에 통상 바람직하지 못하나 성희롱은 예외다. 정 가해자가 계속한다면 가족이나 친구 등 동원 가능한 모든 사람에게 도움을 요청하고 이들이 회사에 찾아와 단체 항의하도록 하는 것도 좋다. 성희롱은 영혼까지 파괴할 수 있기에 더욱 그렇다.
경찰에 신고하기	성희롱 중 상당수는 성추행 등 성범죄에도 해당할 소지가 크기에 이런 경우에는 경찰에 신고하여 엄벌을 요구하는 것도 아주 좋은 방책이다. 참고로 성범죄에는 형벌과는 별도의 보안처분도 일반적으로 따르며 일단 성범죄자라고 확정되고 나면 사회적으로도 엄청난 불이익을 감수해야 한다.

● **사내폭력에 대해서도 최대한 강력대응**

성희롱 못지않게 문제인 것이 사내폭력이다. 2016년 6월 온라인 취업포털 사람인이 직장인 2819명을 대상으로 설문조사한 결과 15.3%가 직장 내에서 신체적 폭력을 당한 경험이 있다고 밝혔다.[3] 직급별로는 과장급(17.1%)의 응답 비율이 가장 높았고 ▶대리급(15.9%), ▶사원급(14.8%), ▶부장급(13.4%), ▶임원급(12.2%)의 순이었다. 성별로는 남성(18.2%)의 응답 비율이 여성(9.5%)보다 두 배 정도 높았다. 이들이 당한 신체 폭력의 유형으로는 손·주먹으로 맞음(57.5%·복수응답)이 1위를 차지했다. 다음으로 ▲서류 등 도구로 맞음(24.6%), ▲밀쳐짐(22.7%), ▲멱살을 잡힘(20.9%), ▲발로 차이거나 밟힘(19.7%), ▲던진 물건에 맞음(19.5%), ▲꼬집히거나 할큄을 당함(14.2%) 등의 응답이 이어졌다. 폭력을 행사한 사람은 ▷상사(72.9%·복수응답)라는 응답이 가장 많았으며 CEO·▷임원(24.8%), ▷동료(15.3%), ▷부하직원(4.6%), ▷고객(4.4%) 등의 순이었다.

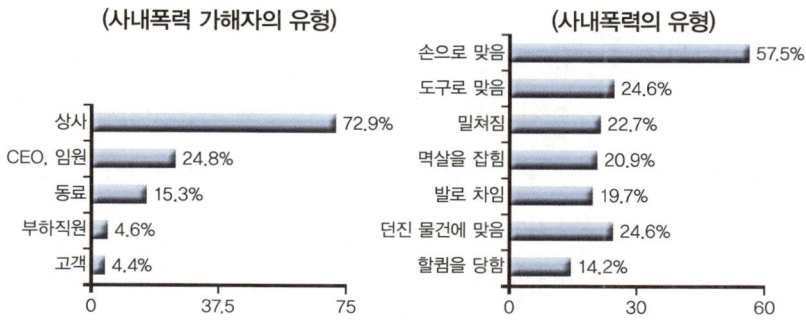

사내폭력은 성희롱과 마찬가지로 전근대적 노사문화의 잔재이나 아직도 일부 회사에서는 종종 발생한다. 성희롱이나 사내폭력을 견디면서까지 다녀야 할 가치가 있는 회사는 거의 없다. 일시적인 금전의 압박 탓에 이들을 참을 경우, 장기적인 화병을 얻을 소지가 매우 크다. 형사고소나 바로 앞 성희롱 파트에서 언급한 방법들을 사용하여 최대한 강력히 응징할 것을 권유한다. 참고로 성희롱이나 사내폭력을 이유로 상대방에서 손해배상청구를 할 경우, 상황에 따라서는 민법 제756조에 따라 회사를 상대로도 책임을 물을 수 있다. 그리고 사내폭력은 <근로기준법> 제8조[4] 위반을 이유로도 처벌될 수 있으며 이 조항 위반의 죄는 반의사불벌죄[5]가 아니므로 설사 단순폭행이라 할지라도 합의여부에 상관없이 처벌받을 수 있다.

● **불만표출 시 고려할 점들**

직원도 당연히 불평·불만을 표출할 권리가 있다. 아니, 그래야 한다. 일부 회사는 직원들이 불평을 표출하는 것 자체를 원천봉쇄하지만 이는 조직 내 적정한 긴장감의 유지라는 측면에서 오히려 회사에 불이익을 가져온다. 또한 회사가 미처 파악하지 못한 사내 문제점을 미리 파악할 수 있게 하고 나아가 조직발전에 도움이 되는 건전한 건의로 이어질 수 있다는 점에서도 정당한 불만의 표출은 허용해야 한다.

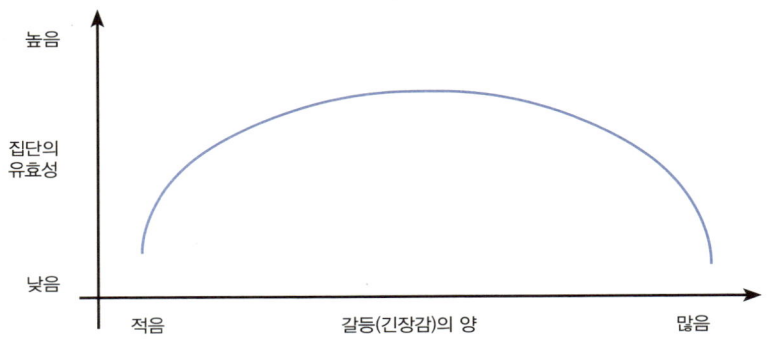

(적정수준의 긴장감과 집단유효성)[6]

긴장감 과소	적정수준	긴장감 과다
적응력 둔화	변화지향	혼란·분열
획일성	창조적·다양성	투쟁·비협조
무사안일	도전적	불안·위협
포기·침체	목표실천 행동	산으로 가는 배

다만, 타당하지 않거나 사소한 불만을 너무 자주 표출한다면 본인의 평판을 스스로 낮추게 되므로 불만표출 시에는 다음의 사항들을 종합적으로 고려하여 표출여부를 결정하는 것이 현명할 것이다.[7]

(불만표출 시 고려할 점들)

고려할 사항	내용
합당한 불만인가?	원칙적으로 연장근로(초과근로나 특근이라고도 불리며 1일 8시간, 1주 40시간이라는 법정근로시간을 초과한 근로를 말한다)는 노사 간 합의하에 행해질 때 유효하다. 즉, 누가 봐도 필요성이 없어 보이는데 직원본인의 일방적인 의사만으로 행하는 경우에는 연장근로에 해당하지 않을 소지가 크다. 이런 경우에도 혼자서 연장근로라 주장하며 대가의 지급을 요구하고 이를 회사가 거부하면 강한 불만을 털어놓는 직원들이 가끔 있다. 이렇게 타당하지 않은 사항에 대한 불만은 그 직원에 대한 거부감만 키우게 된다.
불만을 표출할 정도로 중요한 사안인가?	"과장님, 제가 이번 달에 받을 교육을 다 받지 못했습니다" "아~~ 그렇네요. 회사에 이야기해서 다음 달에 이번 달에 못 받은 교육을 받게 해줄게요" 교육을 중시하는 오늘날의 기업에서는 이런 일이 종종 발생할 수 있는데 다음 달에 교육을 시켜주겠다고 했음에도 줄기차게 이를 문제 삼는 직원들이 종종 있다. 이처럼 중요치 않은 사항에 대한 불만표출은 해당 직원에 대한 회사의 선호도만 낮출 것이다.
너무 감정적으로 불만을 표출하고 있지는 않은가?	사람은 누구나 실수를 하며 합리적인 지적에는 귀 기울이는 것이 보통이다. 하지만 상대방이 너무 감정적으로 항의를 하면 본인의 잘못을 알면서도 자존심이 상해서 종종 실수 자체를 인정하지 않게 된다. 상사나 경영진 역시 사람이기에 가급적 논리적으로 문제를 제기할 때 수용성도 올라간다.
미리 계산기는 두들겨 보았는가?	모 사장은 새로 입사한 직원이 회사 사무실의 조명이 너무 어둡다고 하자 이 직원 이외의 누구도 이에 동의 안 했지만 흔쾌히 그 직원의 책상에 별도의 전등을 달아주었다. 며칠이 지나자 이 직원은 사무실이 너무 건조하다며 가습기의 설치까지 요구해왔다. 다수의 다른 직원들은 사무실이 건조하다는 데 전혀 동의 안 한다. 과연 이 직원을 어떻게 처리해야 할지 이제는 사장이 고민에 빠졌다. 현대 직장인이라면 불만표출로 인해 발생 가능한 불이익 역시 표출 전에 기본적으로 고려해야 하지 않을까.

내가 사용자라면 이 불만에 대해 어떻게 생각할까?	역지사지(易地思之 처지를 서로 바꾸어 생각함)만큼 상대의 기분을 예측하는데 유용한 것이 없다. 즉, 내가 사장이나 상사라면 이 불만표출을 어떻게 받아들일지를 미리 고려한다면 한층 객관적이고 합리적인 불만표출이 가능할 것이다. 내가 싫은 것은 남도 싫은 법이다.

● **회의나 토론자리에서는 가급적 후반부에 말하기**

"김대리, 지금 그 의견 좋네. 어차피 우리의 주요 타깃은 중국이니 일단 국내에서는 시판 형식으로 발매를 하고 그 결과를 보고 적당히 개선하여 내년 봄에 중국에서 대박 치자는 그 견해 꽤 괜찮아"

"부장님, 김대리의 의견은 중국이 우리의 주된 텃밭이니 국내 판매에 너무 목숨 걸지 말자는 제 건의를 살짝 바꾼 것에 불과합니다"

"정대리, 당신 말도 일리가 없는 것은 아닌데 그래도 당신 견해를 김대리가 더 좋게 수정했으니 그건 그거대로 인정해줘야겠지"

누구나 알다시피 회의의 주된 목적은 회사운영에 도움이 되는 좋은 건의를 구성원에게서 얻기 위함이다. 그렇기에 오늘날, 회의에서의 적극적인 의견개진은 조직 구성원의 의무이자 반드시 갖춰야 할 덕목이 되었다. 다만 회의 초반에 너무 많은 건의를 할 경우, 다른 사람이 이 건의를 적당히 수정한 더 좋은 건의를 함으로써 죽 쒀서 개주는 상황을 맞을 수 있다. 이를 피하고 타인의 의견들을 종합한 좀 더 개선된 건의를 할 수 있다는 점에서 가급적 회의 후반에 발언하는 것을 추천한다.

- **임금만 바라보고 근무하지 않기 (뭐라도 의미를 찾아보기)**

직장인 A	직장인 B
돈만 보고 일하는 타입이다. 임금을 더 준다고 하면 이직도 쉽게 하고 심지어 종사하는 업종 자체를 바꾸기도 한다. 젊어서부터 이런 생각으로 살아왔기에 이젠 몸에 완전히 배었고 모든 직장의 가치를 임금으로만 평가한다. 임금과 행복을 동일어로 생각하는 경향이 짙다.	임금도 중시하지만 일 자체가 주는 즐거움이나 동료와의 우호적인 관계 등 다른 요소들도 직장 평가 시 중시하는 타입이다. 설사 임금이 좀 낮더라도 다른 기준까지 종합하여 만족스럽다면 엔간하면 기존 직장에서의 장기근속을 추구한다. 임금보다는 자신이 느끼는 행복감에 주된 포커스를 맞추고 산다.

직장인 A와 B 중 누가 더 현명한 삶을 사는지에 대한 정답은 없다. 자본주의에서는 역시 돈이 최고라는 점을 생각한다면 A가 현명하다고 볼 수 있고 인간은 경제적 동물인 동시에 감정적·사회적 동물이기도 하다는 점에서는 B의 손을 들어줄 수도 있다.

젊은 시절 필자는 임금에 목숨을 걸었다. 조금이라도 임금을 더 준다고 하면 바로 옮겨 다녔고 임금 탓에 업종을 쉽게 바꾸기도 했다. 이런 삶을 계속 산 결과 필자는 부자가 되었을까. 어느 정도 돈을 많이 번 것은 사실이지만 이상하게 지출도 아주 많이 늘었다. 돈에만 목숨을 걸어서인지 삶이 피폐해지며 이유 없이 몸도 아프기 시작했다. 마음을 달리 먹고 필자가 의미를 부여할 수 있는 일을 시작하자 신기하게 몸은 더 이상 아프지 않았고 지출도 줄기 시작했다. 물론 의미 있는 일을 시작한 초반에는 돈만 바라볼 때보다 수입이 적었지만 시간이 지나며 오히려 더 벌기 시작했다. 아무리 재미있는 컴퓨터 게임도 획득한 아이템의 판매를 통한 이윤추구만을 목표로 한다면 언젠가는 지겨워지는 것이 보통이 아닐까.

● 이소룡이 강도를 만난다면? (대탐소실(大貪小失))

지갑을 내놓으라며 흉기를 들고 협박하는 강도를 만난다면 어떻게 할 거냐고 모 유명 무술가에게 기자가 물었다. 이 무술가는 지갑을 바로 줄 거라고 별다른 고민 없이 답했다. 그 좋은 무술실력을 가졌음에도 그럴 거냐고 재차 묻자 자신의 목숨은 돈보다 소중하다고 그는 답했다. 그럼 언제 무술실력을 발휘할 거냐고 또 묻자 지갑이 목적이 아니라 자기나 자기가족에게 물리적 상처를 입히는 것이 목적이라면 그때는 어떤 상황에서도 싸울 거라고 답했다.

직장생활에 있어 항상 완벽할 수는 없다. 인간인 이상 이는 불가능하다. 이 유명 무술가를 벤치마킹하자. 정말 중요하기에 목숨을 걸고 지켜야 하는 것과 그렇지 않은 것을 분류하고 전자에서는 완벽을 추구하고 후자에 있어서는 다소 여유를 갖자.

과거 직장인 시절 필자는 출근은 칼같이 했다. 아니, 무조건 1~2시간 일찍 나와서 그날의 업무를 준비하거나 자기개발에 매진했다. 반면, 술이 약하기에 회식자리나 상사와의 술자리를 끝까지 지키는 역할은 어쩔 수 없이 포기했다. 시간이 지나며 회사사람들은 조기출근이라는 필자의 장점이 술을 잘 못 마신다는 단점을 압도하고 결국 필자는 회사에 플러스로 작용한다고 인정하게 되었다. 필자의 직장생활이 궤도에 오르는데 이것이 큰 도움이 되었음은 당연하다.

● **연하의 상사에 대한 대처법**

IMF 이후 종신고용이 유명무실해짐에 따라 경력직 입사자나 나이가 많은 신입직원이 증가하고 있다. 자연히 부하가 상사보다 나이가 많은 케이스도 늘어나게 되었는데 이런 경우 누구나 직급이 나이보다 중요하다고 생각하겠지만 막상 당사자가 되고 나면 말처럼 쉽지만은 않다.

필자는 중년의 나이에 노무사 시험에 붙었다. 노무사로 개업을 하려면 일단 6개월의 수습을 거쳐야 하는데 모 노무법인에 수습노무사로 입사를 한 필자의 직속상관은 필자보다 10살이 어린 선배노무사였다. 나이는 중요치 않다고 자꾸 되뇌며 일을 배우려 했지만 10살 어린 상사와의 관계는 계속 물과 기름이었다. 이렇게 수습기간을 허송세월하면 개업 후 바로 망할 것 같다는 생각이 어느 날 문득 들었다. 그날 이후 필자는 일부러라도 웃음을 지으며 먼저 다가가려 노력했고 이를 좋게 본 상사는 필자에게 많은 것을 전수해 주었다. 개업한 후 이것들이 큰 도움이 되었음은 물론이다.

본인보다 나이가 어린 상대에게 필요에 따라 머리 숙이는 것은 절대 부끄러운 게 아니다. 이를 부끄러워하는 마인드가 정말 부끄러운 것이다.

● **무분별한 업무부여에 대한 대책**

상사라면 부하직원이 수행하는 업무의 질과 양을 반드시 조절해 주어야 하지만 너무 바쁘거나 기본적인 자질부족 탓에 이를 소홀히 하는 상사도 많은 것이 현실이다. 부하직원이 이로 인해 지나치게 어렵거나 많은 업무를 부여받게 된다면 자연히 업무과중 탓에 제대로 된 결과도 못 내면서 사람만 지치게 된다.

상사가 업무조정은 못해주면서 일만 떠넘긴다면 다음의 3가지 질문을 반드시 하자.[8] 이를 통해 일의 우선순위를 분명히 하고 무조건 시키는 대로 따르기만 하는 직원이 아니라는 신호를 상사에게 보낸다면 업무수행의 효율성은 올라가고 결코 만만히 볼 수 없는 직원이라는 인상을 주게 될 것이다. 설사 이 때문에 상사와의 관계가 틀어지더라도 무분별하게 부여된 업무로 인해 평판과 건강 모두를 잃는 것보다는 훨씬 낫다.

- ✓ 왜 하는 것입니까
- ✓ 언제까지 해야 합니까
- ✓ 어느 수준까지 해야 합니까

● 매너 없는 상사에 대한 이열치열(以熱治熱) 식 대응법

과거 필자가 모셨던 모 상사는 애주가였는데 항상 필자를 술자리에 데려갔고 술을 강권하곤 했다. 사회생활을 하려면 술도 마실 줄 알아야 한다는 것이 명분이었는데 술이 약한 필자로서는 정말 고역이었다. 처음 몇 차례는 어떻게든 악으로라도 먹었지만 몸이 받지를 않으니 이대로 가다가는 죽을지도 모르겠다는 생각이 들었다. 하지만 이 상사는 이런 필자는 아랑곳하지 않고 계속 술을 먹였고 심지어 그토록 술을 못 마시면 장차 인생살이도 힘들 거라는 악담도 퍼부었다.

그러던 어느 날, 인내심의 한계에 도달한 필자는 소주 3병을 시켜서 눈

앞에 놓고 이걸 필자가 다 마시면 성에 차겠냐고 물었다. 그는 그렇다고 답했고 필자는 바로 병나발을 불기 시작했다. 2병 마신 것까지는 기억이 나는데 그 뒤로는 완전히 필름이 끊겼다. 필자가 눈을 떠보니 병원 응급실이었고 갑자기 피를 토하는 필자를 술집 사람들이 이곳에 데려왔다고 한다. 식도가 찢어졌는데 조금만 더 찢어졌으면 위험할 뻔했다고 의사가 말했다. 그 상사는 병실 한 귀퉁이에 새파랗게 질린 얼굴로 앉아 있었고 연락을 받고 달려온 사장에게서 당연히 엄청난 질책을 들었다. 그날 이후 그 상사의 술 강요가 사라졌음은 안 봐도 비디오다.

매너 없는 상사에게는 논리적이거나 이성적인 대처보다 이런 식의 이열치열 식 대응이 의외로 효과가 있을 수 있다. 물론 필자처럼 병원에 갈 정도라면 득보다 실이 많을 수 있으니 그렇지 않은 범위 내에서 적당히 수위를 조절하길 권유한다.

● **회사 밖에서도 언행 주의하기**

적지 않은 사장이나 상사가 회사 밖에서의 직원의 언행에도 은근히 주목한다. 가령 식당이나 술집에서 점원이나 주차요원 등을 어떻게 대하는지 혹은 하청업체 직원에게 보이는 태도에 대해 신경 쓰는 것이다. 별 거 아닌 것 같지만 이들에게 지나친 갑질을 한다면 '저 친구는 승진을 해서 권력을 가진다면 부하직원들도 저렇게 대하지 않을까'라는 우려를 하게 되는 것이 보통이다. 매우 작은 틈으로도 빛을 볼 수 있는 것처럼 아주 작은 일이 그 사람의 성격을 드러내기도 한다.[9]

한편, 자동차나 비행기 등을 이용한 장기간 출장을 상사와 같이 갈 경우, 함께 하는 시간이 많기에 사생활 등을 별다른 생각 없이 밝힐 수 있다. 하지만 이는 본인의 약점을 스스로 드러내는 치명적인 결과를 가져올 수 있다. 가령 부모님의 병환이나 집안의 경제적 어려움 등을 함부로 털어놓은 경우가 그러하다. 이런 사실을 회사가 알게 되더라도 특별히 배려해주지는 않고 이들 사유 탓에 제대로 근로를 제공하지 못할까 우려하여 그 직원에 대한 선호도만 낮추는 것이 보통이다. 회사 내에서뿐만 아니라 밖에서도 회사 사람들과 같이 있는 경우에는 최대한 언행에 주의하고 꼭 필요한 경우가 아니면 사생활은 감추는 것이 현명할 것이다.

권리행사의 방법 핵심요약

- 분위기 봐가면서 열심히 일하기
- 인맥(부탁) 남용 금물
- 완벽주의 경계하기
- 성희롱에 대해서는 최대한 강경대응 (성희롱에 대한 대처법)
- 사내폭력에 대해서도 최대한 강력대응
- 불만표출 시 고려할 점들
- 회의나 토론자리에서는 가급적 후반부에 말하기
- 임금만 바라보고 근무하지 않기 (뭐라도 의미를 찾아보기)
- 이소룡이 강도를 만난다면? (대탐소실(大貪小失))
- 연하의 상사에 대한 대처법
- 무분별한 업무부여에 대한 대책
- 매너 없는 상사에 대한 이열치열 식 대응법
- 회사 밖에서도 언행 주의하기

4장

기타 본인관리

직장생활과 관련된 본인관리에 있어 전술한 사항들 이외의 주의할 점을 알아보면 다음과 같다.

● **당장 눈앞의 일에 집중하기**

"사장님, 처음 이 업종에 몸담으신 게 언제세요?"

"가만 보자, 그게 벌써 40년 전이지. 그때 XX그룹에서 신입사원 공고가 났는데 마침 신문에서 그걸 보고 지원해서 합격했고 그때부터 쭉 이 일만 했어요"

"그럼 처음부터 이 업종에서 크게 성공할 야심이 있으셨던 건가요?"

"아냐, 아냐. 그때는 원래 2~3년만 다니려 했어요. 솔직히 내가 유학을 가고 싶어서 유학자금 벌려고 취업했던 겁니다"

"근데 지금은 이렇게 대단히 성공하셨는데 그때 유학 안 가신 거 아직도 후회하세요?"

"입사하고 처음 몇 년은 이제라도 유학을 가야 하나 솔직히 고민이 많았어요. 그런데 그렇다고 당장 눈앞의 일을 대충 할 수도 없기에 나름 정성을 다하다 보니 이게 또 재미가 있는 거야. 주위의 칭찬도 당연히 기분 좋고. 이러다 보니 유학보다는 이 일이 내 운명이 아닐까 하는 생각이 들면서 어느 순간부터는 유학이 잊혀졌지"

필자와 모 회사 사장과의 대화 중 일부이다. 이 사장은 대기업 사장까지 역임하다가 퇴임 후 본인회사를 차렸고 지금은 아주 큰 부와 명예를 얻었다. 이 대화에서 엿볼 수 있듯이 운명이란 참 묘하다. 미치도록 하고 싶은 일에 모든 것을 바쳤지만 성공하지 못하는 사람도 비일비재하고 이 사장처럼 잠시만 돈 벌 요량으로 시작한 일이 어느새 운명의 일로 다가와 성공으로 이끄는 경우도 종종 있다. 호리병 모양의 골짜기에 자신의 숙적인 사마중달 삼부자를 유인하여 가둬놓고 미리 설치해둔 화약을 터뜨려 이들을 죽이려 했던 천하의 제갈공명도 마침 내린 비로 인해 이것이 허사가 되자 '모사재인 성사재천(謀事在人 成事在天 일을 계획하는 것은 사람이나 그 일의 성공은 하늘에 달렸다)'이라고 구슬피 외쳤다.

당장 눈앞의 일이 성에 안차더라도 일단 본인에게 주어진 이상 건성으로만 대하지 말고 집중해보자. 이러다 보면 당초의 희망과는 다른 방향으로 성공할지도 모르고 설사 애초에 희망하던 분야로 이직하더라도 장기적인 관점에서는 정말 좋은 경험이자 배움의 기회가 될 수 있다. 처음부터 너무 대단한 것만 바라다가는 정신적으로 큰 부담을 안게 되어 오히려 인생이 잘 안 풀리기도 한다.

● 망상타파 (즐겁기만 한 직장생활이 과연 존재할까?)

"넌 매일 영화 보는 게 일이니 정말 좋겠다! 그러고도 먹고 산다는 게 더없이 부럽네~~~"

"겉보기엔 좋아 보이지만 이 일도 만만치 않아. 영화 보고 나서 의무적으로 평론 쓰는 것도 솔직히 부담스럽고 그 평론에 대한 평이 안 좋으면 일거리도 슬슬 줄어든다. 무엇보다 영화평론만으로는 먹고 살기 참 힘든 세상이야"

필자가 영화평론가로 일하는 친구와 나눈 대화 중 일부이다. 아무리 즐거운 것도 돈을 대가로 의무적으로 하게 되는 순간, 귀찮거나 힘들어지기 마련이다. 대가를 지급하는 입장에서는 제대로 일을 하는지 감시·감독하는 것이 보통이며 그렇지 않더라도 계속적으로 보수를 받으며 그 일을 하고 싶다면 자진해서라도 업무의 양과 질에 신경을 써야 하기에 즐겁기만 한 일은 세상에 존재할 수 없다. 직장생활에서 '즐거움'도 만나리라 희망하는 자세와 '즐거운 직장생활'만 기대하는 자세는 완전히 별개이다. 망상은 실망만 가져온다.

● 태도(근태관리, 존중하는 자세 등)의 중요함

필자는 결코 사근사근하거나 부드럽지 않다. 냉정히 말해 다소 불친절하고 직선적이다. 이런 탓에 과거 직장생활에서도 종종 트러블에 부딪치곤 했는데 필자를 유난히 감싸준 임원이 한 분 계셨다. 각종 문제가 발생할 때마다 이상하게 필자를 옹호해주셨는데 그 이유를 모른 채 필자는 얼마 뒤 그 회사를 그만뒀다. 그 후 몇 년이 흘러 이분을 다시 만났고 차를 한잔하며 왜 당시 그토록 감싸줬는지 물어봤다.

까맣게 잊고 있던 일인데 필자가 그 회사에 입사한 직후, 이 임원과 외근을 나간 적이 있다. 이 과정에서 우연히 임원의 대학교 동창을 만났고 마침 점심때라 셋이 같이 밥을 먹었다. 낙지비빔밥을 먹었던 것으로 기억 나는데 임원 말로는 내가 그들의 물컵에 물도 따라주고 수저도 놓아주었으며 그들이 잘 먹는 반찬은 알아서 더 시키고 그들이 먹기 편한 방향으로 몰아서 놓았다고 한다. 어른들과 밥을 먹을 때는 이러라고 어려서부터 아버지께 엄하게 배웠는데 그때 익힌 습관이 저절로 나온 것 같다. 내색은 안 했지만 이 임원은 이를 통해 필자가 자신을 굉장히 존중한다는 느낌을 받았고 친구 앞에서 체면도 섰기에 그 후로는 어지간하면 필자를 좋게 보고 지지해주었다고 한다. 굳이 이렇게까지 해야 하는지 거부감이 들 독자도 있겠지만 이를 통해 회사 내 입지가 강화된다면 결코 밑지는 장사는 아닐 것이다. 세상에 공짜는 없다.

그리고 태도와 능력 중 굳이 하나를 꼽으라면 의외로 태도를 꼽는 경영인들이 많다. 능력은 교육 등을 통해 키우면 되지만 좋은 태도는 타고나거나 가정에서 확립되기에 회사가 어쩌지 못하는 경우가 다반사고 그래서 좋은 태도를 가진 직원을 더욱 선호한다고 한다. 고용안정에 태도가 미치는 엄청난 영향은 이미 여러 연구에 의해서도 입증되었다.

● 인사성 높이기

어떤 조직, 집단, 단체에서든 인사만 잘하면 무조건 반은 먹고 들어간다. 보통은 만만히 보이기 싫거나 자존심 탓에 먼저 인사하기를 꺼리나 좋은 인사성은 일반적으로 실보다 득이 훨씬 많다. 특히 위계질서를 중시하는 우리나라에서는 빌 게이츠나 스티브 잡스도 인사성 없으면 이래저래 까일 가능성이 현저하기에 매우 조심해야 한다. 필자가 아는 모 임원은 자신이 거주하는 아파트의 경비아저씨에게도 항상 먼저 인사를 하는 등 인사성이 매우 밝다. 사내에서는 신입사원에게도 먼저 인사를 해준다고 한다. 물론 다른 능력도 있었겠지만 이분의 출세에 인사성이 지대한 역할을 했다는 점을 부인하는 사람은 보지 못했다.

- **새로운 상대와의 만남 시, 명함 주고받고 만남의 장소 등을 기록하기**

사회활동을 하다 보면 다양한 분야의 사람들을 만나기 마련이며 이때 명함을 주고받으며 자신을 알리는 것은 인간관계의 기본이다. 그런데 일부 직장인은 명함 주고받는 것을 등한시하며 심지어 상대가 명함을 건네는데도 멀뚱멀뚱 서 있기만 한다. 요즘 명함 값은 무척이나 싸다. 이거 아낀다고 국 끓여 먹을 수도 없으니 아낌없이 뿌리자.

그리고 받은 명함에 상대의 사진이 들어가 있지 않은 이상, 며칠만 지나면 까맣게 잊혀지는 것이 보통이다. 필자는 새로 받은 명함은 명함집에 넣기 전에 만남의 장소와 날짜, 상대방의 특징 등을 꼭 그 명함에 기록한다. 가령 '2019년 1월, 종로3가, 친구 홍길동의 개업식, 키가 아주 큼'과 같이 적는 것이다. 인간의 기억력은 일단 본인이 적은 것이라면 이 정도의 정보만으로도 금방 되살아난다. 이런 과정을 통해 상대를 기억해주는 사람에 대한 주위의 호감도는 고독이라는 현대사회의 특성상 올라갈 수밖에 없다.

- **인맥 구축 시 크리스마스나 명절 적극적으로 이용하기 (단체메일·단체문자의 효과?)**

　인맥의 중요함은 누구나 안다. 왜 인맥에 집착할까. 당연히 힘들거나 긴요할 때 도움을 받기 위함이다. 이를 위해서는 평소에 열심히 인맥들을 관리해야 하는데 바쁜 현대사회에서는 시간내기가 일반적으로 만만치 않다. 그렇다면 크리스마스나 명절, 생일 등을 효과적으로 이용해보자.

　이런 날들에 직접 만난다면 더없이 좋겠지만 그것이 어렵다면 정성을 담뿍 담은 이메일이나 문자를 보내는 것도 좋다. 지난 마지막 접촉 뒤 본인에게 발생한 일들을 소상히 알리고 상대의 안부를 정성스럽게 묻는 메일 등은 의외로 매우 좋은 인상을 준다. 필자의 경우, 설과 추석에는 주기적으로 이런 문자를 보내는데 한 명, 한 명마다 열정을 다해 보내다 보면 모두 합쳐 6~7시간이 소요되곤 한다. 길다면 긴 시간이지만 직접 만난다면 많아야 6~7명 만날 시간에 주요 인맥 모두에게 내 마음을 전할 수 있다는 점에서 절대 길다고 생각하지 않는다.

　단체 메일이나 단체문자를 보내는 사람들도 있다. '뜻깊은 추석 되시고 안전운전 하십시오. 홍길동 배상'과 같이 동일한 내용을 인맥 모두에게 보내는 것이다. 개별적인 문자나 메일을 보내는 것이 귀찮아서 보통은 이러는데 이에 기뻐하는 사람은 그리 많지 않은듯하다. '단체메일의 대상으로밖에 여기지 않는구나'라는 느낌에 기분 상한다는 사람이 적지 않고 심지어 스팸 같아서 짜증만 난다는 반응도 많다. 선택의 문제지만 고통 없이는 열매도 없다.

● **정기적으로 연락하기 (점심시간 활용)**

명절을 이용한 문자 등도 효과가 있지만 평소에 자주 연락하는 것만큼 인맥관리에 도움이 되는 것도 없다. 도움이 필요할 때만 연락하는 자에게는 정이 안 가는 반면 특별한 일이 없어도 자주 안부를 자주 묻고 관심을 보이는 상대에 대한 호감은 올라가기 마련이다.

그런데 주말에는 가족과 함께하거나 개인만의 시간을 보내는 탓에 아주 친한 사람으로부터의 연락이 아닌 한, 대부분의 사람들이 껄끄러워한다. 평일 퇴근 이후에는 피곤하기 때문에, 평일 출근 이전에는 출근준비로 정신이 없어서 보통은 전화 받기 어렵다. 근무 중에는 눈치가 보이기에 자연히 통화가 힘들다. 그럼 언제가 가장 좋을까?

사람마다 차이는 있지만 상당수 직장인들이 점심시간을 꼽는다. 보통 12시부터 1시까지가 점심시간이며 대다수는 12시 45분 이전에 식사를 마치므로 12시 45분 넘어서 안부전화를 한다면 여유 있는 상태에서 반갑게 받는 경우가 많다. 점심시간을 이용하여 매일 2~3명의 인맥들에게 돌아가며 연락을 한다면 인맥관리의 기초를 단단히 다지게 될 것이다.

● **정치·종교·지역·학벌 이야기 조심하기**

"사장님, 사장님은 서울대 출신에 유학도 다녀오셨으니 학력 콤플렉스가 없으셔서 참 좋으시겠어요"

"나도 있어요"

"농담하지 마십시오. 사장님 같은 분이 그런 걸로 농담하는 걸 들으면 일반인들은 기분 많이 상합니다"

"진짜입니다. 나 때는 고등학교도 시험을 쳐서 갔는데 경기고가 최고였어요. 내가 사실 거길 지원했는데 결국 떨어지고 다른 고등학교를 갔어요. 그래선지 고등학교 동창들과는 잘 연락을 안 하게 되더군요"

개인사업을 하며 이미 어마어마한 부를 쌓은 모 사장과 필자가 술자리에서 나눈 대화이다. 이처럼 학벌 등은 매우 민감하기에 이를 함부로 건드리면 원한으로 이어질 소지가 아주 크다. 특정 정치인이나 정당을 공공연히 비난하거나 특정 지역을 비하하거나 다른 종교를 비난하는 것 역시 마찬가지이다. 하고픈 말을 자유롭게 할 수 있는 자유는 헌법에 의해 보장되어 있지만 민감한 사안에 대한 사내에서의 언급은 자제하는 것이 본인의 경력이나 평판관리 차원에서 좋지 않을까.

- **욕설, 인격모독, 조롱, 비속어 자체가 치명적 (토닥토닥, 에효, ㅋㅋ, 쌤 (줄임말) 등)**

모 회사를 방문하여 관리자와 커피를 한잔할 때의 일이다. 제조업이라 공장 한 켠에 앉아서 마시려 했는데 우리의 존재를 몰랐던 모 직원이 바로 옆에서 전화통화를 시작했다. 상대가 누구인지는 모르겠으나 그 직원은 도저히 입에 담을 수 없는 욕설과 비속어를 마구 사용했고 우리는 자연히 대화를 중단한 채 그 통화에만 집중하게 되었다. 몇 달 뒤, 그 관리자를 다시 만났다. 그는 그 일로 인해 해당 직원을 눈여겨 보기 시작했고 고객과 동료에게도 은근히 말을 험하게 하여 수차례 시정지시를 내렸지만 고쳐지지 않기에 결국 권고사직 시켰다고 했다.

　욕설, 인격모독, 조롱, 비속어 등은 설사 회사사람이나 고객을 대상으로 하지 않더라도 발언자의 인격 자체를 의심하게 하여 평판을 심각하게 떨어뜨린다. 그리고 일부 직원은 상사에게 보내는 메일이나 문자에서도 별다른 생각 없이 습관적으로 '토닥토닥, 에효, ㅋㅋ' 같은 단어를 사용하는데 이를 조롱이라 여기고 기분 상해하는 상사도 적지 않다.

　나이 든 상사 중에는 인터넷에 익숙하지 않아서 제곧내(제목이 곧 내용), 혼밥(혼자 먹는 밥), 쌤(선생님) 같은 인터넷 용어에 익숙하지 않은 사람들도 적지 않다. 그럼에도 이들에게 이런 용어를 일상적으로 사용하는 것은 무시로 비칠 수 있으므로 자제가 요망된다.

● 쓴소리 최소화하기 (재소자의 자기합리화 경향)

　"김대리, 나 어쩌지? 어제 동창회에서 잘난체하는 놈들이 하고 많길래 기죽기 싫어서 술값을 내가 다 계산했어. 이번 달 카드 값이 장난 아닐 텐데 어쩌면 좋지?"

　"능력도 없으면서 왜 그런 짓을 했어? 분수껏 살아야지! 카드 값 자꾸 연체하면 신용도 떨어져서 나중에 크게 문제되는 거 몰라? 왜 인생을 그렇게 생각 없이 살아!!!"

　미국 뉴욕에 싱싱교도소라고 흉악범을 주로 수감하는 교도소가 있다. 과거 이곳의 교도소장을 지낸 루이스 로즈에 따르면 싱싱교도소의 죄수들 중 자신을 악인으로 생각하는 사람은 거의 없다고 한다. 이들 대다수는 강도, 강간, 살인 등을 저지른 중범죄자지만 철저한 자기합리화 속에 자신들의 반사회적 활동을 정당화하며 수감생활의 억울함을 주장하고 있단다.[1]

중범죄자들도 대부분은 잘못을 인정 안 하는 판국에 일반인들이 자신의 잘못을 쉽사리 인정하겠는가. 게다가 직장동료로부터 훈계조의 이야기를 들으며 빈정부터 상해서 반성보다는 상대에 대한 앙심을 품는 것이 보통이다. 특히 업무와 무관한 사적인 잘못에서는 도와줄 용의가 있는 사람이 책망할 권리도 있는 법이다.[2] 본인에게 영향이 없는 한, 동료의 잘못에는 가급적 입을 열지 않는 것이 불필요한 원한을 사지 않는 지름길 아닐까.

● 곧은 나무는 금방 베어진다 (단, 마지노선 지키기)

"안대리, 날씨도 끄물끄물한데 저녁에 한 잔 어때?"

"저녁에는 영어학원 가야 하는데"

"하루만 빠지면 안 될까?"

"자꾸 그러면 영어실력 안 늘어"

"알았어. 그거 그거고 이번 일요일에 입사동기들끼리 영화 한 편 때리려는데 같이 갈 거지?"

"그날은 인사관리 관련 좋은 특강이 모 대학에서 있어서 거기 가야 해"

지나치게 모범적인 사람은 정이 안 가고 그러다 보면 오해가 생겨서 사이가 나빠지며 결국 원수가 될 수 있다. 물이 너무 맑으면 고기가 살기 어렵다는 말은 괜히 나온 게 아니다. 삐뚤삐뚤하게 자란 나무는 그 가치는 적지만 나무꾼이 선호하지 않기에 오히려 오래 살아남을 수 있다. 같이 어울려 살기 위해서는 싫거나 필요성을 못 느껴도 뭔가를 함께하며 연대감을 키우는 것이 중요하다. 다만 횡령, 배임 등 각종 부정에의 참가 권유는 당연히 철저히 배격해야 할 것이다.

● 건강관리 (1~2 정거장 미리 하차?)

건강의 중요함은 누구나 알지만 나빠지기 전까지는 신경 못 쓰는 경우가 태반이다. 건강과 관련된 좋은 이야기는 다른 책에도 많기에 여기서는 효과적인 건강관리법 하나만 소개하겠다. 필자가 아는 모 임원은 퇴근 시 항상 1~2정거장 미리 하차하고 집까지 남은 거리는 걸어간다. 젊어서 대중교통으로 출퇴근할 때 익힌 습관이라는데 회사에서 자가용이 주어지는 요즘도 변함없이 반복하고 있다. 당뇨, 고혈압, 심근경색, 뇌졸중 등 성인질환은 일단 발병하고 나면 치료도 힘들고 산재인정도 어려운 것이 현실이다. 평생 나를 간병하기 위해 가족들이 희생하는 것을 막기 위해서라도 꼭 운동하자!

● CD를 꼭 사용하기

여기서 CD는 콘돔의 약자이다. 콘돔은 원치 않는 임신뿐만 아니라 성병을 막는데도 탁월하다. 요즘 성병이 확산되고 있다. 특히 사람들이 두려워하는 에이즈의 경우, 2013년 이후 매년 1천명 이상의 신규감염자가 발생하고 있으며 총 감염자 수는 2018년 말 기준으로 1만 4593명이다.[3] 에이즈뿐만 아니라 매독, 헤르페스, 콘딜로마 등 재발이 쉽거나 치료가 어려운 다른 성병들을 방지하는데도 콘돔은 뛰어나다. <성매매특별법>의 실시 이후, 성매매가 더욱 음성화되어 정말 무서운 세상이 되었으므로 나 자신과 연인 그리고 미래의 2세를 지킨다는 의미에서 조금이라도 의심스러운 관계에서는 꼭 콘돔을 사용하자.

● **질투의 무서움 인식하기**

모 중견회사에서 있었던 일이다. 인사철이 되었는데 당연히 승진하리라 예상되었단 모 직원이 팀장발령을 받지 못했다. 알고 보니 직속상사가 지나치게 낮은 인사고과점수를 준 것이 원인이었다. 근무태도나 성과 등이 참 좋은 직원이었기에 왜 그런 점수를 주었는지 말들이 많았다. 해당 직원은 결혼한 지 2년가량 됐는데 본인의 결혼에 참 만족해하는 상태였다. 이제 막 태어난 아이와 아내에 대한 사랑이 넘쳐나서 지갑에 가족들 사진을 넣어 다니며 마구 자랑을 했고 책상에도 가족사진을 붙여 놓았다. 반면 직속상사는 나중에 알려진 사실이지만 몇 년 전에 이혼을 당하여 집까지 뺏기고 혼자 원룸에 사는 처지였다. 이런 상사의 눈에 아내가 싸준 도시락까지 자랑하는 부하직원이 좋게 보였을 리가 없기에 그랬을 거라는 것이 중론이었다. 물론 이런 사유로 불공정한 인사고과를 했다면 그 상사가 잘못이라는 점은 누구도 부인 못한다. 다만, 같은 조직 내에서는 누구나 상대적 박탈감이란 것을 쉽게 느낄 수 있기에 당연히 자랑할 만한 것도 타인에게는 분노의 대상이 될 수 있다.

옛날 옛날 어느 나라에 질투심 많은 신하와 욕심 많은 신하가 있었다. 어느 날, 기분이 좋아진 왕은 이들을 불러 누구라도 먼저 소원을 말한다면 다 들어줄 것이며 나머지 사람에게는 무조건 그 두 배를 해주겠다고 말했다. 자신부터 말하면 1/2밖에 못 가지게 될 거라는 생각에 욕심 많은 신하는 질투심 많은 신하의 등을 강제로 떠밀었다. 어쩔 수 없이 왕 앞에 나온 질투심 많은 신하는 "대왕폐하, 저의 한 한쪽 눈을 뽑아주시옵소서"라고 외쳤다.[4]

질투는 마이너스 영역까지 작용하기에 설령 자신이 피해를 보더라도 질투의 대상이 더 많은 피해를 본다면 만족한다는 점에서 욕심보다도 무서운 존재이다. 행복은 지배하지 않으면 안 되고 불행은 극복하지 않으면 안 된다.[5]

● **절대 성범죄에 연루되지 않기**

필자의 자문사 회식자리에서 벌어진 일이다. 모 여직원이 몸을 못 가눌 정도로 많이 취했다. 누군가가 강권한 탓은 아니고 자작을 하다 그렇게 됐다. 이 여직원과 같은 방향의 어떤 남자직원에게 같이 택시를 타고 가다가 집에 데려다주라고 사장이 말했지만 남자직원은 한사코 거부했다. 어쩔 수 없이 여직원의 가족에게 연락을 하여 아버지가 데리러 왔다. 다음날 사장은 그 남자직원을 기사도 정신도 없는 놈이라고 무진장 욕하며 이런 이기적인 직원을 계속 써야 하는지 회의가 든다고 필자에게 전화로 하소연했다.

얼마 뒤 이 회사를 방문하여 문제의 남자직원과 커피를 한잔했다. 대충 사장의 뜻을 전하고 그 남자직원이 왜 그랬는지 파악하고자 하는 자리였다. 필자가 입을 열자마자, 술 취한 여자 부축하다 보면 자연히 신체접촉이 생기는데 이를 성추행이라 신고하면 사장이나 필자가 책임질 거냐고 상당히 공격적으로 묻는다. 설마 그러겠냐고 말을 하려는 순간, 성범죄에 대한 강력한 처벌이 떠올라서 말문이 막혔다. 게다가 이런 처벌 이외에도 신상등록, 신상공개, 신상고지, 취업제한 등 듣기만 해도 무시무시한 보안처분들이 추가적으로 따르는 것이 현실이다. 이야기를 하다 보니 자신을 지킨다는 측면에서 이 남자직원이 현명하다는 생각이 들었다.

면담결과를 사장에게 알리며 현행법하에서 그 남자직원은 아무 잘못 없고 사장님도 술 취한 여직원을 절대 함부로 부축해주지 말라고 신신당부를 했다. 왜 그러냐고 묻기에 성범죄에 대한 현행 규정들을 설명하니 사장도 차츰 긴장한 모습을 보인다.

일단 성범죄에 연루되면 유·무죄와 상관없이 완전히 인생이 끝장날 소지가 매우 크므로 조금이라도 의심 살만한 행동은 절대 하지 말아야 한다. 특히 회사에서는 설사 차갑다는 말을 들을지언정 어설픈 호의 등으로 인해 성범죄에 연루되는 우를 결코 범해서는 안 될 것이다.

● **젊어서 연애해보기**

요즘 경기침체가 지속됨에 완전히 자리잡기 전에는 연애도 안 하겠다는 젊은 직장인들이 느는 눈치다. 여건이 부족한 상태에서의 사랑은 결국 파국으로 끝날 소지가 크다는 점에서 이러나 본데 인생은 항상 수학 공식처럼 딱딱 맞아떨어지지만은 않는다. 게다가 일정한 나이가 지나고 나면 아무리 상황이 좋아도 연애 자체가 힘들 수 있다. 비슷한 연령대의 미혼들이 급감하기에 당연한 결과다. 평소 연애경험 전혀 없이 모범적으로만 살다가 나이가 든 후, 질이 안 좋은 이성에게 발목이 잡혀 인생 망치는 사람도 적지 않다. 고기도 먹어본 사람이 잘 먹듯이 젊어서 연애도 해봐야 괜찮은 이성을 판별하는 눈이 길러진다. 아주 특별한 상황이 아닌 한, 나이대에 맞는 행동은 어지간하면 하는 것이 장기적인 행복이나 정신건강 측면에서 바람직하지 않을까.

● **사내 인간관계에 너무 목숨 걸지 않기**

사내 우정은 거짓인 경우가 적지 않다. 2013년 취업포털 커리어가 직장인 792명을 대상으로 '직장 내 거짓우정'에 관한 설문조사를 실시한 결과, 전체의 과반수가 넘는 60.3%의 직장인이 '직장에서 동료들과 거짓우정을 형성하고 있다'고 응답했다. 직장 내 거짓우정의 목적으로는 다음의 그래프에 나오는 이유들을 들었고 '직장 내 거짓우정이 '진정한 우정'으로 발전한 적이 있는가'라는 질문에는 64.6%가 '없다'라고 답했다.[6]

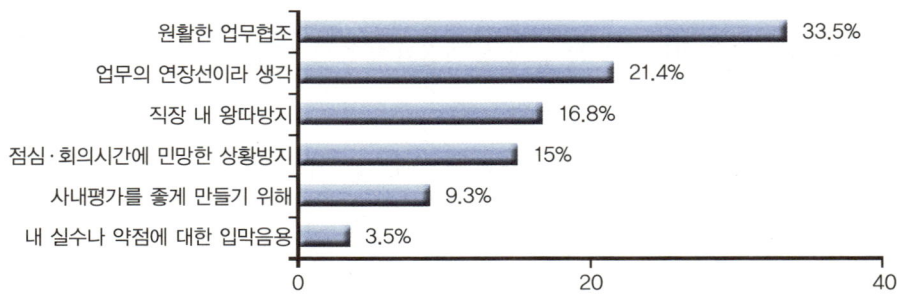

더할 나위 없이 친한 사이였는데 누군가가 사직하자마자 연이 끊겨서 매우 섭섭했다는 말을 하는 직장인들이 종종 있다. 이런 말을 하는 사람에게는 진정한 우정이었을지 몰라도 상대방에게는 전술한 조사처럼 거짓된 우정에 불과했기에 그랬을 것이다. 사내에서는 현실적 필요에 의해 거짓된 우정이 횡행하므로 이를 간과한다면 본인만 뒤통수를 맞거나 상처받을 소지가 매우 크다.

● **경영상황(재무제표 등) 파악하고 회사 다니기**

잘 다니던 회사가 하루아침에 망해서 황당해하는 직장인들이 종종 있다. 어제까지 아무 문제없었는데 아침에 출근해보니 회사는 채권자들이 차지하고 있고 경영진은 연락도 안 되는 경우가 좋은 예이다. 이런 상황에 처하기 싫다면 평소부터 회사의 경영상황을 어느 정도는 파악하고 다니는 자세가 요구된다. 물론 비상장에 외부감사 대상도 아닌 대다수 회사는 재무제표의 공개의무가 없기에 일반직원이 이를 알기는 어렵지만 그렇다고 완전히 나 몰라라 하고 다니는 것도 매우 무책임한 태도이다. 회사가 갑자기 도산할 경우, 퇴직금과 잔여 임금은 누구에게서 받을 것이며 새로운 직장은 어떻게 구할 것인가.

입사 후 어느 정도 조직에 융화가 되었고 앞으로도 계속 다닐만하다고 느낀다면 친분 있는 상사 등에게 회사의 경영상황이나 비전에 대해 조심스럽게 문의해보자. 너무 민감한 사항에 대해서는 쉬쉬할 수 있지만 괜찮은 회사라면 어느 정도의 경영상황은 사장이 먼저 알리는 경우도 많다. 직원에 대한 동기부여와 임금수준에 대한 이해를 촉진하는데 도움이 되기 때문이다. 쓸데없는 질문 말라며 무조건 입을 막는다면 과연 이 회사를 다닐 만한 가치가 있는지 재고할 필요가 있을 것이다.

● **취업규칙(사규) 정도는 알고 회사 다니기**

취업규칙이란 일반적으로 사규라 불리며 회사가 정한 복무규율과 근로자 전체에 적용될 근로조건을 문서화한 것이다. 여기서 근로조건이란 임금, 근로시간, 해고 등 근로자에 대한 대우에 관하여 정한 조건을 말한다. 사규라고 하니 직원들의 의무가 주로 기재되어 있을 것 같지만 회사가 직원에게 지켜야 할 것들도 상당 부분 포함되는 것이 보통이다. 필자의 친구 중 한 명은 대기업에 다녔는데 대학원 진학을 위한 휴직을 신청했다가 거절당했다. 이를 필자에게 말하며 방법이 없냐고 묻기에 취업규칙에 대학원진학을 위한 휴직조항이 있는지 알아보라고 했다. 그 결과,

대학원 진학을 위한 휴직은 회사가 허용해줘야 한다는 조항이 있었고 이 조항에 근거해 무난히 대학원 과정을 마칠 수 있었다.

현행법상 10명 이상의 직원을 사용하는 모든 회사는 취업규칙을 작성하여 고용노동부에게 신고하여야 한다. 즉, 근로자수가 10인 이상인 회사에 다닌다면 이 회사에는 반드시 취업규칙이 있을 것이므로 이를 검토하여 회사의 의무나 근로자의 권리 등을 미리 숙지해 둔다면 법적 다툼 발생 시에 큰 도움이 될 것이다. <근로기준법>은 취업규칙의 중요성을 고려하여 사용자는 취업규칙을 근로자가 자유롭게 열람할 수 있는 장소에 항상 갖추어 두어야 하며 이를 따르지 않는 때에는 500만 원 이하의 과태료가 부과된다고 규정하고 있다. 취업규칙의 공개거부 자체가 불법이니 당당히 요구하자.

● **상사에게 맞춰주는 척이라도 하기**

여기서 '맞춰주기'란 '아부하기'를 돌려서 말한 것이다. 아부라는 말 자체에 기분이 상할 독자도 많을 것이다. 대놓고 아부하라는 필자에게 증오까지 느낄지도 모른다. 하지만 아부를 완전히 안 하고 살 수 있는 사람은 사실 별로 없다.

미국 대통령이 농담을 했을 때 가장 리액션이 좋은 사람은 누구일까. 미국 백악관 출입 기자들 사이에서 우스갯소리처럼 돈다는 이 질문의 정답은 부통령이다.[7] 미국은 우리나라와 달리 부통령제를 시행하고 있고 대통령의 임기종료 후, 부통령이 그 당의 대선후보로서 차기 대선에 나가는 경우가 많다. 다만, 대통령과 사이가 나쁜 경우에는 여러모로 대선후보가 되는 것이 곤란할 수 있기에 부통령은 대통령이 어떤 농담을 해도 기분을 맞춰주기 위하여 항상 크고 오래 웃어준다는 것이 이 질문의 핵심이다. 필자 역시 종종 아부를 한다. 부드러운 업무처리를 위하여 고객이나 관공서 직원의 기분을 맞춰줄 수 있는 멘트를 너무 티 나지 않는 선에서 날리곤 한다. 르네상스 시대의 위대한 예술가 미켈란젤로도 자신이 만들던 거대한 조각상의 코가 너무 높지 않냐고 주문자인 피렌체 시장(市長)이 말하자 그의 기분을 맞춰주기 위하여 몰래 대리석 가루를 움켜쥔 채 위로 올라가 코를 더 깎는 시늉을 하며 이 가루를 아래로 흘려 보냈다.[8]

그냥 더불어 산다는 생각으로 상사에게 조금이라도 맞춰주자. 마음에도 없는 말을 해야 한다는 중압감에 너무 부담 가질 필요는 없다. 입 발린 소리까지 안 해도 맞춰주는 태도가 조금이라도 전달되면 충분한 것이 보통이다. 아부 그 자체가 아니라 자신이 부하직원에게 어려운 존재라는 사실을 확인하는 것만으로도 대부분의 상사는 만족해한다.

● **분위기 봐가며 아부하기**

대학시절 필자가 등록금을 벌기 위해 지방으로 막노동을 갔을 때의 일이다. 조그만 빌딩을 짓는 현장이었는데 유난히 대우가 안 좋았다. 그래도 어쩔 수 없이 다른 인부들과 함께 참고 지냈는데 어느 날 아침 드디어 터졌다. 공사장 내에 임시로 지은 식당에서 밥을 먹는데 추운 겨울에 데우지도 않은 콩나물국을 준 것이 발단이었다.

당시 현장소장은 상당히 완고하고 권위적이었는데 수십 명의 인부들이 이렇게는 일 못한다며 덤벼드니 어쩔 줄 몰라 했다. 구두로나마 식사나 주거 등 근무조건을 상승시키는 교섭이 활발히 전개되려는 순간, 필자가 외쳤다.

"아줌마, 공깃밥 추가요~~~"

순간 식당 안에는 정적이 감돌았고 곧 소장은 기세등등해져 강경노선으로 급선회했다. "저 친구 이름이 뭐야? 강명주? 그래 강명주 씨는 저렇게 공깃밥 추가하며 맛있게 잘만 먹는데 당신들은 뭐야? 식사가 그토록 문제라면 왜 강명주 씨는 공깃밥 추가해가며 더 먹겠어? 저 친구처럼 이 밥이나 근무조건에 만족하는 사람 얼마든지 있으니 일 하기 싫으면 하지마~ 아줌마 뭐해요? 어서 공깃밥 갖다 주지 않고"

하지만 일단 불이 붙은 인부들은 이 말에 더욱 분노하였고 소장에게 폭력을 행사하기 일보직전까지 갔다. 새파랗게 질려 완전히 얼어버린 소장은 다시는 이런 발언을 못했고 인부들의 뜻에 따라 근무환경을 개선하는데 동의하였다.

당시 필자는 나름 소장에게 잘 보이고자 이런 식으로 아부를 했는데 그로 인해 남은 공사기간 동안 다른 인부들로부터 어떤 취급을 당했을 지는 쉽게 상상 가능할 것이다. 그나마 세상물정 모르는 대학생이라고 봐주었기에 망정이지 정말 큰일 날 뻔했다. 상사에게 가급적 맞춰주라고 비록 바로 앞에서 언급했지만 이것도 분위기 봐가며 해야 한다. 무조건적인 아부가 오히려 아부하는 직원의 입지만 약화시키는 경우도 아주 흔하다.

● 경쟁회사와의 적절한 관계 조성 (사장의 원수가 반드시 나의 원수일까?)

"아~~~ 미치겠네. 최사장, 이 X자식을 내가 가만 놔두면 성을 간다! 잘 들어. XX건설의 최사장과 나는 절대 같은 하늘을 이고 살 수 없어. 우리 회사가 망하거나 XX건설이 망하거나 둘 중 하나는 사라져야 해. 오늘부터 우리 회사의 목표는 어떻게든 XX건설을 이기는 거야. 거기에만 목숨을 걸고 신경 쓰도록 해"

프로스포츠에 라이벌 팀이 있듯이 회사끼리도 라이벌이 될 수 있다. 보통 동종업종 내 비슷한 규모의 회사 간에 이런 관계가 형성되는데 사장들 사이의 사적인 감정도 안 좋다면 그 정도는 더하게 된다. 이때 사장의 말을 맹신하여 무조건 자기 일처럼 앞장서서 상대편 회사를 공격하는 것이 과연 현명한 행동일까. 필자가 아는 모 직원은 사장의 말대로 목숨을 걸고 라이벌 회사를 공격했는데 어느새 사장들 사이의 감정이 풀어져서 두 회사는 컨소시엄까지 구축하기에 이르렀다. 양 사의 인재들은 모두 이 협력단에 모였는데 과거 이 직원의 지나친 언행에 앙심을 품은 라이벌 사 직원들의 반발 탓에 결국 이 직원은 협력단에 참석하지 못하고 한직으로 밀려나고 말았다. 라이벌 팀의 4번 타자를 스카우트해 오고 싶더라도 우리 팀 다수 선수들이 이 선수에게 감정이 안 좋다면 스카우트를 포기할 수밖에 없는 스포츠계의 관행은 일반적인 조직생활에도 적용될 수 있지 않을까.

● 분노 승화법 개발하기

조직생활을 하다 보면 이런저런 이유로 분노에 휩싸이기 쉽다. 이를 그냥 무시할 수도 있지만 누적된 분노는 육체와 정신 모두에 치명적인 악영향을 주는 것이 보통이다. 뇌졸중, 심근경색 등 성인병으로 쓰러진 직장인들의 평소 회사생활을 보면 다수가 엄청난 울화를 참아왔다는 것을 쉽게 발견하게 된다. 그렇다고 번번이 분노를 표출하다가는 성격파탄자 소리를 듣고 왕따가 될 소지가 크다. 개인의 특성에 맞춘 분노 승화법을 개발하여 익히는 것은 현대 직장인의 필수라 하겠으며 추천하는 방법들은 다음과 같다.

방법들	내용
편지 불태우기	- 미국의 링컨 대통령이 사용했다고도 알려진 이 방법은 분노의 대상을 상대로 편지를 쓰되 부치지 않고 불태우는 것이다.[9] - 하고 싶은 말을 최대한 구체적으로 모두 쓰는 것이 핵심이며 육두문자나 비속어를 곁들이면 기분이 더 좋아질 수 있다. - 이렇게 작성된 편지를 큰소리로 한 번 읽고 불태우면 묘한 카타르시스가 느껴진다. 강력히 추천한다.
고성방가	- 밤이나 새벽에 인적이 드문 공원 등에서 분노의 대상이 바로 앞에 있다는 상상을 하며 평소 하고 싶던 말을 마구 하는 방법이다. 체면이나 품위 다 버리고 욕설까지 마음껏 하고 나면 쌓였던 감정이 상당 부분 사라지는 것을 느끼게 될 것이다. - 다만 이 방법은 자칫하면 미친 사람으로 오해받아 심하면 신고를 당할 수도 있으므로 주위에 사람이 아무도 없을 때 사용해야 한다. 노래방에 혼자 가서 댄스뮤직을 메들리로 틀어놓고 이 방법을 사용하는 것도 좋다.
봉사하기	- 너무 구태의연하고 올드한 방법이라 생각할 수 있다. 과거에 필자도 같은 생각을 했었다. 하지만 우연한 기회에 모 종교단체가 운영하는 장애인 시설에서 1달간 숙박을 하며 봉사를 해보니 분노승화에 정말 탁월한 효과가 있었다.

- 당시 여러 장애인이 같이 있던 한 병실을 책임지고 이들의 대소변까지 받아가며 봉사를 했는데 처음에는 솔직히 도망치고 싶기만 했다. 어차피 무보수로 일하는 터라 당장 그만둬도 누구도 뭐라 할 수 없었다. 그때 필자는 울분에 가득 찬 백수였는데 여기서마저 도망치면 마지막 마지노선이 무너질 것 같다는 이상한 생각이 들었다. 악으로 버티다 보니 어느새 적응이 되었고 장애인분들과도 자연스럽게 친해졌다.
- 결국 처음 계획했던 1달을 다 채우고 집에 돌아왔는데 세상이 전과는 완전히 다르게 보였다.
- 사람마다 감수성과 철학이 다르기에 효과가 없을 수도 있지만 아무 조건 없이 누군가를 제대로 돕는 것은 정말 많은 것을 느끼게 해준다. 인생의 터닝 포인트를 만들고 싶은 사람에게도 강력히 추천한다.

● **고객과의 트러블 시 고려할 사항들 (《산업안전보건법》 개정에 따른 감정노동자보호의무)**

고객으로 인해 난처한 상황에 빠지는 직장인들이 종종 있다. 원인제공을 회사나 직원이 하기도 하지만 요즘은 진상고객(Black Consumer)도 큰 문제다. 워낙 상황이 다양하기에 공통된 해결책은 사실상 존재하지 않지만 대처에 있어 다음의 3가지를 기본적으로 고려할 것을 권유한다.

고려사항	내용
회사가 지켜줄 수 있는 한도	- 고객과 나 사이에서 회사가 얼마나 나를 지지해줄 것인가를 먼저 파악해야 한다. - 고객은 왕이니 무조건 고객에게 맞춰주라는 회사도 있고 직원들의 인권보호나 동기부여 차원에서 어느 정도 고객에게 할 말은 하거나 요구를 거부할 수 있게 해주는 회사도 있다. - 일단 이 한도를 알아야 회사로부터 추후에 내려질 수 있는 질책을 모면하며 고객을 상대할 수 있기에 매우 중요하다.

	– 한편, 최근 개정된 〈산업안전보건법〉[10]에 따르면 회사는 대면접촉이나 전화 등을 통해 고객을 상대하면서 상품을 판매하거나 서비스를 제공하는 직원이 고객의 폭언 등으로 인하여 건강장해가 발생하거나 발생할 현저한 우려가 있는 경우에는 업무의 일시적 중단 등 대통령령으로 정하는 조치를 하여야 하며 이에 따르지 않을 경우 1천만 원 이하의 과태료가 부과된다.
내가 인내할 수 있는 한계	– 회사가 나를 지지해주는 한도 못지않게 내가 얼마나 참을 수 있는가도 중요하다. – 가령 회사는 가급적 고객에게 맞춰주라고 하지만 직원 본인의 성격상 더 참다가는 화병이 나서 미칠 것 같은 경우도 분명히 있다. – 반면 회사는 정 힘들면 적당히 반발도 하라고 허락하지만 워낙 성격이 유해서 어지간한 고객들의 클레임은 다 받아줄 수 있는 직장인도 분명 존재한다. – 회사가 나에게 요구하는 인내의 정도와 내가 실제로 인내할 수 있는 한도를 명확히 파악하는 것은 내 정신건강을 지키면서 회사로부터의 질책도 피하기 위해 필수이다.
측은지심 (惻隱之心) 가지기	– 과거 필자가 백수이던 시절, 부끄럽지만 주로 물건 파는 직원들에게 꼬투리를 잡으며 스트레스를 풀었다. 직장이 없기에 생기는 자격지심이나 수치심을 구매과정에서 별거 아닌 문제로 클레임을 걸며 해소한 것이다. – 하지만 직장이 생기고 사회생활을 하게 되자 이런 나쁜 습관은 저절로 사라졌다. 일상생활에서 충분히 자아존중감이 충족돼서인지 사소한 잘못을 하나하나 다 따지는 것이 오히려 귀찮게 느껴졌다. – 고객들이 진상을 부리는 이유는 다양하지만 스스로에 대한 불만 탓에 이러는 경우가 상당히 많다. 자기 자신이 너무 불만스러워서 화가 엄청 나는데 풀 곳은 없고 그래서 결국 상대적으로 약자인 직원들에게 푸는 것이다. – 이들은 정말 불쌍한 사람이다. '오죽하면 여기서 이럴까'라는 생각을 하며 측은하게 여겨보자. 이런 측은지심을 갖자 이들로 인한 분노가 상당 부분 사라졌다는 직장인이 적지 않다.

● 문제직원이라 불리더라도 감정적으로만 반응하지 않기

"정대리는 또 지각인가? 집에 일이 있는 것도 한두 번이지 번번이 이러면 어쩌자는 거야! 정말 문제직원이야~"

문제직원이란 단어에 기분 좋을 직장인은 아무도 없다. 특히 우리나라는 과거 군사독재시절, 근로자들의 정당한 권리요구를 묵살하며 걸핏하면 이들을 문제직원이라 낙인찍고 탄압했기에 이 단어에 대한 트라우마가 아직도 상당하다. 하지만 이젠 세상이 많이 변했다. 민주화가 된지 벌써 20년이 넘었고 행정부, 사법부, 입법부 모두 근로자들을 함부로 대하지 못한다. 이런 상황 하에서 여전히 과거의 상처만 생각하고 문제직원이란 단어에 너무 민감한 반응을 보이는 것은 본인에게 손해만 가져올 소지가 크다. 왜 회사에서 나를 문제직원 취급하는지 일단 원인부터 파악하자. 그 원인이 내 탓이라면 설사 다소 억울한 측면이 있더라도 무조건 시정부터 하자. 어쨌든 내가 잘못한 것이므로 나부터 바로잡아야 하는 것이다. 만약 부당한 이유로 문제직원이란 레테르를 붙이거나 충분히 시정했음에도 계속해서 문제 있다고 본다면 이때는 강하게 항의를 하자. 현대 조직생활에서는 때로는 할 말도 할 줄 알아야 한다. 이런 때에도 아무 말 못하는 직원은 착한 것이 아니라 바보일 뿐이다.

● 이미지 관리 필수

현대사회에서는 아무리 내실이 좋아도 이미지가 별로면 꺼려지는 것이 보통이다. 실상이 어떤지 일일이 알아보기보다는 다수의 의견을 그냥 믿고 따르는 것이 일반적인 사람들의 행동패턴이다. 회사 구성원들도 대부분이 이와 같기에 부정적인 이미지가 일단 생기고 나면 재직하는 동안 계속 따라다니며 각종 불이익의 원인으로 작용한다.

가령 너무 따지고 불편한 사람이란 이미지가 생기면 이를 바꾸기가 매우 어려우므로 부정부패나 본인에게 큰 피해가 오지 않는 한 가급적 둥글게 사는 것도 직장에서 살아남기 위한 행동양식일 수 있다. 특히 우리나라는 어떤 조직이든 입바른 소리 너무 하는 사람을 매우 싫어한다. 그렇다고 이 풍토가 무조건 옳다는 건 절대 아니다. 개인의 표현의 자유를 지나치게 억누른다는 점에서 분명히 문제가 있다. 다만, 기존의 관행이나 사회 분위기를 한꺼번에 바꾸는 것은 사실상 불가능하므로 적당히 맞춰주면서 조금씩 바꿔나가는 방식이 현실적이지 않을까.

● **단골이라고 건성으로 대하지 않기**

"사장님, 길동물산에서 전화 왔었습니다"

"뭔 일이래?"

"주문한 물건의 배송확인 차 연락한 거랍니다"

"한두 번도 아니고 수십 번 거래하면서 매번 확인전화를 하네"

"사장님께서 확인전화 해주시길 바란다고 전화한 직원이 말했습니다"

"놔둬. 아쉬우면 또 하겠지"

단골이면 당연히 더 잘해줄 것 같지만 꼭 그렇지만은 않다. 일부 회사나 직원들은 신규고객 유치에만 신경을 쓰고 기존 고객의 유지는 소홀히 하기도 한다. 특히 단골은 어차피 우리랑 거래할 거라 간주하고 만만히 보거나 심지어 푸대접하는 케이스도 없지 않아 있다. 무리한 요구를 하는 단골이 많기에 이들의 비율을 줄이고 신규고객을 늘리기로 하는 등의 특별한 사정이 없는 한, 단골에 대한 푸대접이 어떤 결과를 초래할지는 누구나 짐작가능 할 것이다.

산토끼 잡는 데만 몰두하지 말고 집토끼 고마운 것도 알아야 한다는 이치는 나에게 평소 잘해준 사람과 새로운 인맥 간 인간관계의 균형을 잡는데도 적용될 수 있다.

● 현명한 사내정치

"김상무님, 이번 전략기획팀의 팀장발령 건은 생각해 보셨습니까?"

"우리 라인인 최차장이 되면 좋겠는데 강전무 쪽에서 가만있지 않겠지?"

"최차장은 지난번 강전무 측과 거래처간 꿍꿍이를 까발리는데 앞장섰기 때문에 절대 용납하지 않을 겁니다"

"그렇다고 강전무 쪽 사람이 차지하게 둘 수도 없고 이를 어쩌나?"

"안차장은 어떨까요? 어느 라인이라고 꼬집어 말하기는 곤란하지만 나름 우리와도 사이가 나쁘지 않고 현실감각도 괜찮아 보이는데요"

파벌이 없는 조직은 없다. 사내정치에 대한 고려는 현대 직장인들의 필수사항이 되었다. 요즘 일부 젊은 직원들은 파벌싸움 자체를 혐오하여 무조건 독자노선을 추구하나 '고독한 늑대'는 영화에서는 멋지지만 현실에서는 모두의 적이 될 소지가 크다. 그렇다고 너무 특정 파벌에 깊이 참여하고 그 파벌의 번영에만 몰두하는 자는 몸담은 파벌이 몰락할 경우, 같이 망하기 마련이다. 회사나 개인의 상황에 따라 예외도 있을 수 있겠지만 여러 파벌의 사람들과 두루 친하게 지내되 특정 파벌에 속한다는 인상은 가급적 주지 않는 것이 좋지 않을까. '정치에 너무 가까이 가면 화상을 입고 너무 멀리 떨어지면 얼어 죽는다'고 고대 그리스의 철학자 안티스테네스도 말했다. 불가피하게 특정 파벌에 속해야 한다면 여기 속하지 않는 동료들과의 인간관계에 특히 신경 쓰는 것이 중요할 것이다.

● 지나친 호의 보이지 않기

"김대리님, 이것 좀 도와주세요"

"그건 정대리님 일이잖아요. 급하게 거래처 나가봐야 하니 정대리님이 처리하시죠"

"지난번에는 도와줬잖아요. 거래처 가는 건 내일 가도 되지 않나요?"

"내가 항상 도움 주는 사람 아니잖아요? 그땐 한가하고 처음이라 그랬던 거예요"

"이왕 도와준 거 한 번 더 도와주면 안 되나요? 동료끼리 좀 돕고 삽시다"

한두 번 도와주다 보니 완전 호구로 여겨져서 더 안 도와주면 오히려 원망의 대상이 되는 직장인들이 아주 많다. 상대의 호의에 대해 고마워하기보다는 자신의 당연한 권리로 착각하는 사람들이 늘어난 탓일 것이다.

애초부터 타인에게 의존만 하려는 자들이 주로 이런 후안무치(厚顏無恥 너무 뻔뻔해서 부끄러움을 모름)한 태도를 보인다. 독립심을 갖고 최선을 다해 어떻게든 혼자 힘으로 해보려는 사람들은 조그만 도움도 굉장히 고마워하고 어지간하면 추가적인 도움요청을 잘 안 한다. 전자와 후자 중 누구를 도울 때 그 도움이 빛을 발하게 될지는 불 보듯 뻔하다. 마냥 착하기만 하면 바보 취급받는 세상이다.

● 다른 부서 사람과도 두루 친해두기

자신이 속한 팀이나 부서에만 너무 함몰되는 것은 위험할 수 있다. 회사 전체를 조망하는 시야가 통상 좁아지고 중요 정보를 얻는 데 지장이 초래될 수 있으며 타 부서와의 협력에서 어려움을 겪을 소지가 커지기 때문이다. 일이 잘 풀릴 때는 내 일, 내가 속한 팀에만 신경을 써도 보통은 별문제가 없지만 언젠가는 난관에 봉착하는 것이 인생이고 이런 때야말로 폭넓은 인간관계가 그 진가를 드러낸다.

평소 직속상사와 너무 사이가 나빴지만 타 부서로의 전근이 허락되지 않아서 무척이나 고생하던 필자의 대학동창은 타 부서의 어떤 상사가 이 친구의 직속상사와 사장에게 잘 부탁하여 결국 그 타 부서 상사 밑으로 옮길 수 있었다. 타 부서 상사와 이 친구는 우연히 둘만 야근을 종종 했는데 비록 타 부서 상사지만 심부름을 해주는 등 깍듯이 상사대우 해준 것을 이 상사가 좋게 본 덕이다. 폭 넓게 뿌린 자는 여기저기 거둘게 많다.

● 타인의 인생을 함부로 재단하지 않기

지난봄, 모 회사의 어린 직원이 구직자로부터 폭행을 당했다. 신입사원을 뽑으며 나이 제한 없이 원서를 받았는데 그중 한 명으로부터 따귀를 맞은 것이다. 필자는 당장 경찰에 신고하라고 권유했지만 이상하게 신고를 미적거리다 결국은 사과를 동반한 합의로 끝냈다.

그 이유를 자세히 알아보니 이 직원도 잘못을 했다. 나이 제한이 없는 까닭에 연령대가 높은 구직자들도 많이 지원했는데 그중 별다른 사회 경험이 없는 사람에게 "도대체 이 나이 되도록 뭐하셨어요?"라는 말을 대놓고 했단다. 소규모 회사라 사장과 부사장이 면접을 보고 이 직원은 면접 보러 온 사람들을 순서대로 면접실에 안내만 하면 되는데 그 과정에서 이런 것이다. 국가고시를 준비하다가 취업 시기를 놓친 구직자라던데 폭력은 물론 잘못되었지만 살인 안 난 게 다행이라는 생각이 들었다. 나이 들어 노무사 시험에 붙고 수습노무사 자리를 구하러 다닐 때, 필자도 비슷한 취급을 가끔 당했다. 어느 정도 위치에 있는 사람이 이런 멘트를 해도 화가 나는데 채용할 권한도 없는 새파랗게 어린 직원이 이러면 저절로 나무아미타불을 외치며 끓어오르는 화를 억누르게 된다.

평소에도 말 함부로 해서 종종 문제를 일으켰나 본데 이번 일로 제발 정신을 차리길 바란다고 사장이 말한다. 혼인율이 급감하는 요즘, "왜 그 나이 되도록 결혼 안 하셨어요?" 같은 말 역시 동일한 맥락에서 큰 실례가 될 수 있다. 그 사람의 신을 신고 걸어보기 전에는 그 사람을 알기 어렵다.

● **민망해도 질문하기**

"정대리, 일 처리를 왜 그렇게 했어? 내가 그 상황에서는 그러면 안 된다고 몇 번을 말했잖아~~"

사람은 망각의 동물이다. 아무리 머리 좋은 사람도 언젠가는 잊기 마련이다. 그럼에도 왠지 다시 묻는 것이 부끄러워서 그냥 일 처리하다가 낭패 보는 직장인이 많다. 그런데 일부 사장이나 상사는 직원들이 질문하는 것, 특히 이미 알려준 것에 대한 재질문을 극도로 싫어하며 이런 경우에는 해당 상사나 사장도 잘못이다.

이유야 어쨌든 잘 모르는 것을 질문하지 않고 혼자만의 생각으로 일 처리하다가 큰 손해가 발생할 경우, 질문하지 않았다는 사실은 해당 직원에 대한 책임추궁에 있어 큰 역할을 할 수 있다. 일단 배운 것은 절대 잊지 않도록 노력하되 만약 잊은 경우에는 싫은 소리를 듣더라도 보험차원에서 꼭 다시 질문하자. 업무능력의 향상에도 잦은 질문은 큰 도움이 된다.

● **표정관리 (함부로 피식거리지 않기)**

모 회사의 직원 한 명이 해고 위기에 처했다. 공과 사의 구분 없이 걸핏하면 피식거리는 습관을 못 고쳤기 때문이다. 며칠 전에는 이를 자신에 대한 조롱이라 간주한 고객이 매장이 떠나가라 항의를 하기도 했다.

능력과 태도 중 태도가 회사생활에는 의외로 더 영향을 미치는데 이를 간과하는 직장인들이 적지 않다. 업종과 상황에 따라 다소 차이는 있겠지만 종종 미소는 짓되 적당히 긴장한 표정을 유지하는 것이 일반적으로는 바람직할 것이다.

- **기대 근속기간에 따른 차별적 대응 (객관적·주관적으로 구분하여 판단)**

　이제 종신고용은 관공서와 공기업에서만 통용되는 것이 보통이다. 대부분의 사기업은 규모와 상관없이 주기적인 인력방출을 실시한다. 연봉이 높은 장기근속자를 내보냄으로써 인건비 부담을 덜기 위함이 주된 목적이다. 그리고 해고의 부담 없이 계약기간의 종료만으로 근로관계를 끝낼 수 있다는 점에서 계약직 직원(기간제 근로자)도 많이들 사용한다.

　이런 고용구조 하에서 무조건 목숨 바쳐 일하는 태도는 제살 깎아 먹기일 수 있다. 열심히 일한다고 반드시 방출대상에서 제외되거나 계약갱신이 되는 것도 아니다. 태도, 능력, 성과 외에도 어느 정도의 운과 인맥 역시 많이들 작용한다. 예상되는 근속기간을 다음과 같이 객관적·주관적으로 구분하여 판단한 후, 각각의 케이스에 맞춰 근무태도를 결정하는 것도 괜찮을 것이다.

- ✓ 객관적으로 오래 다닐 수 있고 주관적으로도 그러고 싶다면 목숨 바쳐 일하자.
- ✓ 객관적으로는 장기근속이 가능해 보이지만 주관적으로는 그다지 마음에 안 드는 회사라면 조금 덜 목숨 바치고 남는 힘을 이직준비에 투자하는 것도 좋다.
- ✓ 객관적으로는 오래 다니기 힘들어 보이지만 주관적으론 오래 다니고 싶다면 열심히 근무하자. 다만, 그래도 버림받을 경우에 대비한 마음의 준비는 항상 해놓자.
- ✓ 객관적으로 오래 다니기 어려워 보이고 주관적으로도 정이 안 가는 회사라면 적당히 탱자탱자 다니자. 세상에 회사는 많다. 고용안정도 안 되고 마음에도 안 드는 직장에 너무 맞춰주기만 하면 병 생긴다.

● **파블로프의 개 경계하기**

　우연히 부부동반 모임에서 과거에 모셨던 상사를 만나자 또다시 비굴한 모습을 보이고 이를 엄청 후회하던 모 임원을 안다. 자신의 이런 모습을 경멸스럽게 쳐다보던 아내의 눈빛이 잊혀지지 않는다며 이제는 완전히 남이라 그럴 필요가 전혀 없었는데 왜 그랬는지 스스로가 너무 이해가 안 된다고 했다.

　젊어서는 어떻게든 사회에 자리를 잡는 것이 중요하기에 이를 위해 무조건 주위 환경에 자신을 맞추는 것이 필요할 수 있다. 하지만 아무 생각도 없이 이런 삶을 반복하다가는 파블로프의 개가 되기 십상이다. 20세기 초, 러시아의 생리학자 파블로프가 개에게 먹이를 줄 때마다 종소리를 들려주자 나중에 그 개는 종소리만 듣고도 침을 흘렸다.[11]

　관성적으로 사는 삶에 몸이 익으면 자신의 의지와 무관하게 저절로 과거의 사고나 언행이 나오기 마련이다. 상황도 괜찮고 충분히 나이도 먹은 사람이 최소한의 자존감이나 소신조차 없이 사는 것처럼 흉한 것도 없다. 습관은 제2의 천성으로 제1의 천성을 파괴해버린다.[12] 파블로프의 개가 되고 싶지 않다면 젊어서부터 그 어떤 상황에서도 최소한 어느 정도의 생각은 반드시 하고 살아야 할 것이다.

기타 본인관리 핵심요약

- 당장 눈앞의 일에 집중하기
- 망상타파 (즐겁기만 한 직장생활이 과연 존재할까?)
- 태도(근태관리, 존중하는 자세 등)의 중요함
- 인사성 높이기
- 새로운 상대와의 만남 시, 명함 주고받고 만남의 장소 등을 기록하기
- 인맥 구축 시 크리스마스나 명절 적극적으로 이용하기 (단체메일·단체문자의 효과?)
- 정기적으로 연락하기 (점심시간 활용)
- 정치·종교·지역·학벌 이야기 조심하기
- 욕설, 인격모독, 조롱, 비속어 자체가 치명적 (토닥토닥, 에효, ㅋㅋ, 쌤(줄임말) 등)
- 쓴소리 최소화하기 (재소자의 자기합리화 경향)
- 곧은 나무는 금방 베어진다 (단, 마지노선 지키기)
- 건강관리 (1~2 정거장 미리 하차?)
- CD를 꼭 사용하기
- 질투의 무서움 인식하기
- 절대 성범죄에 연루되지 않기
- 젊어서 연애해보기
- 사내 인간관계에 너무 목숨 걸지 않기
- 경영상황(재무제표 등) 파악하고 회사 다니기
- 취업규칙(사규) 정도는 알고 회사 다니기
- 상사에게 맞춰주는 척이라도 하기
- 분위기 봐가며 아부하기
- 경쟁회사와의 적절한 관계 조성 (사장의 원수가 반드시 나의 원수일까?)
- 분노 승화법 개발하기

- 고객과의 트러블 시 고려할 사항들 (《산업안전보건법》 개정에 따른 감정노동자보호의무)
- 문제직원이라 불리더라도 감정적으로만 반응하지 않기
- 이미지 관리 필수
- 단골이라고 건성으로 대하지 않기
- 현명한 사내정치
- 지나친 호의 보이지 않기
- 다른 부서 사람과도 두루 친해두기
- 타인의 인생을 함부로 재단하지 않기
- 민망해도 질문하기
- 표정관리 (함부로 피식거리지 않기)
- 기대 근속기간에 따른 차별적 대응 (객관적·주관적으로 구분하여 판단)
- 파블로프의 개 경계하기

5장
이직준비

이직준비는 크게 적극적인 것과 소극적인 것으로 나눌 수 있다. 전자는 새로운 직장을 구하는 데 직접적으로 도움이 되는 것들이고 후자는 기존직장과의 관계단절 등에 있어 전반적으로 신경 써야 할 점들이다. 아무리 현재의 직장에 뼈를 묻고 싶어도 언제 잘릴지 모르고 기를 쓰고 붙잡아도 더 좋은 직장이 생기면 어지간해선 옮겨가는 오늘날, 이직준비는 현재의 상황과 무관하게 모든 직장인들의 필수준비사항이 되었다. 이에 대해 정리하면 다음과 같다.

● **스스로에게 솔직하기 (나는 정말 현재의 직장에 만족하는 걸까?)**

"야, 길동아, 오랜만이다. 대학 졸업 후 근 4년 만이지?"

"벌써 그렇게 됐나?"

"너희 회사 다니는 철수 통해서 너 소식 많이 들었다. 회사는 다닐만 하냐?"

"아주 만족스러워"

"근데 너 얼마 전에 일주일가량 무단결근 했다고 철수가 그러던데?"

"별거 아냐. 그냥 머리 좀 식히고 왔어"

"철수 말로는 그전에도 상사의 업무지시를 네가 별다른 이유도 없이 거부하다가 징계도 먹었다던데 정말 괜찮은 거야?"

"아무 걱정 마. 나는 전혀 이상 없고 회사에도 100프로 만족하니까. 그건 그거고 철수 이 자식 무진장 입이 싸네"

자기만족은 진짜 자기만족과 가짜 자기만족으로 나뉜다. 실제로는 만족하지 못하지만 만족한다고 스스로를 속이는 것이 가짜 자기만족인데 의외로 이러는 사람들이 적지 않다. 특히 본인이 재직 중인 회사에 만족한다는 직장인 중 상당수가 스스로를 속이고 있다는 사실은 이미 각종 연구결과로도 입증되었다. 이들이 이러는 이유에 대해서는 여러 설명이 있지만 자신의 불행한 현실을 인정하기 싫은 자존심, 불만족스러운 현 직장을 그만두고 나갈 용기의 부족, 새로운 구직활동에 대한 부담감 등이 주된 원인으로 꼽힌다.

힘든 세상을 살면서 항상 매사에 스스로에게 솔직할 수는 없다. 스스로를 속이는 자기기만도 어려움을 잊기 위한 현실도피 차원에서 때로는 필요하다. 다만 너무 자주 이러다 보면 자신의 본마음이 무엇인지 본인조차 알기 어려워지며 자칫하면 정신적으로도 큰 문제가 생길 수 있다. 말로는 직장에 만족한다면서 자신도 모르게 사내에서 문제 되는 행위를 반복하는 등 언행이 불일치하는 경우가 대표적인 예이다. 설사 가짜 자기만족을 하더라도 내가 내 자신을 속이고 있다는 사실만은 최소한 인정할 때, 나중에 닥칠지도 모르는 엄청난 상실감과 정신적 문제를 예방할 수 있을 것이다. 물론 용기를 내서 현 직장에 대한 불만족을 인정할 때, 괴로움뿐만 아니라 보다 많은 발전의 기회도 생겨난다는 사실은 두말 하면 잔소리다. "노예를 깨우지 마라. 꿈속에서나마 자유를 누리고 있을지도 모르니. 하지만 그를 깨워 고작 노예의 신분임을 알려주는 것이 진정한 자유로의 지름길일 것이다"라는 아랍속담도 있다.

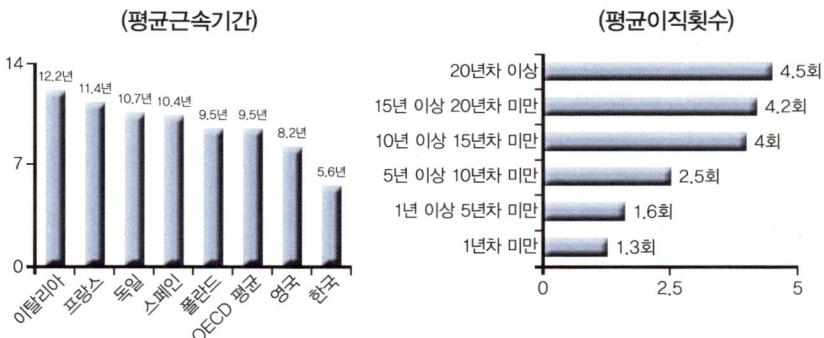

● 반드시 한 우물만 파야 할까? (평균근속기간, 평균이직횟수)

고용노동부의 2015년 발표에 따르면 우리나라 근로자의 평균근속기간은 5.6년(2014년 기준)으로 경제협력개발기구(OECD) 국가 중 가장 짧은 것으로 나타났다.[1] 그 이유에 대해 근로자의 잦은 사직을 꼽기도 하고 사용자의 빈번한 구조조정을 들기도 한다.

2013년에 취업포털 커리어가 직장인 724명을 대상으로 '이직 경험'에 대해 설문조사를 한 결과, 평균 이직 횟수는 2.8회로 나타났다. 연차 별로 보면 ▶1년차 미만 직장인의 평균 이직 횟수가 1.3회였으며, ▶1~5년차 1.6회, ▶5~10년 2.5회, ▶10~15년 4회, ▶15~20년차 4.2회, ▶20년차 이

상 4.5회로 직장생활을 오래 할수록 이직횟수도 늘어나는 것으로 파악됐다.[2)]

이직을 부정적으로 바라보며 한 우물을 파야 뭔가를 얻을 수 있다는 사람들이 있다. 7~80년대 우리나라 경제가 잘 나가고 고용이 안정되어 정년이 보장되던 시기에는 이 견해도 일리가 있었으나 이젠 세상이 완전히 변했다. 관공서와 공기업을 제외하고는 수시로 인력조정이 행해지며 조금만 나이가 많으면 재취업이 무척이나 어려워진다. 이런 현실에서 한 우물만 파겠다고 무조건 현재의 회사에 올인 하다가 구조조정 당하면 그땐 어쩔 것인가. 조금만 힘들어도 바로 사표 쓰고 나오는 행태는 당연히 지양돼야 하겠지만 그 정도가 아니라면 퇴출됐을 때의 대안, 진짜 내가 하고 싶은 일 등을 재직 중에도 시시때때로 생각하며 준비하는 자세가 필수인 시대가 되었다. 아무리 충성심이 높아도 회사에 이익이 안 되면 쫓겨나기 십상인 세상이다.

● **쥐도 새도 모르게**

"김대리, 뭐해?"

"아무것도 안 했습니다"

"아무것도 안 하긴 뭘 안 해? 책 보고 있었지? 무슨 책이야?"

"별거 아닙니다"

"이리 줘봐. 이거 노무사 수험서 아냐? 김대리, 노무사 시험 볼 거야?"

"그냥 객관식인 1차만 시험 삼아 쳐볼까 하고...."

"이 사람 안 되겠네!!! 근무 중에 다른 시험 준비하라고 회사가 월급 주는 줄 알아? 이건 단순한 근무태만이 아니라 회사에 대한 배신행위야!"

이런 실수를 저지르는 직장인들이 많다. 짬짬이 틈을 내어 미래를 위한 준비를 하는 것은 좋지만 회사의 발전이나 업무와 무관한 것을 근무 중에 하는 것은 문제가 될 수 있다. 특히 타기업 입사준비나 자격증 준비 등 퇴사를 전제로 하는 것들은 근무태만으로 징계의 사유가 될 수 있고 인적·계속적 관계라는 근로관계의 특성에서 비롯되는 충실의무에 반한다고 볼 소지도 있다.

설사 징계 등은 안 받더라도 다른 업종이나 타기업으로 이직을 준비하고 있다는 사실이 알려지면 이를 좋게 볼 동료는 거의 없다. '자의든 타의든 나는 이곳에 남아야 하는데 너만 좋은 곳으로 간다고?' 사람인 이상 일단 이런 생각이 들면 질투심과 함께 거부감이 넘쳐서 다양한 불이익을 주려 하기 마련이다. 이직준비는 그 어떤 사생활의 비밀보다 더 철저히 감춰야 한다.

● **인수인계를 꼭 해주고 나와야 할까? (특히 해고 시에는?)**

"부장님, 어제 회식자리에서 저한테 왜 그러셨어요?"

"내가 뭘?"

"제가 지난주에 실수한 걸 직원들 앞에서 다 까발리셨잖아요"

"그거야 최대리가 너무 큰 잘못을 했고 다른 직원들도 경각심 갖게 하려고 그런 건데 뭘 그래?"

"그래도 저는 무지 기분 나빴어요"

"다음 주면 그만둔다더니 그거 믿고 하나하나 다 따지자는 거야?"

"맞아요. 어차피 이 더러운 회사 다시는 안 다녀도 되니 그 동안 쌓인 거 모두 다 풀고 갈 겁니다. 특히 당신 같은 인간이 나에게 한 짓에 대한 대가는 반드시 치르게 할 겁니다!!!"

사직을 하며 이런 모습을 보이는 직장인들이 종종 있다. 재직 시에는 눈치가 보여서 할 수 없던 말도 사직을 앞두면 하고 싶어지기 마련이다. 언제 어디서 어떻게 되어 다시 만날지 모르니 이러지 말라는 견해가 중론인 듯하다. 새로운 직장까지 이 소문이 따라갈 수 있으니 평판관리 차원에서 자제를 요구하기도 한다. 다 맞는 말이다. 필자 역시 동의한다. 다만, 상대가 정말 부당한 취급이나 도리에 벗어나는 행동을 한 경우에는 어느 정도 할 말은 하고 나오는 것도 화병방지 차원에서 괜찮을 수 있다. 너무 참기만 하면 정신건강에 안 좋다.

인수인계도 마찬가지다. 특별한 사정이 없는 한 해주고 나오는 것이 좋다. 다만 해고를 당하는 경우에는 이야기가 달라진다. 일반적으로 해고 시, 회사들은 해고일을 통보하고 그때까지 인수인계를 마치라고 지시한다. 이때 해고란 근로자는 회사에서 나가기 싫은데 이 의사에 반하여 내보내는 것으로서 해당 근로자는 이에 대해 부당해고구제신청 등으로 다툴 수 있고 여기서 이기면 복직이 가능하다. 그런데 인수인계를 해준다면 나중에 이 해고를 다투는 과정에서 해고가 아니라 권고사직(근로계약의 합의해지)이었다거나 해고는 맞지만 이를 직원도 이미 받아들였다는 증거로 사용될 수 있다. 즉, 단지 회사는 사직을 권유했고 직원도 이에 동의했으며 인수인계를 해줬다는 사실이 그 증거라고 주장되거나 해당 해고의 효력을 인수인계를 통해 직원도 인정했다고 주장될 수 있는 것이다. 만약 이 주장이 인정된다면 해당 근로자는 구제를 받지 못하게 된다. 해고 시에는 해고통지서를 분명히 수령하여 해고임이 확실한 상태에서 이 인수인계가 결코 해고를 받아들이는 의사표시는 아니라는 점을 명확히 하고 인수인계를 해주는 것이 좋다. 참고로 <근로기준법> 제23조 제1항에 따르면 회사는 근로자를 해고할 경우, 반드시 해고사유와 해고시기를 서면으로 통지하여야 하며 이 통지를 안 하면 그 해고는 무효이다. 송별회 참가 역시 같은 이유에서 해고 시에는 피하길 권유한다.

● 섣부른 사직의 여파

"신부장님, 이러실 수 있습니까?"

"강과장님, 정대리로부터 대충 이야기는 들었어요. 일단 흥분 좀 가라앉히시고…."

"지금 흥분 안 하게 됐습니까? 분명히 다음 주부터 출근하면 된다기에 다니던 회사에 미리 다 말해 놓고 보름 전에 사표 쓰고 나왔는데 이제 와서 입사를 취소한다는 게 말이 됩니까?"

"입사 취소가 아니라 다소 조정하자는 겁니다. 그리고 다음 주가 출근일이라고 정대리가 말했습니까? 허허, 이거 참 큰일 날 사람이네. 저희 회사에서는 절대 정대리에게 그런 말 한 적 없습니다. 강과장님이 잘못 들으셨거나 정대리가 지레짐작으로 잘못 말했을 겁니다"

"1달 전에 분명히 정대리가 그렇게 말했는데 이제 와서 오리발입니까? 정대리랑 3자 대면이라도 하시죠!"

"강과장님도, 참. 정대리는 지금 미국 출장 가 있습니다. 아무리 생각해도 정대리가 함부로 말할 사람은 아니고 강과장님이 너무 기쁜 마음에 혼자 그렇게 생각하신 거 아닌가요? 정대리가 그렇게 말했다는 증거라도 있습니까?"

새 직장에 첫 출근하기로 정한 날까지 여유가 있어서 기존직장에 좀 더 다닐 수 있는 때에도 새로운 직장을 구하자마자 기존회사에 바로 사표를 내고 출근을 안 하는 직장인들이 있다. 새 직장에 나가기 전에 개인적 시간을 갖고 싶거나 기존직장에 너무 질려서 주로 이런다. 보통 이런 경우, 인수인계를 안 해주는 것이 문제가 될 수 있는데 또 다른 엄청난 문제 역시 발생할 수 있다. 입사취소가 바로 그것이다. 이직이 완전히 확정되었다고 해놓고 입사일을 코앞에 두고 취소하는 회사들이 의외로 많다. 미리 근로계약서를 작성하고 여기에 입사일을 명시한 경우에는 새 회사의 일방적 결정만으로 입사를 취소할 수 없기에 이런 일이 거의 생기지 않지만 현실에서는 주로 구두로 입사를 약속하며 구두약속은 입증이 힘들기에 종종 이런다.

이런 사태를 방지하기 위해서는 새 회사와 근로계약서를 미리 작성하는 것이 가장 좋다. 근로계약서의 작성이 어렵다면 기존직장에 계속 다니다가 새로운 취업이 정말 확실해졌을 때 이를 기존회사에 알리는 것이

차선책이다. 이럴 경우 새로운 사람을 구하거나 인수인계에 필요한 시간이 부족해서 기존직장에 미안할 수 있지만 새 회사에 입사한 후에도 퇴근 후나 주말을 이용하여 인수인계 등에 도움을 준다면 기존직장에서도 어느 정도는 이해해줄 것이다. 샴페인을 너무 일찍 터뜨렸다가 피 본 직장인이 한둘이 아니다.

● 저축의 중요함 (이직의 원동력)

"정차장 때문에 미치겠어! 이유도 없이 나만 자꾸 갈궈. 이 인간 꼴 보기 싫어서라도 이번 달 월급만 받으면 반드시 그만둔다!"

"갈 곳은 있어?"

"아니. 일단 그만두면 어딘가 갈 곳이 생기겠지"

"학자금 대출도 아직 남았다면서 모아 놓은 돈은 있는 거야?"

"회사 동기들이랑 놀러 다니는 통에 전혀 못 모았어. 그 친구들이 무진장 씀씀이가 헤픈데 자존심 탓에 다 따라 하느라 월급이 한 푼도 안 남았네"

"그럼 당장 먹고살 돈도 없을 텐데 이직은 무슨 이직이니!!! 그냥 참고 다녀라. 그게 너 팔자 같다"

저축한 돈이 없어서 이직을 못하는 사람들도 적지 않다. 기존 회사에 재직 중인 상태에서 새 직장을 구하는 것이 가장 좋지만 기존회사를 퇴직하고 구직활동을 해야 하는 경우도 얼마든지 있을 수 있다. 가령 종사하는 업종을 아예 바꾸는 경우가 대표적인 예인데 이런 때에는 학원 등을 다니며 관련 지식을 배우거나 새로운 인맥을 쌓는 것이 통상 요구된다. 그런데 이때 저축한 돈이 없다면 금수저가 아닌 이상, 학원비나 이 기간 중 생활비를 어떻게 해결할 것인가. 직장이 생겼고 꼬박꼬박 월급이 나온다는 행복에 취하여 저축을 등한히 하는 것은 스스로 자신의 발목에 족쇄를 채우는 것과 같다. 회사나 상사가 너무나 부당한 취급을 하여 도저히 견디기 힘든 상황에서도 저축한 돈이 없다면 당장 먹고살 돈이 없기에 계속 다녀야 하는 악순환에 빠지게 된다.

주위 동료들이 모두 돈을 잘 쓰는데 체면 탓에 혼자만 빠지기 곤란하다는 직장인들이 있다. 그렇게 소중히 생각하는 체면과 저축을 통해 쌓는 실리 중 인생에서 정말 중요한 것이 무엇인지 생각해보자. 같이 돈 쓰며 더없이 친하게 지낸 동료들 대다수는 내가 아쉬운 소리 하면 바로 등 돌리는 것이 보통이다. 정말 필요한 때에는 지출을 하되 그렇지 않은 경우에는 미래를 위해 저축을 많이 할 것을 적극 권장한다. 저축액이 많은 사람과 버는 족족 쓰는 사람 중 누구를 더 세상이 신뢰하고 대우해줄지는 명약관화(明若觀火 불을 보는 것처럼 분명함)하다.

● **자기소개서, 이력서의 잦은 업데이트 (증빙서류 갖추기)**[3]

자기소개서와 이력서는 요즘 취업에 필수이다. 이를 잘 작성해야 서류전형을 통과할 수 있기에 관련 스킬을 알려주는 학원도 있는듯하다. 필자도 작성해 보았는데 솔직히 매우 짜증이 났다. 정해진 양식에 따라 나란 사람에 대해 적당히도 아니고 대하소설이라도 쓰는 양, 죽을힘을 다해 홍보해야 한다는 사실에 자괴감까지 들었다. 이러다 보니 일단 입사를 하고 나면 꼴도 보기 싫은 마음에 바로 자기소개서와 이력서를 폐기처분하는 사람들이 적지 않다. 하지만 요즘은 한 직장에 뼈를 묻기 어려우므로 이직에 대비하여 잘 보관해둬야 한다.

그리고 새로운 업무를 맡거나 승진하거나 프로젝트에 참가하는 등 회사생활에 변화가 생기면 당장 이직을 하지 않더라도 그때마다 자기소개서와 이력서 역시 업데이트해야 한다. 이직을 코앞에 두고 한꺼번에 지난 몇 년간의 변화를 반영하다 보면 제대로 된 업데이트가 매우 힘들기 마련이다. 만약 우수사원 포상을 받거나 각종 경진대회에서 수상을 하는 등의 일이 생기면 관련 증빙자료도 미리미리 꼭 챙겨두자. 나중에 이 자료를 받으려 했지만 발행기간이 지나서 못 받는 경우도 흔하다.

● 면접기술 향상시키기 (면접관 실습 등)

새 회사에 신입으로 입사를 하는 이직뿐만 아니라 경력직 채용의 형태를 띤 이직도 많다. 경력직 채용 시에는 면접이 매우 중요하다. 기존회사에서의 성과나 평판 등을 통해 기본적인 사항들은 이미 파악이 가능하므로 결국 면접이 채용여부를 결정하게 된다.

면접 시 주의할 점들에 대해서는 이 책 제1부 제5장에 전술하였으므로 여기서는 면접기술향상에 대해서만 언급하겠다. 시중에는 면접에서 좀 더 좋은 인상을 줄 수 있는 방법을 다룬 책이나 강의가 많으니 재직 중에도 조금씩 보아둔다면 이직 시 상당한 도움이 될 것이다. 그리고 혹시 면접관 역할을 해볼 기회가 생긴다면 꼭 해보길 권유한다. 피면접자 입장일 때는 보이지 않던 것들이 면접관이 되면 종종 잘 보인다. 선수시절에는 안 보이던 것들이 해설가가 되자 잘 보인다는 은퇴선수들의 이야기도 이와 일맥상통한다. 피면접자의 좋게 보이는 모습은 벤치마킹하고 안 좋아 보이는 모습은 지양한다면 본인의 이직면접 시, 당연히 좋은 인상을 주게 될 것이다.

● 이직 결정 전에 고려할 사항들 (동일·유사한 업종으로의 이직 시)[4]

기존과 비슷한 일을 계속하는 이직의 경우에는 기존회사와 새 회사를 다음의 사항들을 중심으로 면밀히 비교할 필요가 있다.

- ✓ 평균이직횟수, 평균근속기간 (본장(제5장) 앞부분 참조)
- ✓ 평판, 이미지
- ✓ 돈, 지위, 승진기회
- ✓ 권력, 만족감
- ✓ 목적의식, 동료들(상사, 동료, 후배)
- ✓ 흥분, 도전정신
- ✓ 고용안정
- ✓ 성장의 기회, 자립가능성, 복리후생
- ✓ 이직이 내 가족에 미치는 영향
- ✓ 새 직장이 감추고 있는 문제들

● 어떤 일이 나랑 맞나에 대한 구체적 질문들 (기존과 다른 업종으로의 이직 시)[5]

기존과 다른 업종으로 이직을 꿈꾸는 경우에는 아래의 질문을 스스로에게 하여 어떤 일과 매치가 잘되는지부터 알아보는 것이 중요하다.

- ✓ 좋아하는 일은 무엇인가?
- ✓ 주변 사람들의 직업이 부러운가? 왜 그러한가?
- ✓ 잘하는 일은 무엇인가?
- ✓ 일의 어떤 측면이 가장 즐거운가? 임금? 일 자체? 동료들? 기타 등등?
- ✓ 세상에서 가장 중요하다고 생각하는 것은 무엇인가?
- ✓ 언론에 나오는 직업 중 가장 호기심을 자극하는 직업은 무엇인가?

● 순리(順理)를 거스르지 않기

"노무사님, 실례지만 요즘 노무사업계 상황은 어떤가요?"

"뭐 한국에서 노동이 주역이 될 일은 절대 없겠지만 그래도 과거보다는 꽤 나아졌습니다. 그런데 그건 왜 물으시죠?"

"제가 30대 후반인데 올 하반기에 퇴사를 합니다. 이제 뭘 해야 하나 고민이 많은데 진로 상담 좀 해주시겠습니까?"

"아는 선에서는 해드리죠"

"노무사 시험 어렵나요?"

"시험 자체보다 수험생 숫자와 질의 증가가 문제 같더군요"

"힘들게 붙어도 큰돈 못 번다고 하던데요?"

"큰돈의 정의는 사람마다 다르겠지만 저 같은 경우는 그냥저냥 괜찮고 다른 노무사들 대다수도 상당히 만족하더군요"

"영업이 어렵겠죠?"

"영업도 여러 가지이며 서비스만 제대로 제공해준다면 영업을 안 해도 고객은 오는듯합니다"

"노무사님은 어떻게 영업하시나요?"

"저서를 가지고 인연을 맺고 입소문이 나게끔 서비스를 해드립니다"

"시험도 어려운데 책까지 써야 하나요?"

"저는 다른 재능이 없어 그런 것이고 다른 걸로 커버가능하면 안 써도 무방합니다"

"변호사는 영업 안 해도 되나요?"

"제가 그 분야는 잘 모르지만 최근엔 그 쪽도 경쟁이 세다고 들었습니다"

"서울의 좋은 로스쿨 나와야 큰돈 벌겠죠?"

"꼭 그건 아닌듯합니다. 개인역량이 더 중요하다고 하더군요"

"세무사는 어떤가요?"

"여전히 잘나간다고 알고 있습니다"

"세무사들은 어떻게 큰돈 버나요?"

"잘 모르겠습니다"

"손쉽게 큰돈 버는 자격증 좀 알려주시겠습니까?"

"요즘은 거의 모든 자격증 시장이 포화가 되었기에 개인의 노력이 뒷받침 안 되면 큰 돈 벌기 어렵다고 알고 있습니다. 그런데 선생님, 지금 너무 앞서간다고 생각 안 하시나요?"

"네?"

"자신의 적성과 경력부터 고민하고 거기에 맞는 진로를 선택한 후, 일단 합격하시고 그 후에 큰돈을 추구하는 게 순리 같은데 선생님은 이런 과정을 완전히 무시하시고 수익만 생각하시기에 드리는 말씀입니다"

"적성이야 얼마든지 바꾸면 되지 않나요?"

모 강의 중 커피타임에 수강생과 나눈 대화이다. 특히 근래 들어 젊은 직원들과 이런 대화를 많이 나누는데 대다수가 돈만 생각하지 적성은 고려 안 한다. 그러다 보니 수험과정에서 조금만 좌절을 해도 바로 떠나 버리고 심지어는 붙고 나서도 여차하면 기업이나 다른 업으로 도망가 버리는 경우가 잦다.

'적성을 바꾸는 게 말처럼 쉬울까? 일단 적성에 맞으면 적응하기도 쉽고 돈은 차차 들어올 텐데. 요즘은 모든 분야가 경쟁이 극에 달했기에 큰돈은커녕 밥상에 숟가락 하나 더 얹는 것도 무진장 어렵지 않을까? 수박 겉핥기식으로 이것저것 간만 보다가는 세월 금방 가고 복귀하기 힘들어질 텐데' 이런 생각하는 필자를 꼰대라고 욕할 수도 있겠지만 순리를 거스르고도 성공하는 사람은 많지 않은듯하다.

● 일정 기간 무료로 일하기

정말 입사하고 싶은 회사거나 하고 싶은 일이라면 일정 기간 무료로 일 해주는 것도 괜찮다. 주로 당장 입사하기에는 스펙이 부족할 때 유용한 방법인데 이 기간을 통해 신뢰감과 호감을 준다면 종종 정식으로 채용되기도 한다. 필자가 아는 모 국수집은 사장이 일본까지 가서 비법을 배워 온 곳인데 맛이 일품이다 보니 손님이 줄을 서고 가맹점 문의가 끊이지 않는다. 어느 날, 못 보던 청년이 주방에 있기에 누구냐고 사장에게 넌지시 물었다. 가맹점을 내고 싶어 하는데 그 대가로 지급할 돈이 부족하여 일단은 무료로 일하는 사람이라고 했다. 결국 얼마 뒤 이 청년은 사장의 마음을 사로잡고 가맹점을 내는데 성공했다.

다만, 대부분은 일정 기간이 지나도 채용되지 않으며 채용할 마음은 전혀 없으면서 노동력만 착취하기 위해 무료로 일하게 하는 회사도 분명히 있다는 점을 미리 염두에 둬야 상처가 덜할 것이다. 참고로 이런 경우에도 일정 요건이 충족되는 경우에는 노동법의 보호를 받을 소지가 있다.

● 회사 찾아가서 실제로 답사하기

제1부 제4장과 제5장에서도 언급했지만 새 회사를 미리 방문하여 관련 정보를 얻는 것은 이직에서도 굉장히 유용하다. 이를 면접자리에서 밝힌다면 당연히 해당 이직자에 대한 호감도는 올라갈 것이며 새 회사가 감추고 있는 비밀을 파악하는 데도 효과적이다.

필자가 아는 모 회사 차장은 다른 대기업으로부터 지사장 자리를 제안 받고 더없는 기쁨에 무척이나 흥분했다. 며칠 뒤, 자축하는 의미에서 혼자 술을 한잔하고 취기가 올라 자신이 부임할 지사를 직접 방문해 보았다. 예상과는 달리 그곳은 허허벌판이었고 덩그러니 건물만 한 채 있을뿐이었다. 지사장이란 지위와 대우는 사실이었지만 결국 이 차장에게 기대하는 업무는 새로운 지사의 개척과 정착이었다. 이를 해당 대기업은 전혀 알리지 않았고 이렇게 핵심 사항을 감추는 회사들이 의외로 많다.

● 함부로 임원(바지사장) 되지 말기

임원자리를 줄 테니 오라는 회사들이 종종 있다. 주로 경력이 화려한 직장인에게 이런 제안이 들어오는데 이왕이면 다홍치마라고 이 말에 귀가 솔깃하지 않을 사람은 별로 없다. 하지만 임원은 지위가 높은 만큼 큰 책임 역시 져야 하는 자리다. 법적으로도 상법 등에 따라 각종 책임을 부여 받으며 특히 임금체불 시에는 회사대표를 대신하여 책임을 져야 할 수도 있다. 실무에서는 회사가 은행에서 대출을 받을 때 그 회사임원들이 연대보증을 서야 하는 경우가 많으며 회사가 이 대출금을 못 갚으면 당연히 임원들이 대신 갚아야 한다.

원칙적으로 임원은 근로자가 아니기에 노동법의 보호를 못 받는다. 따라서 보수마저 충분히 높지 않다면 막대한 책임 등을 고려할 때 오히려 근로자일 때보다 더 상황이 안 좋아질 수 있다. 게다가 일부 임원은 이름만 임원이고 업무집행권이나 대표권은 가지지 못한 채 회사로부터 일일이 출퇴근을 체크받고 업무에 대한 지시도 받으며 임금을 목적으로 근로를 제공하기도 한다. 이런 경우, 실질은 근로자에 가깝기에 이론적으로는 노동법의 보호를 받을 소지도 있지만 현실적으로 이를 주장하여 인정받는 것은 결코 쉽지가 않다. 결국 상황에 따라서는 근로자 못지않게 혹사당하면서도 별다른 보호는 받지 못하고 대우는 별로인 채 큰 책임만 져야 하는 상황에 처할 수 있는 것이다. 형식적으로나마 대표라는 점에서 임원보다 더 많은 책임을 져야 하는 바지사장의 경우, 한층 더 조심해야 한다는 점은 두말하면 잔소리다.

● **가족(친족)경영 하는 회사 주의하기**

회사경영에 오너의 가족이나 친척들이 대거 참여하는 회사들이 적지 않다. 믿을만한 사람이 필요하다는 이유를 주로 대지만 다른 곳에 취업하기 힘든 무능력자들도 혈족이라는 이유만으로 다 받아들이는 경우가 대부분이다. 이런 회사일수록 대외적으로는 소속 직원에 대한 공정하고 타당한 대우를 많이들 강조하는데 상당 부분은 구호에 그치곤 한다. 문제를 일으켰다고 하여 자신의 일가친척을 해고할 수 있는 사람은 현실에선 매우 드물다. 이런 회사에 다닐 경우 회사규모가 엄청 크지 않은 한, 직원 본인의 발전은 없이 오너와 그 친족의 눈치만 보다가 직장생활이 끝나는 경우가 비일비재하다. 친족경영 하는 회사 상당수는 오래가지도 못한다는 점에서 고용안정차원에서도 조심해야 할 것이다.

● **이직면접 시 나올만한 질문들**[6]

이직면접 시 주로 나올만한 질문들은 다음과 같다. 이에 대한 적절한 답변을 미리 생각해 두는 것도 성공적인 이직을 위해 중요할 것이다.

- ✓ 왜 지금의 직장을 그만두려 합니까?
- ✓ 왜 이전 직장을 택했습니까?
- ✓ 지금의 직장에서는 무엇이 부족합니까?

- ✓ 왜 이 직장으로의 이직을 원합니까?
- ✓ 이 자리에 적합한 인물로 보이지 않는데요?
- ✓ 당신이 바라는 조건을 제공할 수 없다는 점을 아십니까?

● 너무 오만한 태도는 금물

"사장님, 김차장님은 이번에도 승진에서 누락되신 건가요?"

"그렇습니다"

"경력직으로 아주 힘들게 모셔 오신 분 아닌가요?"

"맞아요. 그런데 솔직히 너무 회사를 애먹였어요"

"그래요? 어떤 점에서요?"

"아무리 최신기술 보유자라도 일단 첫 대면부터 너무 오만방자했어요. 노무사님도 잘 아시다시피 우리 회사 전무님이 나이가 많으시잖아요? 그런 분이 입사 후 포부에 대해 좀 자세히 질문했다고 바로 그 자리에서 면박을 주더라고요. 게다가 입사 후에는 회의석상에서 본인이 소유한 기술이 최신이라고 다른 직원들 의견을 모조리 묵살했어요. 도가 지나친 것 같아서 제가 자제를 부탁했지만 전혀 소용이 없더군요. 어차피 그 기술 가진 직원이 이번에 또 입사했으니 이젠 김차장만 바라볼 필요도 없고 잘됐습니다"

필자가 모 사장과 나눈 대화의 일부이다. 해당 업종에서 아주 잘나가기에 스카우트 제의가 빗발치는 직장인 중 이런 모습을 보이는 사람들이 적지 않다. 성과나 능력이 언제까지나 좋을 수는 없다. 메시나 호날두도

말년에는 부진할 수밖에 없는 것이 인생이다. 잘나갈 때 보이는 겸손과 배려는 미래를 위해 더없이 긴요한 보험이다.

● 자주 공석이 되는 자리 주의하기

조건만 보면 누구나 탐낼만한데 이상하게 자주 공석이 되는 자리가 있다. 도저히 견뎌내기 힘든 사이코 같은 직속상사, 지나치게 가혹한 근무조건 등이 조기에 공석이 되는 일반적인 이유일 것이다. 필자가 아는 모 차장은 상당히 좋은 조건으로 이직을 했지만 아무리 빨라도 밤 11시 이전에는 퇴근할 수 없는 근무조건에 결국 6개월 만에 사표를 썼다. 기존 회사가 비록 연봉이나 복리후생은 덜 좋았지만 인간적인 삶이란 측면에서 정말 돌아가고 싶다고 말했다. 다수가 꺼리는 데는 다 이유가 있는 법이다.

● 아이디어 도용 주의하기

일부 회사는 직원채용 시, 특히 경력자 채용 시 특정 주제를 주고 PT(Presentation)를 시키거나 아이디어의 제출을 요구한다. 이를 통해 우수한 지원자를 선별하겠다는 것이다. 그런데 채용은 하지 않으면서 지원자의 소중한 아이디어만 도용하는 회사들이 종종 있다. 물론 <채용절차법> 제16조에 따르면 채용을 가장하여 아이디어를 수집하거나 사업장을 홍보하기 위한 목적 등으로 거짓의 채용광고를 낸 구인자는 5년 이하의 징역 또는 2천만 원 이하의 벌금에 처해지지만 회사가 이런 짓을 했다는 것을 입증하기가 어려우므로 예방이 최고이다. 자신의 소중한 지적 재산은 함부로 공개하지 않는 것이 최선이며 정말 그 가치가 크다면 이를 제대로 알아주는 회사와 1대1로 대등하게 접촉하여 일부만 보여주고 바로 채용되는 방식이 다소 시간은 걸리더라도 장기적으로 이익일 것이다.

● 이직 후 기존 직장이야기는 금물

이직 후 기존직장 이야기는 가급적 안 하는 것이 좋다. 기존직장의 좋은 점을 말한다면 새로운 직장을 비하한다는 오해를 살 수 있고 안 좋은 점을 말한다면 그토록 별로인 회사에 몸담았던 스스로를 낮추는 것이 될 수 있다. 절대 먼저 이를 언급하지 말고 누가 묻는다면 적당히 얼버무리는 태도를 추천한다.

이직준비 핵심요약

- 스스로에게 솔직하기 (나는 정말 현재의 직장에 만족하는 걸까?)
- 반드시 한 우물만 파야 할까? (평균근속기간, 평균이직횟수)
- 쥐도 새도 모르게
- 인수인계를 꼭 해주고 나와야 할까? (특히 해고 시에는?)
- 섣부른 사직의 여파
- 저축의 중요함 (이직의 원동력)
- 자기소개서, 이력서의 잦은 업데이트 (증빙서류 갖추기)
- 면접기술 향상시키기 (면접관 실습 등)
- 이직 결정 전에 고려할 사항들 (동일·유사한 업종으로의 이직 시)
- 어떤 일이 나랑 맞나에 대한 구체적 질문들 (기존과 다른 업종으로의 이직 시)
- 순리(順理)를 거스르지 않기
- 일정 기간 무료로 일하기
- 회사 찾아가서 실제로 답사하기
- 함부로 임원(바지사장) 되지 말기
- 가족(친족)경영 하는 회사 주의하기
- 이직면접 시 나올만한 질문들
- 너무 오만한 태도는 금물
- 자주 공석이 되는 자리 주의하기
- 아이디어 도용 주의하기
- 이직 후 기존 직장이야기는 금물

제3부
관리자

제1장 마음열기

제2장 칭찬과질책

제3장 지속적인동기부여

제4장 불가근불가원

제5장 기타본인관리법

1장
마음열기

어떤 직급부터 관리자에 해당하는지는 회사나 업종마다 다르겠지만 일반적으로 관리자는 부하직원이나 특정 업무를 전반적으로 관리하는 일을 한다. 특히 오늘날에는 사회가치관의 변화와 조직구성원의 다양화에 따라 직원관리의 중요성이 매우 커졌다. 직원관리 시 관리자가 고려할 점은 한두 가지가 아니겠지만 일단 이하에서는 부하직원의 마음을 여는 데 도움이 되거나 주의할 점들을 알아보겠다.

● **눈높이 교육**

"팀장님, 지난번에 말씀드린 거 어떻게 됐는지 여쭤봐도 될까요?"
"지난번? 그게 뭐지?"
"본사에서 하는 교육에 저도 참가하고 싶다고 말씀드렸었는데요"
"아, 이제 기억나네. 근데 그 교육을 꼭 받아야 하나?"
"제가 문과 출신이라 아무래도 기계 쪽은 약해서요"
"나도 문과 출신인데 그냥 책보고 따라 하니 저절로 알게 되던데? 교육 가봐야 별거 없을 거야. 독학해 독학. 독학이 최고야"
"관련 책들이 대부분 영어원서인데요"

"영어라고 쫄지 마! 어차피 공학 관련 영어라 단어도 한정되어 있고 쉬워. 김주임이 조금만 신경 쓰면 얼마든지 혼자 읽을 수 있어"

"팀장님이야 어린 시절 외국에서 오래 사셨으니 그게 가능하겠지만 저희 같은 일반인에겐 어려워요"

"외국 살았지만 난 영어도 독학했어. 사람은 다 똑같아. 나도 했는데 왜 김주임은 못하겠어? 요즘 그렇지 않아도 팀에 일이 많으니 잔소리 말고 교육은 내년에나 생각해보자고. 화이팅!!!"

'우수한 선수는 우수한 지도자가 되기 어렵다'는 격언이 있다. 우수한 선수는 타고난 능력과 센스가 뛰어나므로 하나를 배우면 열을 알지만 지도자가 된 후, 본인만을 기준으로 지도한다면 별다른 효과가 없기에 나온 말이다. 반면 히딩크 감독 같은 무명 선수 출신의 지도자가 큰 성과를 거두는 사례가 심심치 않다. 이들은 평범한 선수의 심리와 능력을 잘 알기에 맞춤형 교육이 가능하며 직원교육에서도 이 점이 가장 중요하다. 내가 손쉽게 했으니 부하직원도 그럴 거라는 관리자의 생각은 대부분의 경우 착각일 뿐이다. 부하직원의 상황을 이해하고 어느 정도 맞춰줄 때 자연히 이들의 마음도 열리게 된다.

● **구체적 지시**[1]

너무 모호하고 광범위한 지시는 직원의 혼란만 가중시키는 것이 보통이다. 예컨대 별다른 문제가 없는 상태에서 '좀 더 적극적으로 일하라'고만 지시한다면 근태관리를 잘하라는 것인지, 고객만족도를 높이라는 것인지, 업무실적을 증대시키라는 것인지 직원은 별별 생각을 다 하게 된다. 물론 어느 정도 오래 일한 직원은 관리자의 의도를 감지하고 따를 수도 있겠지만 그렇지 않은 대다수 직원의 충분한 능력발휘를 원한다면 구체적인 지시는 필수이다. 모호한 지시 후, 진짜 의도를 캐치하지 못했다고 한 소리하는 관리자를 좋게 볼 직원은 아무도 없다.

● 이해한 것을 말하게 하기[2]

"우리 상사 때문에 미치겠어!"
"무슨 문제 있어?"
"이제 갓 입사한 나에게 무지하게 복잡한 지시를 하더니 '이해했지?' 한마디 하고 그냥 가버리는 거 있지~~~"

지시내용이 복잡할 경우, 이를 그 자리에서 100프로 이해하고 기억할 수 있는 사람은 드물다. 이런 지시를 할 때에는 지시가 끝나자마자, 무엇을 이해했는지 직원에게 직접 말해보도록 시키는 것이 업무수행의 정확성과 능률성 그리고 직원의 능력을 향상시키는데 큰 도움이 된다. 너무 복잡한 지시라면 구체적인 내용을 기재한 문서로 하는 것을 추천한다.

● 재질문의 허용

"저, 과장님. 지난번에 말씀해주신 기계작동법을 한 번만 더 알려주실 수 없을까요?"
"홍주임, 당신 바보야? 그땐 뭐 하다 이제 와서 다시 알려달란 거야?"

이미 배운 사항에 대해 다시 질문하고 싶지만 관리자의 눈치가 보여서 망설이는 직원들이 의외로 많다. 한 번에 이해하지 못하고 되묻는 게 짜증 나겠지만 잘 모르는 채 일을 하다가 발생한 손해는 모두 회사의 몫이다. 게다가 재질문을 통해 직원의 업무능력 역시 신장될 수 있다. 배우려는 자세가 노골적으로 결여되어 있지 않은 한, 언제라도 다시 물어봐도 된다는 태도를 분명히 하는 것은 직원교육의 기본이다.

● **실수사례집 만들게 하기**

특히 신입사원들은 열정이 넘치기에 뭔가를 하려는 의지가 강한 반면, 아직 능력은 부족하기에 실수를 종종 한다. 이에 대해 질책만 하면 열정마저 사그라들고 관리자에 대한 반감만 커지기 십상이다. 이들이 실수할 때마다, 그 원인과 반복하지 않기 위해 기억할 사항 등을 실수사례집에 본인 스스로 기록하고 주기적으로 훑어보게 한다면 자연히 실수는 줄고 업무수행능력은 향상될 것이다.

● **실수 눈감아주기**

참신한 아이디어 상품을 개발하여 주로 수출하는 모 회사의 사장을 안다. 이분은 개발파트는 친동생에게 맡기고 해외출장을 자주 다니며 수출활로를 개척하는 일에 주력하고 있다. 당연히 외국어 능력과 각종 무역지식이 뛰어난데 원래 실력은 영 아니었다고 한다. 대학 졸업 후 첫 직장이 모 대기업의 해외영업파트였다는데 영어와는 어려서부터 담을 쌓고 지냈기에 하루하루가 바늘방석이었단다. 그러던 어느 날, 회사에 제출한 보고서에 'knowhow'란 단어를 'nohow'로 잘못 적는 실수를 저질렀고 이를 조롱하는 동료들의 눈빛에 바로 상사에게 사직서를 제출했다. 하지만 이 상사는 모든 부서원이 있는 자리에서 자신도 신입사원 시절 영어 관련된 아주 많은 실수를 저질렀다며 동료의 실수를 감싸주지는 못할망정 비웃는 직원들은 단호히 징계하겠다는 엄포를 놨다. 덕분에 마음이 편해진 이분은 이 상사에게 영어공부법에 대해 몰래 문의했고 이 상사의 효율적인 지도와 편달 덕에 영어실력이 부쩍 늘었다고 한다. 결국 이 분은 그 대기업에서 임원까지 지냈고 퇴사 후에는 지금의 회사를 차려 잘나가고 있다. 그리고 이렇게 고맙게 해준 상사가 요즘 당뇨와 고혈압으로 고생 중이라는데 병원비와 생활비 일체를 이 사장이 돕고 있다는 이야기도 들린다.

사람은 누구나 실수를 한다. 능력이 부족한 사람들은 더하다. 그런데 조금의 실수도 용납하지 않고 문책만 한다면 관리자에 대한 거부감이 커져서 자기반성에 따른 능력향상의 가능성은 영원히 사라지게 된다. 고의나 지나친 부주의에 의한 실수가 아닌 한, 어느 정도는 눈감아주고 스스로 잘못을 인식하게 하는 것 또한 직원의 마음을 얻고 능력을 향상시키는데 효과적이다. 지나친 주마가편(走馬加鞭 달리는 말에 채찍질하기)은 반감만 키운다.

● 열정도 소중히 여기기

상당수 관리자는 능력과 열정을 모두 갖춘 부하직원만을 핵심인재로서 우대한다. 하지만 능력에 비해 열정은 좀처럼 향상시키기 어려우며 열정이 뒷받침된다면 능력은 손쉽게 신장되는 경우가 보통이므로 열정은 있지만 능력이 부족한 직원도 소중히 대우해야 한다. 능력부족만을 이유로 홀대한다면 이들은 당연히 마음을 닫을 것이며 사직으로 이어져 예비인재의 유출이란 결과를 낳을 수도 있다.

● 실무능력의 구비는 필수

"김대리, 너네 과장 실력은 어때?"

"우리 과장? 그냥 그런데 그건 왜?"

"너희 과장은 어떤지 모르겠는데 우리 과장은 솔직히 완전 깡통이야. 아는 거 하나 없어. 그러면서도 공부는 안하고 목에 힘만 엄청 줘!"

"그래도 부하들 밥은 잘 사주는 거 같던데?"

"그럼 뭐해. 우리가 물어보면 제대로 답도 못 해주는데. 다른 부서랑 같이 회의할 때마다 과장이 하도 아는 게 없다 보니 우리가 다 얼굴이 뜨거워서 못 살겠어!"

상사가 실력이 없으면 설사 사람이 좋더라도 부하들은 이 상사를 은근히 깔보기 마련이며 제대로 된 소통은 이뤄질 수 없다. 특히 최신 기술이나 트렌드에 대한 지식이 전무하다면 관리 자체가 어렵게 된다. 때때로 직원들에게는 비판보다 본보기가 더 필요할 수 있다. 일선에서 한 발 물러났다고 하여 공부를 소홀히 하면 뒤처지는 것은 금방이므로 핵심지식의 주기적인 업데이트는 항상 신경 써야 할 것이다.

● 이 길이 아닌가벼! (넓은 시야의 중요함)

"오전 회의 때, 우리 팀장이 사장한테 엄청 깨졌다는 소식 들었어?"
"그랬어? 이유가 뭐래?"
"영업팀 사정은 생각도 안 하고 지난번에 생산지시한 것이 문제였대. 물건 안 팔리는 것도 고려해가며 생산하자고 김과장님이 그렇게 건의했는데 전혀 안 듣고 묵살하더니.... 이제 팀장님 지시는 일단 의심부터 할래. 본인이 잘못 판단해놓고 우리에게 책임 돌리지 말란 법도 없잖아!"

사장이 큰 함대의 최고사령관이라면 관리자는 이 함대를 이루는 각각의 배의 선장이라 할 수 있다. 이 선장이 다른 배나 전체 함대의 상황에 대한 고려 없이 자신이 맡은 배만 생각한다면 그 자격이 없음은 두말하면 잔소리다. 부하직원들도 대부분은 안다. 우리 상사가 시야가 넓어서 타 부서 현황이나 경영진의 의중도 고려하고 관리를 하는 것인지 아닌지를. 거시적인 시야를 구비 못한 상사는 부하의 신뢰를 얻을 수 없고 신뢰가 없으면 당연히 마음도 안 열린다. 먼 지평선에 눈을 고정시키는 사람만이 그의 길을 올바로 찾을 수 있다.[3]

● **사장 앞에서 지나친 yes 피하기**

"최부장, 이번 신상품 출시시기는 언제로 하면 좋을까요? 내 생각에는 조금 이르더라도 올 연말을 넘기지 않았으면 하는데"

"사장님 뜻대로 하시지요"

"지금 내 뜻이 아니라 최부장 생각을 묻고 있는 겁니다"

"저는 항상 사장님의 의견에 따를 겁니다"

"최부장, 제조파트의 수장은 당신이라 당신 생각을 묻는 건데 왜 그렇게 답을 합니까? 출시시기에 대해 평소 전혀 생각을 안 해봤어요?"

지나친 yes맨은 거부감을 주는 것이 보통이다. 인간이면 누구나 보이는 최소한의 자존감과 주체성이 이들에게선 느껴지지 않기에 그 이질감은 상당하다. 무조건적인 충성과 동의만을 요구하는 일부 사장 탓에 어쩔 수 없다는 관리자도 있는데 이런 사장들조차 yes의 정도가 지나치면 안 좋게 보곤 한다. 특히 업무에 있어서는 충성이 아니라 책임회피의 일환으로도 해석될 수 있기에 더하다. 사장의 눈에도 안 좋게 비칠 수 있는 모습을 부하직원들이 좋게 보겠는가. 영화나 드라마에서처럼 당당하게 할 말 다하지는 못하더라도 최소한의 소신은 보일 때, 주위의 평은 좋아지며 부하들도 마음을 열고 따르기 마련이다.

● **사과할 줄 아는 용기 지니기**

"차장님, 지난번에 말씀하신 기안서 다 작성해서 차장님 책상 위에 올려뒀습니다"

"왜 이리 빨리 작성했어?"

"차장님이 오늘까지 꼭 완성하라고 말씀하셨잖아요?"

"내가 그랬나? 그거 이달 말까지만 하면 되는데"

"차장님, 저 이 일 하느라 일주일간 잠도 제대로 못 자고 애들도 친정에 맡겨뒀었어요!"

"알았어. 근데 그래서 어쩌라고? 무릎이라도 꿇고 사과할까?"

사람은 누구나 실수를 한다. 관리자도 사람이다. 고로 관리자도 실수를 한다. 문제는 이 실수로 부하직원이 피해를 본 경우에도 상당수 관리자는 사과를 꺼린다는 점이다. 주로 체면 탓에 이러는데 오히려 제대로 된 사과를 할 때, 체면은 서는 것이 보통이다. 도리어 짜증을 내며 배 째라는 식의 반응을 보이는 관리자도 있다. 이런 반응을 보이거나 사과를 피하는 관리자를 부하들이 어떻게 생각할지는 누구나 추측 가능할 것이다. 사과할 줄 아는 자가 서 있는 땅은 가장 훌륭한 성직자가 서 있는 땅보다 존귀하다.[4]

● **사과 시 주의점 (꼭 들어가야 할 표현과 피해야 할 표현)**

사과 시 꼭 들어가야 할 표현과 피해야 할 표현은 다음과 같다. 꼭 들어가야 할 표현이 빠진다면 그 사과의 진정성이 의심받을 것이며 피해야 할 표현이 들어간다면 변명으로 비칠 소지가 크다.

사과 시 꼭 들어가야 할 표현	사과 시 피해야 할 표현
- 6하 원칙에 따른 구체적인 사실관계 - 얼마나 반성하고 있는가 - 반복하지 않기 위해 다짐하는 점들	- 본의 아니게 - 오해 - 그럴 뜻은(의도는) 없었지만 - 억울하다 - 하지만 나만 잘못한 것은 아니었다

● **되돌릴 수 없는 것은 언급하지 않기**

"김주임, 고등학교 자퇴했어?"

"내신에서 불이익 받지 않으려고 그랬던 거예요. 고졸 검정고시 붙었으니 상관없어요"

"이유야 어쨌든 정상적으로 졸업하는 게 낫지 않나?"

"벌써 오래전 일이고 중요치도 않은데 왜 자꾸 언급하세요? 과장님, 참 이상하세요!"

고향이나 학력 등 매우 민감하고 되돌릴 수 없는 것을 자꾸 관리자가 언급하면 부하입장에선 굉장히 기분 상할 수 있다. 특히 요즘은 다양한 이유로 고등학교나 대학교를 자퇴하는 학생들이 증가하고 있는데 이런 과거를 가진 직원에게 전술한 것처럼 말하거나 이혼한 부모를 두었거나 본인이 이혼한 직원에게 이혼에 대해 자주 언급하는 것이 대표적인 케이스다. 해당 직원에게 이런 관리자는 원수로 여겨지기 마련이다. 아무것도 얻는 것 없이 직원의 반감만 키우고 싶다면 계속 이렇게 하기 바란다.

● 경조사의 중요함

과거 필자가 직장생활을 할 때의 일이다. 바로 밑의 모 대리와 물과 기름처럼 사이가 안 좋았는데 어느 날 그 대리의 아버지가 돌아가셨다. 그래도 직속상사라 장례식장에 갔고 간 김에 교통비나 벌자는 생각에서 그 대리의 친구들과 포커를 쳤다. 학교친구라던데 어수룩해 보여서 솔직히 만만히 봤다. 하지만 이들은 놀라운 솜씨를 보였고 짧은 시간 동안 속이 쓰릴 만 한 돈을 잃었다. 갑자기 이들은 고속버스터미널에서 또 다른 친구를 데려와야 한다며 나갔고 본전을 복구하려 이들을 기다리다 대중교통편이 끊겨버렸다. 밤12시가 넘은 장례식장은 보통은 매우 적막하다. 한쪽 귀퉁이에 앉아서 본전 생각만 하고 있는데 상주인 대리가 다가왔다.

"과장님(당시 필자의 직급), 같이 있어 주셔서 너무 감사합니다"

그 대리는 필자가 자신을 위로하기 위하여 남아있던 것으로 오해했고 차마 본전 찾으려 있는 것이라는 말이 안 나왔다. 결국 그날 새벽까지 그 대리와 술잔을 주고받으며 여러 이야기를 나누었고 상중이라 그런지 그는 상당한 오픈 마인드를 보였다. 이를 계기로 서로 간 오해가 많이 풀려서 그 후 매우 좋은 관계가 되었다.

유교 문화권인 우리나라에서 경조사의 중요성은 두말하면 입 아프며 아플 때 문병을 가주는 것 역시 해당 직원과의 관계개선에 참 많은 도움이 된다.

● 적당히 인간적 매력 갖추기

"팀장님, 이번 회식장소는 어디로 정할까요? 요 앞에 새로 생긴 퓨전 음식점이 평이 좋던데 거기로 해볼까요?"

"정대리, 꼭 회식을 해야겠어요?"

"네?"

"회식하려고 회사 다니는 거 아니잖아. 어차피 매일 보는 사이에 회식까지 별도로 해야 할 이유가 있을까?"

"그래도 이번에 신입사원 두 명이 새로 들어왔고 지난 몇 달간 한 번도 회식을 못했는데요. 사장님도 지난번 회의에서 요즘 회사실적이 괜찮다며 적당한 한도 내에선 회식해도 된다고 하셨어요"

"그건 사장님 생각이고 난 좀 다른데...."

"그럼 이번 주말에 팀원 모두가 야구장 같이 가는 것은 어떨까요? 우리 팀의 근태관리 실적이 가장 좋아서 공짜 야구장 티켓이 회사에서 나온다네요. 인사과 동기에게 들었어요!"

"정 가고 싶으면 나는 빼고 가세요. 나는 주말에는 도서관 가서 공부해야 하니"

아무리 공부 잘해도 인간적인 매력이 없고 어울리지도 않는 친구에게는 정이 안 가는 법이다. 우리나라는 유교문화권이기에 지나친 개인주의는 오해를 살 소지가 크고 특히 관리자의 경우는 더하다. 인간은 기계가 아니며 팀이나 부서는 단순한 기계들의 집합체가 아니라는 당연한 사실을 간과한다면 아무리 재능이 뛰어나더라도 관리자로서의 발전에는 한

계가 있을 수밖에 없다. 농담은 때로는 엄숙함보다 훨씬 더 효과적으로 어려운 매듭을 푼다.[5]

● 희망을 꺾지 않기

"과장님, 꿈이 뭔지 여쭤봐도 되나요?"

"꿈? 초딩도 아니고 뭘 그런 걸 묻냐. 난 그런 거 없다"

"저는 아주 커요!"

"그래? 뭔데?"

"일단 여기 입사하는 게 최고의 꿈이었는데 그걸 이뤄서 너무 기뻐요. 입사를 했으니 열심히 일해서 반드시 임원이 될 겁니다. 매달 받는 월급에서 적금도 붓기 시작했으니 머지않아 그걸로 전세라도 구해서 당당하게 부모님 도움 없이 결혼할 겁니다. 이 정도로 비전 있는 남자라면 여자들도 싫다고만은 안 할 거예요"

"꿈 깨라, 신참. 우리 회사가 대기업도 아닌데 임원 달면 뭐 엄청 좋아질 거 같냐? 설령 임원이 돼도 어차피 사장 성질이 지랄 같아서 중간에다 그만둔다. 게다가 쥐꼬리만 한 연봉에서 적금 붓는다고 금방 목돈 되냐? 그냥 굶어 죽지 않는다는 데만 의의를 두고 살아라"

"사장님이 그렇게 나쁜 분이세요? 아니신 건 같던데요? 그리고 우리 회사도 발전하면 되잖아요? 그런 발전에 제가 일익을 담당할 수 있다면 더 기쁠 것 같아요. 박봉은 어느 정도 맞지만 사장님께서 회사 발전에 따라 인상해주신다고 했어요. 저희 아버지도 박봉이었지만 어머니가 알뜰

하게 잘 쓰시니 그걸로 저희 가족 그래도 어느 정도는 먹고 살 수 있었어요. 과장님은 너무 부정적이세요!"

반만 찬 물컵을 보고 반이나 찼다고 생각할 수도 있고 반밖에 없다고 생각할 수도 있다. 사람마다 관점은 다를 수 있기에 시시비비(是是非非 옳고 그름)를 따질 문제는 아니다. 다만, 자신이 부정적인 견해를 가졌다고 하여 이를 암암리에 부하에게도 강요하거나 잘못된 선입관을 심어주거나 아예 초장부터 희망의 싹을 잘라버리는 상사가 문제가 있음은 누구나 인정할 것이다. 이들 대부분은 스스로에 대한 불만 탓에 이런 식의 언행을 보인다. 일부는 현실을 알려주기 위해 이런다고 하지만 단순히 현실을 깨닫게 하는 것과 꿈을 아예 깨뜨리는 것은 차원이 다르다. 망하려면 혼자 망해야 한다. 아무 잘못 없는 부하에게도 부정적인 생각만 심어주는 것은 물귀신들이나 하는 행동이며 직원관리를 떠나서 스스로 인간임을 포기하는 짓거리일 뿐이다. 그리고 희망이란 지상의 길과 같다. 애초에 지상에는 길이 없었다. 걷는 사람이 많아지면 저절로 그곳이 길이 된다.[6] 객관적으로 터무니없는 생각이 아닌 한, 부하의 견해와 희망도 존중해주는 상사가 될 때 부하들로부터 신망도 얻을 수 있다. 콩 심은 데 콩 나고 팥 심은 데 팥 난다.

마음열기 핵심요약

- 눈높이 교육
- 구체적 지시
- 이해한 것을 말하게 하기
- 재질문의 허용
- 실수사례집 만들게 하기
- 실수 눈감아주기
- 열정도 소중히 여기기
- 실무능력의 구비는 필수
- 이 길이 아닌가벼! (넓은 시야의 중요함)
- 사장 앞에서 지나친 yes 피하기
- 사과할 줄 아는 용기 지니기
- 사과 시 주의점 (꼭 들어가야 할 표현과 피해야 할 표현)
- 되돌릴 수 없는 것은 언급하지 않기
- 경조사의 중요함
- 적당히 인간적 매력 갖추기
- 희망을 꺾지 않기

2장
칭찬과 질책

부하직원을 관리할 때는 칭찬과 질책 또한 빠질 수 없는 요소이다. 적절한 칭찬만큼 효과적인 동기부여 수단은 드물고 업무수행능력의 향상과 경각심의 고취에는 질책 역시 꼭 필요하다. 다만 요즘은 개인주의의 확산과 핵가족화로 인해 질책으로 인한 역효과도 많이 발생할 수 있고 어지간한 칭찬은 효과를 못 보기도 한다. 이하에서는 효과적인 칭찬법과 질책법 그리고 칭찬과 질책 시 일반적으로 주의할 점들을 알아보겠다.

● 귀속과정 오류 주의하기 (일과 사람 중 무엇이 문제인가?)

귀속과정 오류(errors of attribution process)란 피평가자의 행동에 대한 원인이 외부환경에 있음에도 피평가자에게 책임을 지우거나 반대로 피평가자 본인에게 있음에도 외부환경에서 찾음으로써 발생하는 오류이다.

예를 들어 특정 직원이 특정 업무에서 낮은 성과를 보였을 때 ▶그 업무에서만 낮은 성과를 보였고 ▶그 업무를 담당한 다른 직원들도 성과가 낮으며 ▶일시적으로 성과가 낮다면 그 직원이 아니라 해당 업무가 문제라고 보아야 한다. 반대로 ▲다른 업무에서도 성과가 낮고 ▲그 업무를 담당한 다른 직원들은 성과가 높으며 ▲계속적으로 성과가 낮은 것이라며 이때는 업무가 문제가 아니라 그 직원 자체가 문제라고 보아야 한다.[1]

이처럼 사람이 아니라 업무가 문제인 경우도 적지 않다는 사실을 관리자들이 잊지 않을 때, 직원에 대한 판단의 객관성은 향상될 것이다.

〈귀속이론〉[2]

● '라면밖에'로 자신감 세워주기[3]

'~라면' 혹은 '~밖에'는 직원의 자신감 증대와 주인의식 함양에 대단히 도움이 된다. 손쉽게 숙달될 수 있으므로 적극적인 사용을 권장한다.

| "김대리, 이 일 좀 해봐" | vs | "김대리**라면** 이 일 참 잘할 것 같은데 한번 해봐"
"이 일의 적임자는 김대리 **밖에** 없으니 한번 해봐" |

● 칭찬 시 주의점 (부탁, 제3자, 그럴듯하게, 케케묵은, 아무나)[4]

주의점	내용
부탁과 동시에 하는 칭찬의 효과?	"김대리~~ 오늘 넥타이 색깔 정말 좋네. 그런데 다음 주까지 제출하기로 했던 그 보고서 오늘 오후까지 완성해서 제출하면 안 될까?" 사심이 있기에 이 상사가 부하의 넥타이 색깔을 칭찬했다는 사실은 누구나 알 수 있을 것이다. 칭찬과 부탁을 함께 하는 것만큼 속 보이는 것은 없다. 이런 경우 칭찬은 오히려 역효과를 가져올 소지가 크다.
가급적 제3자를 통해	칭찬은 직접 하는 것보다 제3자를 통해 상대에게 전달될 때 더 효과적이다. 입이 가벼운 직원이 이때는 참 유용하다.
그럴듯하게	필자는 키가 작다. 이런 필자에게 누가 "노무사님!!! 키가 참 훤칠하시네요~~~"라고 말한다면 기분이 좋아지기는커녕 오히려 우롱당했다는 느낌이 들것이다. 칭찬을 하더라도 그럴싸하게 하는 것이 중요하다.
보다 참신하게	김연아 선수에게 "정말 피겨스케이팅 잘 타세요~~~"라는 칭찬을 할 경우 김연아 선수가 많이 기뻐할까? 금메달까지 딴 김연아 선수가 피겨스케이팅 잘 탄다는 사실은 세상 모두가 알기에 식상할 소지가 크다. 요즘은 "숙녀가 되시더니 더 예뻐지셨어요~~~"라는 칭찬을 하는 것이 김연아 선수를 더 기분 좋게 할 것이다.
남용은 금물	필자가 직장을 다니던 시절, 필자의 사장님이 외부인에게 필자를 소개하며 "참 유능한 직원입니다"라고 하기에 기분이 매우 좋았다. 하지만 이 사장님은 얼마 뒤 다른 직원을 소개하면서도 같은 멘트를 사용했고 부하직원 누구에게나 이 멘트를 남용한다는 사실을 알게 되자 기뻤던 마음이 사라졌다. 칭찬의 효과를 배가시키고 싶다면 정말 칭찬받을 만한 사람에게 칭찬하는 것이 중요하다.

● **사람 좋으면 꼴찌**

오늘날 감성경영의 중요성이 부각됨에 따라 가급적 자상하고 친절한 모습을 보임으로써 모든 부하의 호감을 사려 하는 관리자가 증가하고 있다. 이 같은 감성경영의 장점과 효과에는 일정 부분 공감하지만 부하에 대한 믿음이 지나쳐서 자유가 아닌 방종을 조장하거나 유대감이 지나쳐서 친구 같은 관계를 맺거나 장밋빛 미래만을 보여주고 냉정한 현실은 감추는 등 한계를 초과한다면 도리어 득보다 실이 많게 된다. 또한 관리자라는 위치는 조직의 존속과 발전을 위해 때로는 쓴소리도 반드시 해야 하고 이로 인해 몇몇 부하와의 관계가 껄끄러워지더라도 이를 감내할 배짱 역시 필요로 한다. 누구든지 너무 마음이 편안해지면, 강자는 해서는 안 될 일을 감행하고 약자는 해야 할 일을 하지 않게 된다.[5] 1941년 브루클린 다저스(현재의 LA 다저스)를 미국 메이저리그 우승으로 이끈 레오 듀로서 감독이 남긴 '사람 좋으면 꼴찌'라는 격언은 현대사회의 관리자들에게도 시사하는 바가 크다.

● **샌드위치 질책법**[6]

저출산과 핵가족화의 영향으로 질책에 대해 반감을 갖는 젊은 직원들이 늘고 있다. 이에 대한 대책 중 하나는 다음처럼 질책의 앞과 뒤에 칭찬을 배치하는 샌드위치 질책법이다. 질책 전에 칭찬을 미리 하는 것이 번거롭겠지만 수술 시 하는 마취와 유사한 효과가 있기에 적극 권장한다.

> "김대리, 요즘 업무수행능력이 굉장히 많이 늘었군"
> **"그런데 지난번 고객 클레임 건은 왜 그렇게 문제를 키웠어?"**
> "그래도 난 김대리 믿어. 김대리라면 다시는 그런 실수 안 하겠지"

● '~답지 않다' 로 기대감 전달하기[7]

'~답지 않다' 역시 질책의 부작용을 감소시키며 직원에 대한 기대감도 전달할 수 있기에 더없이 유용한 질책법이다.

| "김대리, 도대체 정신을 어디다 두고 일을 하는 거야?" | **vs** | "김대리, 자네**답지 않게** 왜 그런 실수를 한 거야?" |

● 시기·성향·선호방식·장소 고려하여 질책하기[8]

출근하자마자 질책하면 하루 종일 직원이 기분 상해 있을 수 있고 퇴근 직전에 질책하면 집에서 곱씹어 볼 수 있으므로 질책은 보통 오후 1~2시경에 하는 게 좋다. 같은 이유에서 가급적 월요일이나 금요일도 피하는 게 낫다. 또 어떤 직원은 질책을 들어도 뒤끝 없이 회복이 빠르지만 두고두고 마음에 담아두는 직원도 있으므로 이런 성향도 고려해서 질책의 강도나 방법을 선택해야 한다. 선호하는 질책법 역시 직원마다 다를 수 있다. 직접 질책을 듣는 것과 제3자를 통해 듣는 것, 회사 내에서 듣는 것과 회사 밖에서 듣는 것, 얼굴을 맞대고 듣는 것과 문자나 이메일을 통해 듣는 것 등 다양한 방법 중에서 가급적 선호하는 방식으로 질책한다면 질책의 부작용이 많이 사라질 것이다.

● **비교하며 질책하지 않기 (특히 과거의 직원과)**[9]

"안주임, 또 조퇴신청이야?"

"죄송합니다. 어린이집에 맡긴 애가 갑자기 아프다는 연락이 와서요"

"이주임은 당신이랑 입사동기인데 조퇴나 지각 한 번도 없어. 이주임 보면 양심에 찔리지도 않아?"

"부장님, 다시 한번 죄송하지만 이주임은 미혼인데요"

"그래서 뭐 어쩌라고?"

비교당할 때 기분 좋은 사람은 거의 없다. 이런 식의 질책은 거부감만 불러오는 것이 보통이므로 영업직 같은 예외적인 경우를 제외하고는 피하는 것이 좋다. 특히 안 좋은 케이스는 과거에 일했던 직원과 비교하는 것이다. 가령 "김대리가 하는 일을 원래는 강대리란 친구가 했는데 그 친구가 나가면서 후임으로 김대리가 오게 된 거야. 강대리가 있을 때는 아무 문제가 없었는데 김대리가 오고 나니 왜 자꾸 문제가 터지는 걸까?" 같은 발언을 자꾸 한다면 김대리 입장에서는 과거에 일했던 강대리를 잡아다가 당시에 어떻게 일했는지 물어볼 수도 없고 짜증만 나게 된다.

● **상대를 질책하기 위해 타 직원을 칭찬하지 않기**[10]

"최과장, 소식 들었어?"

"무슨 소식이요?"

"정과장이 강사장으로부터 드디어 주문을 받아 내는데 성공했대!"

"강사장이라면 우리가 그토록 거래선 뚫으려 노력했던 '주식회사 길동'의 강사장이요?"

"그래. 그래서 지금 우리 사장님도 정과장 대단하다고 엄청 칭찬하고 계셔. 정과장은 정말 일등직원이야!"

"그런데 부장님, 주식회사 길동과의 거래라면 저도 시도했다가 실패했던 일입니다. 이걸 누구보다 잘 아시는 부장님이 갑자기 저에게 정과장의 성공 이야기를 꺼내시니 생각이 좀 많아지네요"

대다수 관리자는 직원 간에 비교하며 질책하는 것이 안 좋다는 것을 잘 알기에 이를 피한다. 그런데 특정 직원 바로 앞에서 다른 직원을 칭찬하는 것 역시 듣는 직원입장에서는 비교하며 질책하는 것과 유사하게 들릴 수 있다. 일부 관리자는 일부러 이걸 노리고 이런 칭찬법을 선호하기도 하지만 이 방법 또한 역효과가 만만치 않다. 어릴 적 부모님이 바로 내 앞에서 옆집 아이를 칭찬하면 옆집 애처럼 잘하자는 생각보다는 원망만 드는 것이 보통이었을 것이다. 나이가 들어도 사람 마음은 비슷하다. 이런 꼼수보다는 차라리 대놓고 질책하는 편이 훨씬 낫다.

● **잘못을 한 직후에 바로 질책하기**

"강대리, 지난번에 고객이란 싸웠지?"

"네?"

"거 왜, 고객이 강대리 때문에 기분 상했다고 본부장님에게도 전화하고 난리였었잖아"

"그건 고객의 무리한 요구를 제가 들어주지 않자 그런 것이었습니다.

게다가 이미 6개월 전 일인데요?"

"그래도 어쨌든 강대리도 고객대응에 있어 잘못한 게 있었지?"

잘못을 하고 난 후, 질책 없이 오랜 시간이 흐르면 그냥 넘어가 준다고 직원이 여기기 마련이다. 따라서 이런 상태에서 질책을 하는 것은 오히려 부작용만 불러오게 된다. 법적으로도 징계사유 발생 후 이미 상당한 시간이 경과한 사안에 대하여는 실효의 원칙에 따라 징계처분을 내릴 수 없는 것이 원칙이다.[11]

● 가급적 지난 잘못까지 들춰내지 않기

"박대리, 2년 전에는 3일간 무단결근 했었지?"

"과장님, 그건 그때 다 징계 받고 끝난 문제입니다. 그걸 왜 지금 다시 꺼내십니까? 그때 그 무단결근과 지금 제가 다른 동료랑 싸운 문제는 하등의 연관도 없지 않습니까?"

이미 질책이 내려진 지난 과오까지 들춰가며 질책하는 것은 원칙적으로 피해야 한다. 지난 과오까지 들추는 것은 이미 끝난 사안을 다시 문제 삼는 것이므로 지금 하는 질책의 효과를 감소시키고 반감만 키우기 마련이다. 법적으로도 선행 징계처분이 내려진 후, 상당한 시간이 경과하였다면 새로운 징계사유에 대한 징계결정 시에 기존의 징계처분은 고려해서는 안 되는 것이 원칙이다.[12] 참회하는 사람에겐 이전의 죄에 관해서 생각나게 하지 말라는 격언[13]도 있다. 다만, 질책 후 얼마 지나지도 않았는데 또다시 잘못을 저지른다면 지난 잘못까지 언급하며 따끔하게 혼내는 것이 그 직원과 회사 모두를 위해 바람직할 수 있다.

● 아무 때나 다른 직원 앞에서 질책하지 않기

"이차장, 이 프로젝트에 소요될 예산을 계산한 사람이 당신이지?"

"네. 그렇습니다"

"그 예상이 빗나간 거 알기나 해?"

"부장님, 제 예상이 실제와 차이가 있었음은 인정합니다. 하지만 그렇게 큰 차이도 아닌데 이렇게 부하직원들도 다 보는 앞에서 그 이야기를 꼭 하셔야겠습니까?"

"뭐가 그렇게 민감해? 실수를 하지 말자는 의미에서 그냥 한 소리인데"

"그렇다면 지난번에 부장님이 외주업체 선정을 잘못하셔서 회사가 입은 손해에 대해서는 왜 직원들이 입도 뻥긋 못하게 쉬쉬하십니까? 출장 중인 사장님께 그 문제로 연락 드려도 상관없으시죠?"

일부러 다른 직원들도 경각심을 갖게 하려는 의도라면 이런 식의 질책도 괜찮지만 별다른 생각 없이 다른 직원 앞에서 질책하는 관리자들이 종종 있다. 질책 자체도 기분 나쁜데 다른 직원들까지 보고 있다면 대다수 사람들은 자신의 잘못보다는 자존심 손상에 집중하게 된다. 같은 잘못을 반복하여 정말 따끔하게 혼을 내야 하는 등 특별한 경우가 아니라면 둘만 있는 자리에서 질책하는 것이 부작용의 감소라는 측면에서 훨씬 우수하다.

● 훈계하듯 되묻지 않기 (가장 기분 상하는 질책법)

일부 관리자는 한바탕 질책을 한 뒤, 꼭 다음과 같은 말들을 덧붙인다.

"그래 안 그래?"

"알아듣겠지?"

"맞아 안 맞아?"

이런 말 듣고 기분 좋을 사람은 아무도 없다. 직원이 애도 아닌데 이런 식의 훈계조 발언은 질책의 효과를 거의 제로로 만드는 것이 보통이다. 정 한두 마디 덧붙이고 싶다면 "앞으로 잘하리라 믿어" 같은 긍정적인 이야기를 하는 것이 좋다.

● 스스로 잘못한 점 찾게 하기

"시정해야 할 점이 뭐라고 생각해? 내일 저녁까지 생각해보고 말해봐"

"무엇이 문제인지 다음 주 월요일까지 서면으로 적어서 제출해봐"

이처럼 직원 스스로 자신의 잘못을 찾아서 시정하게 하는 것도 자존심 세고 능력 있는 직원에게는 매우 좋은 질책법이다. 자존심 센 사람들은 타인으로부터 지적받는 것을 싫어하므로 이런 식의 질책은 그 부작용을 줄이며 개선도 아주 쉽게 유도할 수 있다.

● 분출할 시간 허락하기

"차주임, 그걸 말이라고 해? 그 상황에서 차주임이 고객을 달랬어야지 이제 막 입사한 홍길동 씨가 그 일을 할까? 홍길동 씨는 업무도 제대로 모르는데 어떻게 고객을 달래?"

"그래도 처음에 고객 클레임을 접수한 사람은 홍길동 씨니까 홍길동 씨가 하는 게 맞죠. 제가 어떻게 그런 거까지 다 신경 씁니까?"

"그런 논리면 지난번에 차주임이 회의시간 잘못 알려서 난리가 났을 때 왜 내가 사과했을까? 어차피 그 일은 차주임 일인데.... 업무수행자가 아니라도 보다 직급이 높은 사람이 큰 문제는 처리해야 한다는 것도 몰라?"

"왜 나만 가지고 그러세요? 나도 몰라요!!!"

질책을 하다 보면 서로 간 감정이 상해서 말이 심해지고 분위기가 험악해질 수 있다. 이런 때에도 관리자에게는 질책할 권한이 있으니 무조건 따르라고만 한다면 질책 본연의 효과는 사라지기 마련이다. 이럴 때에는 관리자부터 심호흡 크게 하고 나서 해당 직원에게 분출할 시간을 허락하는 것이 좋다. 가령 회사 밖에 30분 정도 나가서 냉커피라도 한 잔 마시며 이 상황에 대해 차분히 생각하게 한 후, 다시금 이야기를 하는 것이다. 아무리 침착한 사람도 질책을 받다 보면 본의 아니게 비이성적이 될 수 있으므로 적당한 시기마다 분출할 기회를 주는 것은 이성의 회복이란 측면에서도 매우 중요하다. '한잠 자고 나서 생각하는 것이 더욱 좋다'는 영국속담도 있다.

● **관점을 바꿀 수 있는 질문하기**[14]

질책 혹은 가르칠 때 일방적으로만 한다면 직원의 자존심이 상할 수 있다. 이를 방지하는데 효과적인 것이 다음과 같은 관점을 바꿀 수 있는 질문이다.

"이 상황에서 자네가 나라면 뭐라고 할 것 같나?"

"자네가 관리자라면 자네 같은 직원에게 어떻게 말할 것 같나?"

"10년 뒤의 자네라면 지금의 자네에게 뭐라고 할 것 같은가?"

"신입사원 시절의 자네라면 지금의 자네 모습을 보고 무슨 생각을 할까?"

업무능력 향상을 위한 교육을 상사로부터 받으며 상사와의 의견충돌로 고민하는 모 직원에게 "3년 뒤의 자네라면 지금의 자네에게 뭐라고 말할 것 같나?"라고 물으니 '지금은 배우는 시기이므로 기분 나빠도 무조건 열심히 배우라고 말할 것 같다'는 답변을 이 직원으로부터 들었다고 모 사장이 말했다. 이 대답을 한 후, 해당 직원의 교육에 대한 수용성은 부쩍 높아졌다고 한다.

다른 사람의 지적에는 민감한 사람도 본인 스스로 생각해낸 것은 잘 받아들이므로 특히 이런 직원에게는 관점을 바꿀 수 있는 질문이 매우 유용하다.

● **개선책·해결책에 초점 맞추기**[15]

"박대리, 반성은 그 정도면 됐고 어떻게 시정할 거야? 박대리가 잘못 통보한 탓에 협력업체들은 이달 말까지만 중간생산품을 납품하면 되는 것으로 알고 다들 일정을 그렇게 잡았다던데?"

"한곳 한곳 모두 제가 직접 연락하고 방문도 다 할 겁니다. 마침 다음

주에 연휴가 있으니 오늘부터 당장 연락을 하고 다음 주 연휴까지 어떻게든 방문해서 사과의 뜻을 직접 표명하겠습니다"

"그래도 일정변경이 힘들다고 한다면?"

"정 안되면 협력업체 찾아가서 무릎이라고 꿇겠습니다"

"그렇게까지 한다면야...."

질책 시 잘못한 점에만 집중하다 보면 직원도 사람이기에 감정이 상하여 이야기가 산으로 갈 수 있다. 고의나 중과실에 의한 잘못이 아닌 한, 가급적 개선책·해결책에 초점을 맞추는 것이 좋다. 이러면 잘못을 저지른 부하가 진심으로 반성하는 마음을 가지기가 훨씬 용이하며 시정에 필요한 비용의 절감에도 일반적으로 큰 도움이 된다.

● 말로 인한 상처는 평생 간다

"강과장, 관공서에 제출할 서류들 오늘까지 다 준비해 놓으라고 내가 지시했어 안 했어?"

"하셨습니다"

"근데 왜 일부 서류는 빼놨어?"

"오늘 아침에 출근해서 프린트만 하면 될 줄 알았는데 행정기관 서버가 다운돼서 못했습니다. 서버만 복구되면 바로 할 수 있습니다"

"그럼 어제 미리 프린트 해놨으면 되잖아?"

"부장님, 어제는 부장님이 거래처에서 바로 퇴근하신다며 잔업관리를 저에게 맡기셨기에 그거 관리하느라 밤늦게까지 정신이 하나도 없었습니다"

"강과장, 그렇게 변명만 하는 스스로가 부끄럽지 않아?"

"부장님, 변명이 아니라 부장님이 시키신 일을 하느라 못했다는 겁니다. 어제 퇴근시간이 새벽 1시 30분이었습니다. 그때까지 정말 눈코 뜰 새 없이 바빴습니다. 다른 부서원들에게도 물어보십시오. 이런 제가 오늘 아침에 행정기관 서버가 다운될 줄 어떻게 미리 알았겠습니까?"

"잘났어 정말~~~ 그렇게 말만 잘하니 마누라도 싫다고 도망가 버리지"

"부장님, 아무 상관없는 제 이혼 이야기는 왜 꺼내십니까? 정말 너무 하시는 거 아닙니까?"

단순한 질책에 그치지 않고 조롱이나 모욕, 욕설까지 하는 경우에는 이로 인한 자존심의 상처는 설사 다른 회사로 옮겨도 남아있기 십상이다. 필자가 아는 모 의사는 레지던트 때 선배의사로부터 들은 모욕을 30년이 지난 지금도 생생히 기억하고 있었다. 평생 원수 만드는 것을 즐기지 않는다면 이런 행동은 반드시 피해야 할 것이다.

● 가벼운 대화를 통해 관계 다시 조성하기

아주 심한 질책을 한 경우에는 어색한 분위기가 조성될 수 있다. 이런 때에는 질책 직후에 가벼운 대화를 통해 다시 친분을 쌓는 것이 중요하다.

"김대리, 앞으로 잘하리라 믿어. 그런데 말이야, 지난번 김대리 아들 생일날 로봇 사줬었지? 그거 어디서 샀는지 좀 알려줄 수 있을까? 우리 애도 로봇이라면 환장하는데 다음 주가 생일이라서 말이야. 김대리 덕에 나도 좋은 아빠 좀 돼보자고...." 같은 말이 그 예이다.

● 듣기 좋은 말과 싫은 말의 예[16]

일반적으로 직원들이 듣기 좋아하는 말과 싫어하는 말의 예는 다음과 같다. 때로는 듣기 싫은 말도 반드시 해야겠지만 가급적 평소에는 듣기 좋은 말을 많이 하는 것이 좋을 것이다.

듣기 좋은 말	듣기 싫은 말
참, 부지런하네. 힘들겠지만 조금만 더! 잘할 수 있어. 열심히 하니까 보기 좋네. 진짜 일 잘하네. 기죽지 말고, 처음에는 다 그래. 오늘 하루 고생했어. 생각보다 잘하네. 고마워, 열심히 해줘서. 센스 있네. 진짜 빠르네. 하나를 알려주면 둘을 아네. 인상 좋다. 지금은 힘들겠지만 조금만 더 참아. 수고했어. 이해가 빠르네. 회의 준비를 진짜 깔끔하게 잘하네. 성격 좋다. 신입답지 않게 능숙하네. 다른 신입보다 잘하네. 연습 많이 했나 보네! 넌 우등생이야! 눈썰미가 좋다. 좀 쉬며 차 한 잔 마시고 와.	왜 이렇게 못해? 내가 가르쳐줬어? 안 가르쳐 줬어? 표정관리 좀 해라! 항상 웃고 좀 다녀! 교육 누가 시켰어? 이거밖에 못 해? 제대로 좀 하셔. 내가 몇 번 말했어? 내 말 이해 못해? 지금까지 배운 게 뭐야? 벌써 몇 번 째야? 잘한다 잘해(쯧쯧). 정신 좀 차려. 내가 이렇게 가르쳤어? 빨리 좀 해라. 언제 다 배울래? 적지 말고 머리로 기억해. 공부는 하냐? 아는 게 뭐야? 그거밖에 못 해? 당장 그만둬! 누가 그렇게 하래? 나 신입 때는 말이지.... 뭐 하는 거야?

칭찬과 질책 핵심요약

- 귀속과정 오류 주의하기 (일과 사람 중 무엇이 문제인가?)
- '라면밖에'로 자신감 세워주기
- 칭찬 시 주의점 (부탁, 제3자, 그럴듯하게, 케케묵은, 아무나)
- 사람 좋으면 꼴찌
- 샌드위치 질책법
- '~답지 않다'로 기대감 전달하기
- 시기·성향·선호방식·장소 고려하여 질책하기
- 비교하며 질책하지 않기 (특히 과거의 직원과)
- 상대를 질책하기 위해 타 직원을 칭찬하지 않기
- 잘못을 한 직후에 바로 질책하기
- 가급적 지난 잘못까지 들춰내지 않기
- 아무 때나 다른 직원 앞에서 질책하지 않기
- 훈계하듯 되묻지 않기 (가장 기분 상하는 질책법)
- 스스로 잘못한 점 찾게 하기
- 분출할 시간 허락하기
- 관점을 바꿀 수 있는 질문하기
- 개선책·해결책에 초점 맞추기
- 말로 인한 상처는 평생 간다
- 가벼운 대화를 통해 관계 다시 조성하기
- 듣기 좋은 말과 싫은 말의 예

3장
지속적인 동기부여

부하직원을 동기부여 시키는 것 또한 관리자의 중요한 임무 중 하나이다. 역사적으로도 직원관리는 구성원의 생산성을 유지·향상시킴으로써 좀 더 손쉽게 조직의 목표를 달성하자는 데 그 기원(起源)을 두고 있다. 이하에서는 보다 효과적인 동기부여 방법들과 주의할 점들을 알아보겠다.

● **부하는 소모품이 아니다**

"사장님, 저희 팀의 실적이 최고인데 왜 제 인사고과 점수는 최팀장보다 낮은지 이해가 안 갑니다"

"강팀장, 그걸 아직도 모르겠어요?"

"네?"

"강팀장 팀의 실적은 까놓고 말해 강팀장의 개인 실적이 거의 전부잖아요? 팀장이란 위치는 본인의 실적 못지않게 부하들에 대한 육성과 동기부여도 중요한데 이를 위해 강팀장은 뭘 했나요? 반면 최팀장은 팀 전체 실적은 강팀장 팀에 미치지 못해도 부하들을 잘 키워서 이들 대다수의 실적이 급등했어요. 이래도 인사고과점수가 불합리하다고 생각합니까?"

부하들에 대한 육성이나 동기부여는커녕 부하들을 소모품으로만 여기는 관리자도 적지 않다. 이들은 어떻게든 전체 실적을 높이기 위해 조금만 부하직원의 성과가 미진해도 바로 다른 일로 돌리는 등 부하 개개인의 장래는 거의 고려해주지 않으며 거시적인 교육 역시 당연히 등한시한다. 이런 식의 대접을 받으면 부하들 또한 관리자와 회사 자체에 대한 신뢰가 떨어지며 결국 이직으로 이어지는 케이스가 잦아진다. 관리자로서 성공하려면 그 자리가 요구하는 임무가 무엇인지부터 곰곰이 생각해 보아야 할 것이다.

● 사사건건 간섭한다면?

"김과장, 과장으로 승진하니 좋지?"

"솔직히 말해도 돼?"

"뭔 일 있어?"

"직속상사인 차장이 하나하나 간섭하는 통에 죽을 맛이야"

"어느 정도인데?"

"협력사 관리를 하라기에 나름 안면 익히며 열심히 하고 있는데 어떤 식으로 만나서 어떤 식으로 대화해야 하는지까지 일일이 참견하네. 대충 가이드라인을 알려주는 정도라면 그래도 참겠는데 지난번에는 협력사와 통화하는데 바로 옆에서 조그만 목소리로 답변내용까지 다 정해 주는 거야. 내가 애도 아니고 벌써 몇 년 차인데 정말 짜증나 미치겠어!!!"

일단 업무를 부여했으면 일정 기간은 진득이 믿고 맡겨야 한다. 조금만 문제가 발생하거나 자신의 뜻과 다르다고 하여 바로 간섭하거나 부여한 업무내용을 바꾼다면 해당 직원의 일할 맛은 당연히 떨어진다. 이런 간섭이 업무수행능력의 향상에도 큰 지장을 초래함은 두말하면 잔소리다.

● 부하직원의 변화에 대한 체크는 기본

"강과장, 정대리는 아직도 연락 안 되나?"

"그냥 그만두겠으니 최대한 빨리 잔여임금과 퇴직금 송금해 달라는 문자가 온 이후로 아무 소식이 없습니다"

"정대리가 요즘 신상품 개발 프로젝트에서 중추적인 업무를 수행하고 있었는데 정말 큰일이네. 강과장, 정대리가 왜 이러는지 감이 전혀 감이 안 와요?"

"죄송하지만 잘 모르겠습니다, 사장님"

"저, 사장님?"

"말해봐요. 이대리"

"소문에 의하면 정대리가 협력사 여직원에게 호감을 가지고 대시를 했나 봅니다. 그런데 잘 안 돼서 엄청 망신을 당했다는 이야기를 협력사 관계자에게서 들었습니다"

"아~~~ 그게 원인이겠네. 강과장, 이 사실 알고 있었어요?"

"몰랐습니다. 죄송합니다"

"강과장, 당신은 직속상사로서 부하직원에 대해 아는 게 뭡니까? 도대체 평소 직원관리를 하긴 한 겁니까?"

관리자의 위치는 부하직원의 안색이나 생활패턴의 변화 등도 체크해야 하는 자리다. 혹자는 초등학교도 아닌 직장에서 이런 것까지 신경 써야 하냐고 의문을 제기하지만 직원관리에는 이 역시 중요하기에 어쩔 수 없다. 예상치 못한 인력의 유출이나 태업이 회사에 미치는 영향은 지대하기에 이런 변화를 감지 못한 관리자에게는 무거운 책임추궁이 따르는 것이 보통이다.

● **창조력이 없는 관리자?**

"이따 저녁에 한 잔 어때?"
"기획서 작성해야 하는데…."
"지난번에도 밤새 기획서 작성하더니 또야?"
"상사가 시키니 별수 없잖아"
"그거 원래 너 일 아니지? 너네 상사가 작성해야 하는 거 아냐?"
"맞아. 근데 그 양반은 기획력이란 게 전무해. 시키는 일만 잘하는 기계야. 도대체 그런 인간을 뭘 보고 그 위치까지 승진시켰는지 몰라!"

관리자가 되면 시키는 일만 하는 단계를 넘어서 무언가를 창안도 할 줄 알아야 한다. 새로운 시장 개척, 신상품 개발, 노무관리의 신선한 패러다임 제시 등 거시적인 관점에서 회사에 이익이 되는 참신한 것들을 생각해 낼 수 있을 때, 해당 관리자와 회사의 미래는 밝아진다. 이런 능력은 평소에도 꾸준히 공부하고 업무 이외의 분야에 대한 지식도 쌓을 때 갖춰질 수 있다. 일부 사람은 이런 능력은 전혀 없이 시키는 일만 잘하고도 운이 좋아서 관리자로 승진하나 어차피 오래 못 간다. 창조력이 없는 관리자 밑의 부하직원은 업무과중과 불안감 탓에 동기가 부여되기는커녕 오히려 떨어지는 것이 보통이다.

● 작은 성공의 기쁨 맛보게 하기 (학습된 무기력의 타파)

"차대리, 하반기 시장전망서 좀 작성해봐요"

"저, 과장님, 그건 저에게 너무 어려운 일입니다"

"차대리, 당신은 이미 연차도 좀 있고 그동안 마케팅 관련 업무를 죽 해왔으니 조금만 고민을 하면 할 수 있을 겁니다"

"그래도...."

"정 어려우면 다른 직원들이 작성했던 전망서를 참조해서라도 죽이 되든 밥이 되든 일단 해보세요"

(그 후 며칠이 흘렀다)

"차대리, 오늘 아침에 제출한 전망서 잘 봤어요. 내용이 아주 훌륭하던데!"

"과장님, 그냥 다른 전망서 보고 베낀 정도입니다"

"차대리, 자신감을 가지세요. 충분히 칭찬받을 만한 전망서입니다. 난 차대리가 이 정도 능력 가진 걸 벌써 알고 있었어요!"

심리학자 마틴 셀리그먼의 '학습된 무기력 실험'[1]을 통해서도 자신감의 중요성은 여실히 드러난다. 이 실험에선 여러 마리의 개를 a, b, c 세 개의 방에 나누어 넣고 일단 a와 b방에는 전기충격을 가하고 c방에는 가하지 않았다. a와 b방에 갇힌 개들은 고통에 몸부림쳤는데 a방에는 전기충격을 차단할 수 있는 스위치가 내부에 설치되어 있었다. 괴로워하던 a방의 개들은 우연이든 필연이든 이 스위치를 발견했고 전기충격이 가해질 때마다 스위치를 눌렀다. 반면, b방의 개들은 할 수 있는 게 아무것도 없었기에 고통을 그대로 감수할 수밖에 없었다.

몇 차례 이 과정이 반복된 후, 이제는 a, b, c 모든 방에 전기충격을 가했다. 다만, a방의 스위치는 제거되었고 모든 방의 한쪽 구석에는 낮은 칸막이가 설치되었으며 이 칸막이로 가려진 공간에는 전기충격이 가해지지 않았다. a방의 개들은 전기충격이 또 시작되자 다시금 스위치를 찾았지만 그것이 없자 한동안 괴로워하다 칸막이를 넘어가면 충격이 가해지지 않는다는 사실을 결국 알아냈다. c방의 개들 역시 처음에는 아파했지만 칸막이를 넘어가는 방법을 알아낸다.

문제는 b방이다. 이 개들은 전기충격으로 괴로워하면서도 아무것도 하지 않은 채 고통을 그대로 받아들였다. 조금만 노력하여 칸막이를 넘어가면 고통을 피할 수 있을 텐데 이미 처음의 실험을 통해 자신들이 할 수 있는 것은 아무것도 없다는 무기력이 몸에 뱄기 때문이다.

직원관리에 있어 이 '학습된 무기력'을 타파하는 것은 기본 중의 기본이며 그 방법으로는 어렵지 않은 일을 강제로라도 시키고 그 결과에 대해 한껏 칭찬하는 것이 최고일 것이다.

● **직원의 성숙도에 따른 차별적인 관리**

직원들의 성숙도에 따라 직원을 다루는 방식은 차별화되어야 하며 이를 다룬 이론으로 허쉬(P. Hersey)와 블랜차드(K. H. Blanchard)가 창안한 <상황적 리더십 모형>이란 것이 있다. 이 모형은 직원의 성숙도에 따라서 효과적인 리더십이 달라져야 함을 보여주며 이를 구체적으로 알아보면 다음과 같다.[2]

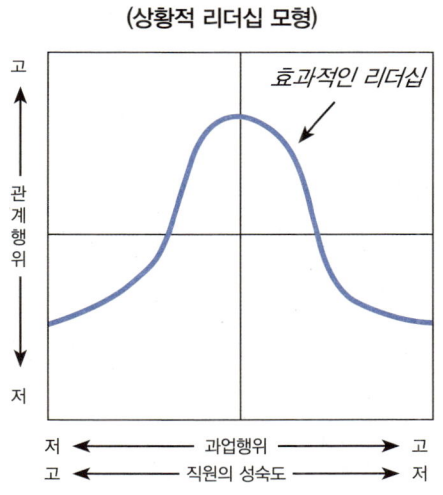

〈상황적 리더십 모형〉

여기서 직원의 성숙도란 능력과 의욕의 정도를 말하며 과업행위는 일과 관련된 지시·명령의 정도를 의미하고 관계행위는 직원과의 친밀도를 향상시키는 행위의 정도를 뜻한다.

만약 직원의 성숙도가 아주 높은 경우에는 직원에게 많은 자율성을 주는 것이 효과적이므로 과업행위와 관계행위를 모두 낮추는 것이 좋다고 이 이론은 본다. 그리고 성숙도가 중간 정도인 경우에는 직원과의 관계에 신경 써서 응집력을 키워주는 것이 성과향상에 효과적이므로 관계행위는 높이고 과업행위는 중간 정도로 유지하는 것이 좋다고 한다. 반면 성숙도가 낮을 때는 야단을 쳐서라도 가시적인 성과를 내도록 몰아가는 것이 성과향상에 도움이 되므로 과업행위는 높이고 관계행위는 낮추는 것이 효과적이라고 한다. 현실과 유리되지 않은 이론이라 판단되므로 실무에서 직원사용 시, 이 이론을 염두에 둔다면 적지 않은 도움이 될 것이다.

● 롤모델을 파악하고 그 입장에서 생각하게 하기[3]

이 방법은 설문조사나 질문 등을 통해 직원이 가장 존경하거나 동경하여 롤모델로 삼고 있는 대상을 파악한 후, 직원과의 대화 시 이 롤모델의 입장에서 생각하게 하는 것이다. 부하직원 중 한 명이 김연아 선수를 매우 좋아하고 김연아 선수 팬카페 회원이라는 걸 알게 된 모 관리자는 그 직원이 동료와의 불화로 매우 힘들어할 때 "김연아 선수라면 이런 문제로 결코 좌절하지 않겠지"라는 말로 독려하는데 성공했다고 한다. 다소 유치해 보일 수 있지만 요즘은 스포츠스타나 컴퓨터 게임이나 반지의 제왕·해리포터 같은 판타지 영화나 소설에 광분하는 사람들이 매우 많고 사회 트렌드가 멘토에 열광하는 분위기이므로 이 방법 역시 그 효과를 무시하기 힘들다.

● 기대치를 분명히 하기[4]

"차장님, 이번 승진심사 결과에 대해 말씀 좀 드리고 싶습니다"
"뭐 할 말 있어요?"

"저는 당연히 이번에 제가 승진을 할 줄 알았습니다. 차장님이 보시기엔 제가 승진 못한 이유가 뭐라고 생각하십니까?"

"그거야 회사가 결정한 거니 내가 알 수 있나! 다만 실적이 좀…."

"제 나름으로는 올 상반기 실적도 괜찮았다고 생각하는데 차장님은 생각이 다르십니까?"

"그게 괜찮은 실적인가? 평균 겨우 넘는 정도 아닌가?"

"그래도 시장상황이 급격히 안 좋아진 상태에서 이 정도면 괜찮다고 생각하는데요"

"그건 김과장 생각이고 내 생각은 달라요"

"그럼 어느 정도나 저에게 기대했는지 왜 미리 말씀을 안 해주셨습니까?"

"그걸 꼭 말로 해야 아나?"

"제가 독심술을 하는 것도 아니고 표현 안 하시면 어떻게 압니까? 차장님이 원하시는 수준을 말씀해 주셨다면 어떻게든 맞췄을 것이고 저는 승진에서 누락되지 않았을 겁니다!"

명확히 표현 안 된 기대치가 갈등의 원인이 되는 경우도 많다. 관리자가 부하직원 각자에 대해 각기 다른 기대치를 설정해 놓고 있으면서도 표현하지 않는 경우가 대표적인 예이다. 말하지 않아도 상대는 내 뜻을 알 거라는 생각에서 보통은 이러겠지만 표현되지 않은 기대치를 명확히 파악할 수 있는 사람은 드물다. 쌍방 간 기대치의 차이는 갈등을 발생시킬 소지가 크므로 미리 기대치를 분명히 하는 것은 필수이며 동기부여를 시키는 데도 유용하다

● 장점알림카드 활용하기[5]

직원의 장점을 파악하고 이를 발휘할 수 있는 업무에 배치한다면 저절로 동기부여가 될 수밖에 없다. 아래에 있는 장점알림카드는 직원들이 가지고 있는 장점을 파악하기 위한 카드로서 모든 직원이 자신을 제외한 다른 모든 직원들을 상대로 작성토록 지시할 것을 권유한다. 이렇게 작성된 카드는 해당직원 본인이나 상사도 미처 파악하지 못했던 장점을 파악할 수 있게 해주기에 매우 유용하다.

('장점알림카드' 의 예)

장점알림카드 (그 사람이 가지고 있는 훌륭한 장점을 알려주기 위한 카드)	
＿＿＿＿＿＿＿＿ 님께　　　　　　　　　　　　　　　　　　　　　　　　　＿＿＿＿＿＿＿＿ 로부터	
이런 훌륭한 장점이 있다	
이런 일을 하면 잘할 것 같다	
한 마디	

● 단점보완카드 사용하기[6]

장점을 발휘할 때뿐만 아니라 단점이 보완될 때도 동기가 부여되기 마련이다. 아래의 약점·단점 보완카드는 직원 개개인이 스스로의 단점·약점과 이를 보완해줄 동료를 적는 카드로서 평소 자신의 단점·약점을 파악하고 이에 대한 대비책을 강구해 두도록 하는 방법이다. 직원 상호 간에 단점·약점을 보완해주다 보면 직원 간 연대감도 매우 높아지게 된다.

('약점·단점 보완카드' 의 예)

자신의 단점·약점	커버해 줄 동료(부하)	동료(부하)의 장점·강점	코멘트

- **성장카드로 직원의 특성 발견하기**[7]

살아오면서 재미있었거나 열심히 노력했거나 성장에 도움이 되었다고 느꼈던 일을 다시 한다면 동기는 부여될 수밖에 없다. 아래의 카드는 직원 각자가 자신의 인생에서 이런 느낌을 받았던 일을 적게 하는 카드이다. 이 카드에 적은 일들과 유사한 업무를 부여한다면 당연히 동기부여는 이뤄진다. 모 관리자는 이 카드에 학창시절 반장을 한 경험이 성장에 도움이 되었다고 적은 직원에게 신입사원을 직속후배로 붙여주고 둘이 같이 할 수 있는 일을 부여한 결과, 반장을 했었던 직원이 매우 신이 나서 이 후배를 리드하며 열심히 일을 하는 것을 보았다고 말했다.

('성장카드' 의 예)

지금까지 살아오면서 재미있었던 일, 열심히 노력했던 일, 성장에 도움이 되었던 일	계기, 지속 기간	해 보니 어땠나?			왜 재미있었나? 열심히 노력했나? 성장에 도움이 됐나?	느낌 (자유 기입)
		재미 있었다	열심히 노력 했다	성장 도움이 되었다		

● 업무 외적인 상쇄 권유하기

요즘 젊고 능력 있는 일부 직원은 자기주장이 너무 강하고 타인의 의견을 잘 수용하지 않으며 때로는 상사의 지시도 대놓고 거부한다. 젊음이 주는 패기와 잘났다는 자신감이 지나쳐서 주로 이런다. 상당수 관리자는 이들을 무조건 질책 하지만, 결과적으로 이들의 주장을 따르는 것이 가장 회사에 이익이었다고 판명되기도 하고 상사의 지시를 거부하는데 타당한 이유가 있을 수도 있다. 그리고 일부 능력자는 이런 모습을 어느 정도 허용할 때 제대로 실력을 발휘하기도 한다.

그렇다고 이런 언행을 무작정 방치한다면 사내분위기나 위계질서는 엉망이 되는 것이 보통이다. 타협이 필요하다. 회사에 이익이 되는 한, 어느 정도는 이런 태도를 허용하되 해당 직원에게 업무 외적인 상쇄를 권유하는 방법을 추천한다. 필자가 아는 모 직원은 업무에 있어서는 독선적인 모습을 유지하는 대신 업무 외적으로는 인간적으로 약하거나 부족한 모습을 보임으로써 동료들의 반감을 사그라뜨리려 노력한다. 2차 맥주 값을 걸고 하는 컴퓨터 게임 등에서 일부러 져주거나 노래방에서 의도적으로 음치인 척 하는 것이 좋은 예이다. 인간적으로 정이 가면 평소에 섭섭했던 점도 잊혀지기 마련이다.

지속적인 동기부여 핵심요약

- 부하는 소모품이 아니다
- 사사건건 간섭한다면?
- 부하직원의 변화에 대한 체크는 기본
- 창조력이 없는 관리자?
- 작은 성공의 기쁨 맛보게 하기
- 직원의 성숙도에 따른 차별적인 관리
- 롤모델을 파악하고 그 입장에서 생각하게 하기
- 기대치를 분명히 하기
- 장점알림카드 활용하기
- 단점보완카드 사용하기
- 성장카드로 직원의 특성 발견하기
- 업무 외적인 상쇄 권유하기

4장

불가근불가원 (不可近不可遠)

관리자와 부하직원 간 관계는 지나치게 멀어도 안 되고 너무 가까워도 곤란하다. 요즘 일부 관리자는 가족 같은 분위기를 중시하는데 관리자로서 각종 지시나 싫은 소리를 할 때 이런 분위기는 오히려 장애가 될 수 있다. 이하에서는 관리자와 부하 간 적절한 거리를 유지하는 데 도움이 되거나 주의할 점들을 알아보겠다.

● **꿈이 담긴 언행 보이기 (꿈을 가진 모습과 그렇지 않은 모습의 전형들)**

망상만 아니라면 관리자가 꿈을 가진 활기찬 모습을 보일 때 부하들도 따르기 마련이다. 생각이 인생의 소금이라면 희망과 꿈은 인생의 사탕이다.[1] 어려운 현실을 견디는 데 꿈만큼 도움이 되는 것도 드물고 꿈조차 꾸지 않는다면 현실의 변화는 일반적으로 요원하다. 아무런 꿈도 없이 좀비 같은 모습을 보이는 관리자가 어떤 인상을 주기는 누구나 상상 가능할 것이다. 꿈을 가진 모습과 그렇지 않은 모습의 전형적인 예는 다음과 같다.

〈꿈을 가진 모습과 그렇지 않은 모습의 전형들〉[2]

꿈을 가진 모습의 예	꿈이 없는 모습의 예
- 부하직원과의 대화중에 회사의 발전 가능성을 많이 이야기한다. - 회사나 팀의 비전을 보여주어야 할 경우에는 분명하고 구체적으로 보여 준다. - 회사를 발전시킬 수 있는 아이디어를 잔뜩 가지고 있다는 투로 대화한다. 때에 따라서는 개선·개혁안을 실제로 보여준다. - 부하의 아이디어를 잘 받아들인다. 즉시 채택할 수 없는 아이디어일지라도 "이런 아이디어를 고안하려 노력하는 것 자체가 대단하다!!!"라고 평가해 준다. - 부하를 질책할 때는 기대치가 높기에 질책한다는 사실을 알려준다. - 장래에 대한 꿈을 가지고 있기 때문에 현재의 고생 따위는 아무것도 아니라는 투의 언행을 보인다.	- 회사야 망하든 말든 아랑곳하지 않는 태도를 보인다. - 5년, 10년 후에 회사가 어떻게 변할 것인가에 대한 얘기가 나오면 전혀 관심이 없다는 표정을 짓는다. - 부하들 앞에서 회사나 최고 경영자, 또는 상사를 예사로 험담하면서 "그렇기 때문에 우리 회사에는 미래가 없다"라는 말을 종종 한다. - 언행이 임기응변적이며 일관된 면을 느낄 수 없다. 최소한의 원칙 같은 것은 아예 세우지도 않는다. - 부하의 아이디어를 "현실성이 없다", "전례가 없다" 등의 이유로 모조리 부정한다. - 항상 눈앞의 일만 생각하며 미래는 생각하지 않는다. - 이상이나 꿈을 가지고 있지 않다. 가지고 있더라도 부하 앞에서 이야기하지 않는다.

● 변명하기 어려운 업무분위기 조성하기

"김대리, 보고서 어떻게 됐어요?"

"아직 완성 안 됐는데요"

"뭔 소리야? 오늘 아침까지 완성하라고 지난주에 이미 말했는데"

"그게 갑자기 집에 일이 생겨서 신경 쓸 수가 없었습니다"

"그걸 지금 말이라고 하나? 정 그러면 나에게 미리 말을 했어야지!"

"죄송하긴 한데요, 지난번에 정과장님이 중요한 회의에 늦었을 때는 그냥 넘어가 주셨잖아요"

"그때야 정과장 애가 갑자기 교통사고를 당했고 핸드폰도 고장 나는 통에 나에게 연락하기 어려웠잖아!"

너무 관리자가 부하직원의 사정만 봐주다 보면 팀이나 부서에 변명하는 분위기가 만연할 수 있다. 회사는 가정이나 친목단체가 아니므로 특정 직원에게 예외를 허용해줄 때에는 왜 이러는지와 절대 이 예외를 일반화하기 말라는 점을 모든 직원에게 분명히 해야 한다. 서 있으면 앉고 싶고, 앉으면 눕고 싶고, 누우면 자고 싶은 존재가 사람이므로 조금이라도 변명이 만연할 것 같다면 당근보다는 채찍 위주의 직원관리가 유용할 것이다.

● 선입견을 가지고 부하를 판단하지 않기

"최과장, 새로 들어온 홍길동 씨 어때요? 일 잘하죠?"

"그게 그냥 좀 그렇습니다"

"무슨 문제 있어요?"

"특별한 문제라기보다는 너무 소극적입니다"

"그 정도는 최과장이 잘 좀 리드해주면 될 듯한데요?"

"게다가 지난번에 문제 일으키고 나간 정대리와 같은 지역 출신입니다"

"최과장, 말조심하세요! 같은 지역 출신이라고 그렇게 함부로 싸잡아서 판단하면 안 되는 거 모릅니까?"

본인이 싫어하는 지역이나 학교 출신이라는 이유로 혹은 과거에 안 좋은 인상을 남긴 누군가와 스펙이 비슷하다는 이유로 아무 잘못도 없는 부하를 사시를 뜨고 바라보는 관리자들이 있다. 이런 선입관이 안 좋다는 사실은 누구나 잘 알지만 의외로 많은 사람들이 여기서 벗어나지 못한다. 일상사에서의 선입관도 문제지만 특히 관리자의 위치에서 보이는 선입관은 결국 인재를 제대로 사용하지 못하게 함으로써 팀이나 회사 전체에도 치명적이기 마련이다. 과학의 발달에 따라 마녀사냥에 대한 거부감이 커진 오늘날, 선입관을 보인 관리자에 대한 직원의 반감이 어떠할지는 누구나 예상 가능할 것이다. 선입견은 무지의 자식일 뿐이다.

● **연상의 부하에 대한 대처법**

"홍과장, 원청에는 잘 다녀왔어요?"

"어제 간만에 동창들 만나서 한잔했는데 숙취가 너무 심해서 약속시간을 못 지켰습니다. 다음에 방문하죠"

"미쳤어요? 이번 약속 잡으려고 우리 사장님이 얼마나 원청 사람들에게 아쉬운 소리를 했는데.... 게다가 이번 하반기 공사를 꼭 따내야 하는데 이렇게 불성실한 모습을 보이면 원청이 좋아하겠어요?"

"차장님, 차장님도 내 나이 돼봐요. 몸이 예전 같지 않아. 젊어서는 밤도 잘 샜는데 요즘은...."

"홍과장, 내가 당신 친구야? 나이 많다고 반말 섞어가면서 지금 뭐 하자는 거야? 직장생활의 기본도 몰라?"

IMF 이후 정년보장의 관행이 깨지면서 이직이 증가하고 있다. 이런 탓에 요즘은 부하가 상사보다 나이가 많은 케이스도 많이 발생한다. 물론 회사 내에서는 직급이 연령보다 중요하지만 유교문화권인 우리나라에서는 나이를 완전히 무시하는 것도 그렇다. 연상의 부하와 연하의 상사 각자가 어떤 스탠스를 취하느냐에 따라 천차만별이겠지만 어느 정도 나이는 존중해 주되 업무에 있어서는 철저히 상관에 대한 예우를 다할 것을 요구하는 방법을 추천한다. 직급만을 너무 강조하면 부하직원이 엇나갈 수 있고 나이를 지나치게 존중해주면 위계질서가 깨질 수 있기에 그렇다. 다만, 부하직원이 기본이 된 사람이라면 나이를 좀 더 존중해주고 그렇지 않다면 오로지 직급 위주로만 대하는 방식도 유용할 것이다.

● 능력 있는 부하직원과 원수 되지 않기 (인생의 아이러니)

베트남전쟁 당시 미국은 기존의 모병제를 버리고 징병제를 실시했기에 군대와는 전혀 맞지 않는 대학생들이 강제로 군에 많이 끌려왔다. 당시 미군장교 사이에는 '지금 당신의 눈앞에 있는 저 고집불통 대학생이 장차 정치, 경제, 언론, 문화 등 다양한 분야에서 미국의 지도자가 될 수 있고 당신의 군 경력을 좌우할 파워를 가질지도 모른다'는 말이 농담처럼 돌았다고 한다.[3]

코드가 안 맞아서 지금 당신을 미치도록 짜증나게 만드는 부하직원이 향후 당신의 상사나 당신의 업종에서 아주 영향력 있는 사람이 되지 말라는 법도 없다. 이런 상황에 적당히 대비한다는 차원에서도 이들을 너무 몰아세우기만 하는 것은 바람직하지 않을 것이다.

● 사생활 침해 주의하기 (그런 남자는 안 만나는 게 좋지 않을까?)

직원의 사생활을 어느 정도 파악하는 것은 직원에 대한 배려나 효율적인 인력운용에 도움이 된다. 하지만 불필요한 사항에 대한 너무 세세한 질문이나 "그런 남자는 안 만나는 게 좋지 않을까?" 등의 간섭적인 발언은 사생활 침해로 느껴져서 관리자에 대한 반감을 키울 수 있다. 남의 지갑과 사생활은 절대 함부로 건드려선 안 되고 이웃을 사랑할지언정 이웃 일에는 간섭하지 말아야 한다.[4]

● 가급적 근무시간에만 컨택하기

일부 관리자는 주말이나 부하직원의 퇴근 이후에도 부하에게 연락하며 상당수 직원들은 이를 매우 부담스러워한다. 물론 시급한 업무처리를 위해서는 어쩔 수 없지만 그렇게 급한 업무가 아니라면 다음날이나 월요일에 이야기하는 것이 부하의 상사에 대한 호감도를 올리는 데 도움이 된다. 업무와 무관한 친밀감 증진차원에서 그럴 수도 있지 않냐는 관리자들이 있는데 회사 야유회나 체육대회 등 업무와 상관없는 사내행사도 참석이 강제되거나 불참 시 불이익이 예상되는 경우에는 노동법적으로 근로시간으로 간주된다. 그 이유는 아무리 취지가 좋고 즐기는 자리라도 의무적으로 참석해야 한다면 직원에게는 부담으로 느껴질 수밖에 없기 때문이다. 상사의 연락은 업무와 관계없더라도 직원에게는 부담으로 느껴지는 것이 보통이기에 마찬가지 차원에서 지양하는 것이 좋을 것이다. 실제로도 대다수 직원들은 상사와는 가급적 회사에서만 컨택하고 싶어 한다. 독일 등 선진국을 중심으로 근무시간 이외에는 부하직원에게 컨택을 금지하는 법안이 괜히 추진되고 있는 게 아니다.

● 함부로 부하의 감정을 넘겨짚지 않기[5]

"최대리, 그거 가지고 뭘 그리 죽을상이야? 좀 잊어"

"저 아무렇지도 않은데 무슨 말씀이세요?"

"아까 고객이 싫은 소리 한 거 때문에 삐진 게 얼굴에 다 보이는데?"

"과장님이 독심술이라고 하세요? 왜 함부로 제 감정을 판단하고 그러세요?"

상사와 부하는 같이 보내는 시간이 많기에 이런 추측을 종종 하며 일부는 실제와 부합하기도 한다. 하지만 아무리 친한 사이라도 상대가 내 감정을 넘겨짚는 경우에는 기분이 상할 수 있다. 특히 사람들이 보편적으로 좋아하지 않는 표현을 사용한다면 더욱 그렇다. 업무에 지장이 없는 한, 이런 추측은 가급적 안 하는 것이 부하와의 장기적인 관계조성에 도움이 될 것이다.

● 배려하되 지나치지 않기

"차장님, 부탁하나 드려도 될까요?"

"뭔데?"

"요즘 부모님이 편찮으셔서 그런데 한 일주일만 1시간 일찍 퇴근할 수 있을까요?"

"정과장, 그건 다른 직원들과의 형평성 문제도 있고 해서 좀 곤란한데"

"지난번에 애가 아파서 입원했을 때는 해주셨잖아요?"

"정과장, 호의를 권리로 착각하지 마세요! 그때 해줬다고 해서 지금도 꼭 배려해줘야 할 의무가 회사에 있습니까?"

직원의 사적인 문제를 배려하는 것은 무척이나 중요하다. 특히 요즘은 맞벌이 부부나 솔로인 직원이 많으므로 사적인 문제를 등한히 하고 전혀 배려하지 않는다면 직원의 애사심이나 업무몰입도는 감소할 수밖에 없다. 하지만 지나친 배려 역시 문제일 수 있다. 기존의 배려를 통해 기대를 품은 직원은 과도한 요구를 할 수 있고 이를 거절할 경우, 그 동안의 배려는 싸그리 잊고 배신감만 느끼는 경우도 적지 않다. 게다가 특정 직원에 대한 지나친 배려는 다른 직원들에게 차별받는다는 느낌을 주기도 한다.

일부 상사는 자신과 비슷한 어려움을 겪는 직원, 가령 육아에 있어서 어려움을 겪는 상사라면 그와 유사한 입장에 처한 직원에게 동질감을 느껴서 과도한 배려를 하기도 하는데 이 점 역시 주의해야 할 것이다.

● 유대감은 형성하되 친구 되지 않기

"강주임, 다음 주 월요일까지 재고파악 좀 하세요"

"그건 정주임의 업무 아닌가요?"

"정주임은 며칠간 현장에 나가야 합니다"

"그럼 돌아와서 하면 되잖아요?"

"강주임, 얼마 전 사장님이 원가절감 차원에서 재고파악을 중시하겠다고 말씀하셔서 내가 특별히 지시하는 건데 뭐가 그렇게 말이 많아요?"

"과장님이야말로 왜 갑자기 빡빡하게 구세요? 우리가 이런 사이였나요?"

부하직원과의 유대감은 성과를 높이고 협력을 증진시킨다는 측면에서 매우 중요하지만, 유대감이 지나쳐서 친구 같은 관계가 된다면 상사의 지시를 직원이 가벼이 생각할 수 있다. 또한 직원에게 싫은 소리를 하기도 어려워질 수 있고 다른 직원들은 당연히 해당 상사가 특정 직원을 편애한다고 생각할 것이다. 그리고 너무 상사에 대해 다 알게 되면 신비감이 사라져서 존경심도 사라지기 십상이다. 요즘 이직이 잦고 고용형태가 다양화되다 보니 비슷한 연배나 연상의 직원을 부하로 둘 수가 있는데 이런 경우 특히나 이 점에 주의해야 한다.

● 공정카드 활용하기[6]

관리자도 사람이기에 자기도 모르게 마음이 맞는 부하직원하고만 자꾸 접촉하려 할 수 있고 이는 당연히 다른 직원들의 반감을 일으킨다. 공정 카드는 이를 방지하기 위한 카드이다. 상사나 경영인 스스로 아래 양식의 공정카드를 만들고 정해진 기간 동안 각각의 부하직원들과 기입조건에 해당하는 컨택을 할 때마다 이를 기입해보자. 그리고 주기적으로 훑어본다면 컨택이 소홀했던 직원이 누구인지 쉽게 판별할 수 있기에 직원 간 컨택의 공정함을 유지하는 데 큰 도움이 될 것이다. 기입조건은 전사적 차원에서 통일을 해도 좋고 상사마다 본인이 즐기는 컨택방식을 사용해도 좋다.

('공정카드' 의 예)

년 월 일 ~ 년 월 일		
기입조건	① 5분 이상의 사적인 대화	
	② 질문(직원에게 관심을 표현하는 질문)	
	③ 술자리	
	④ 음료수나 차 한 잔	
	⑤ 식사	
부하직원 이름	**횟수**	**특기사항**
홍길동	正	홍길동 직원과는 이 기간 중에 출장을 같이 갔기에 자연히 기입조건에 해당하는 컨택을 많이 했음.
임꺽정	正 正	임꺽정 직원과는 술자리를 5번 가졌고 식사도 같은 횟수만큼 같이함. 임꺽정 직원과는 말이 잘 통하지만 다른 직원들의 눈도 있으니 컨택횟수를 줄일 필요가 있음.

● **성범죄자가 되고 싶습니까?**

회식 후 노래방에서 술김에 여직원에게 강제로 어깨동무를 하고 노래를 불렀다가 강제추행으로 신고를 당한 모 팀장을 안다. 이 정도는 그냥 눈감아주던 과거와 달리 요즘은 사회적 경각심이 부쩍 높아졌기에 경찰, 검찰, 법원 모두 성범죄를 중히 보고 엄한 처벌을 하는 실정이다.

일반범죄와 달리 성범죄에 대해서는 형벌과는 별도의 보안처분도 내려진다. 즉, 성범죄로 인해 유죄판결이나 약식명령[7]이 확정되면 주소, 소속회사 등의 신상정보를 등록해야 하고 상당한 기간 동안 주기적으로 경찰서를 찾아가 사진을 찍고 등록된 신상이 사실인지 확인받아야 한다. 그리고 경우에 따라서는 이런 신상이 인터넷 등에 공개가 되기도 하며 학원, 의료기관 등 매우 폭넓은 업종에 일정 기간 취업을 할 수 없게 되기도 한다. 전술한 팀장도 유죄판결이나 약식명령을 받게 되면 보안처분까지 감수해야 하며 대다수 회사는 이런 직원을 당연히 내보내려 한다. 장난이나 술김에 한 신체접촉도 상대가 신고할 경우 추행으로 인정될 소지가 매우 크다는 점을 관리자들은 절대 잊지 말고 부하직원과의 관계에서 각별히 주의해야 할 것이다.

불가근불가원 핵심요약

- 꿈이 담긴 언행 보이기 (꿈을 가진 모습과 그렇지 않은 모습의 전형들)
- 변명하기 어려운 업무분위기 조성하기
- 선입견을 가지고 부하를 판단하지 않기
- 연상의 부하에 대한 대처법
- 능력 있는 부하직원과 원수 되지 않기 (인생의 아이러니)
- 사생활 침해 주의하기 (그런 남자는 안 만나는 게 좋지 않을까?)
- 가급적 근무시간에만 컨택하기
- 함부로 부하의 감정을 넘겨짚지 않기
- 배려하되 지나치지 않기
- 유대감은 형성하되 친구 되지 않기
- 공정카드 활용하기
- 성범죄자가 되고 싶습니까?

5장

기타 본인관리

전술한 점들 이외에 관리자에게 도움이 되거나 유의할 사항들을 알아보면 다음과 같다.

● 피는 콜라보다 진하다 (2세 경영인에 대한 대처법)

"내 아들이라 생각 말고 다른 직원들과 마찬가지로 대해주게"

오너의 이 말을 곧이곧대로 따랐다가 회사생활이 완전히 망한 관리자가 한둘이 아니다. 말은 이렇게 해놓고 그대로 따르는 관리자에게 앙심을 품는 오너나 자신에게 엄하게 군것을 잊지 않고 후계자가 된 후 앙갚음 하는 2세들이 아주 많다. 회사의 발전이나 정의의 관점에서는 당연히 차별 없이 공정한 대우를 해야겠지만 이는 너무 나이브한 시각일 수 있다. 각각의 상황마다 케이스 바이 케이스겠지만 관리자 본인의 미래 역시 고려하며 대처해야 하지 않을까.

● 관리자다운 태도·복장 등을 갖추기

"변주임, 새로 온 팀장님 어때?"

"그냥 좀 그래"

"마음에 안 드는 점 있어?"

"그래도 명색이 상사인데 옷이랑 태도가 그게 뭐니! 최소한 세탁은 좀 하고 다녀야 되는 거 아니니? 게다가 가벼워도 너무 가볍더라. 지난번에 현장실사 나갔을 때는 그곳 직원들이 한 잔 권하니 업무 중에도 진짜 마시는 거 있지? 아니 팀장이란 사람이 근무 중에 술 마시는 게 말이 되니?"

자신의 성(城)은 자신이 쌓아야 한다. 관리자로서의 품위와 체통을 스스로 지키지 못한다면 부하들은 자연히 이 상사를 깔보게 된다. 군대 시절, 같이 받던 산악구보훈련 도중의 휴식시간에도 일반병사와 달리 전혀 흐트러진 모습을 보이지 않던 소대장을 떠올리며 항상 언행을 주의한다는 모 대기업 임원의 말은 시사하는 바가 크다.

● 생각하며 일 하는가?

"박대리, 이번 창립기념일 초청인사 좌석배치표는 다 프린트 했어?"

"과장님, 그게 저…."

"왜?"

"아무리 생각해도 유비물산의 김사장님 바로 옆에 관우건설의 최사장님을 앉게 하면 안 될 것 같습니다. 그분들 사이가 안 좋은 건 이 업계에서 모르는 사람이 없고 지난번 장비건설 회장님 환갑잔치에선 대놓고 멱살잡이까지 했다고 합니다. 이 두 분의 좌석은 최대한 떨어뜨리는 게 좋을 것 같습니다"

"박대리, 당신이 사장이야? 뭔 생각이 그리 많아? 우리 같은 월급쟁이들은 그냥 시키는 대로 따르기만 하면 돼!"

직급이 올라갈수록 고려할 사항이 많아져야 함은 누구나 아는 사실이다. 하지만 현실에서는 일반 직원보다도 생각하기를 싫어하는 관리자가 한둘이 아니다. 아무 생각 없이 시키는 일만 잘하는 사람이 관리자의 위치에 오를 경우, 그 팀이나 회사의 미래는 뻔하다. '천석꾼은 천 가지 걱정이 있고 만석꾼은 만 가지 걱정이 있다'는 속담은 괜히 나온 게 아니다.

● 가볍게 입 놀리지 않기

생각하는 습관이나 좋은 태도뿐만 아니라 무거운 입도 관리자의 필수 요소이다. 조만간 명예퇴직을 시행할 계획이니 누구에게도 알리지 말고 조용히 준비하라던 사장의 지시를 술김에 친분 있는 부하에게 알린 어떤 관리자를 안다. 결국 회사 전체에 이 소식은 퍼졌고 사장으로부터 엄한 문책을 당했으며 오래지 않아 사직을 할 수밖에 없었다. 친구지간에도 입이 가벼운 자는 경원시(敬遠視 겉으로는 가까운 체하면서 실제로는 멀리하고 꺼림칙하게 여김)되기 마련이다. 신중하고 진중한 언행은 관리자로서 갖춰야 할 기본 중의 기본이다.

● 관리자(임원)는 회사의 얼굴

필자가 모 협회에서 강의를 할 때의 일이다. 다소 일찍 도착했기에 필자 바로 앞의 강의를 한 켠에 앉아서 듣게 되었다. 모 대기업 임원이 하는 강의였는데 굉장히 고압적이고 권위적으로 들렸다. 그 대기업이 대단한 건 세상이 다 알고 이런 회사의 임원을 할 정도면 당연히 인정받을 만하지만 이를 너무 내세우니 거부감이 절로 들었다. 강의내용은 꽤 유익했지만 다수의 수강생 표정은 영 아니었다. 필자의 강의를 마치고 일부 친분 있는 수강생들에게 그 임원강의에 대한 의견을 넌지시 묻자 다들 필자와 비슷한 반응을 보였다.

관리자, 특히 임원급의 고위관리자는 자연히 회사의 얼굴처럼 여겨지기에 대외활동 시 상당한 주의를 해야 한다. 높은 위치에 있다고 하여 이를 지나치게 부각시키면 본인뿐만 아니라 본인이 속한 회사도 욕먹게 되어 있다. 유교문화권인 우리나라에서 겸손의 미덕은 아무리 강조해도 지나치지 않다.

● **사장이 원하는 것을 미리 캐치하기**

모 회사 인사부장이 사장과 함께 비슷한 규모의 협력업체를 방문했을 때의 일이다. 최저임금액 인상에 따른 노무비 부담증가를 이야기하다가 그 협력업체가 최근 성과중심의 임금제로 임금체계를 개편한 사실을 알게 되었다. 사장은 이에 상당한 관심을 보였고 관련된 질문도 매우 많이 하였다. 몇 달 뒤, 이 인사부장은 갑자기 사장에게 불려가 "성과급 성격을 상당부분 가미한 임금체계로 바꿀 예정이니 연말까지 준비해주게"라는 지시를 받았다. 이 지시가 끝나기가 무섭게 인사부장은 이미 준비가 끝난 상태라는 답을 했고 놀라움을 감추지 못한 사장에게 지난번 협력업체 방문 시, 사장의 엄청난 관심표명을 보고 이런 날이 오리라 예상했다는 말을 덧붙였다.

이렇게까지 사장에게 신경 쓰며 회사생활 해야 하는지 회의를 느끼는 관리자도 분명히 있을 것이다. 할 일만 다 한다면 당당하게 타인의 눈치 전혀 안 보고 회사생활 해도 이론적으로는 아무 문제가 없어야 한다. 하지만 인간사는 이론대로만 흘러가지 않는다. 내가 굳이 말을 안 해도 알아서 맞춰주는 사람에게 정이 가기 마련이다. 게다가 관리자는 사장과의 관계가 각별히 중요하다. 원칙과 소신도 좋지만 어느 정도는 맞춰주며 사는 삶도 그 대가만 합당하다면 그럭저럭 괜찮지 않을까.

● 너무 냉혹하면 모두가 등 돌린다

"저 차장님, 죄송하지만 지금 조퇴 좀 하게 해주십시오"

"뭔 일 있어요?"

"임신한 아내에게서 전화가 왔습니다. 갑자기 배가 아파서 병원에 갔는데 유산을 했다고 합니다"

"최대리, 사정은 알겠는데 당신이 병원에 간다고 죽은 애가 다시 살아납니까?"

이와 같은 태도는 인간이기를 스스로 포기했다고 오해받기 십상이다. 필자가 아는 모 관리자는 실제로 이런 발언을 했고 그 사실이 사내에 퍼져서 큰 파장을 일으키자 본인의 말이 지나쳤다고 사과를 했다. 하지만 대다수 직원들은 이 관리자에게 여전히 노골적인 반감을 드러냈고 사장 역시 이를 무시할 수 없기에 결국 얼마 뒤 권고사직을 당했다.

일부 관리자는 어차피 회사는 이윤극대화와 지속가능경영이 지상목표이기에 이에 도움만 된다면 어떤 행동을 해도 사내에선 거의 다 용납되리라 생각한다. 어느 정도는 맞는 생각이지만 회사도 사람들의 집합체이고 사람은 기계가 아니라는 사실을 잊으면 안 된다. 아무리 돈이나 이익이 최고라지만 감정이 지나치게 상하면 무엇으로도 그 상처는 씻을 수 없게 된다.

춘추전국시대 때 노나라에 살던 오기라는 장수는 제나라가 쳐들어오자 장군의 자리에 오르려 했지만 그의 아내가 제나라 사람이라 주위의 눈총이 장난이 아니었다. 이에 그는 아내를 죽여서 의구심을 다 사라지게 하고 장군이 되었으며 마침내 제나라를 격퇴시켰다. 하지만 노나라 사람들은 자신의 아내까지 죽여서 장군이 된 오기를 꺼렸고 결국 그는 타국으로 이주할 수밖에 없었다.[1]

● 어떤 공을 떨어뜨릴까? (일과 가정의 조화)

직장에만 신경 쓰다가 집안이 풍비박산(風飛雹散 엉망으로 깨어져 흩어져 버림) 나는 관리자들이 적지 않다. 과거에는 가장의 직장생활을 위해 온 가족이 희생하는 것이 당연시되었지만 이를 오늘날에도 기대하다가는 모든 가족들로부터 버림받기 십상이다. 필자가 아는 모 관리자는 누구나 다 아는 대기업의 임원이 되기 위해 혼신의 힘을 다했다. 회사가 시키면 시키는 대로 장기 해외근무도 마다하지 않았는데 이 과정에서 바뀐 환경에 적응 못한 아이들은 학업에서 뒤처질 수밖에 없었고 남편의 독선적인 언행에 지친 아내는 슬슬 남으로 변해갔다. 결국 이 관리자는 임원이 되기는 했지만 그 직후, 아내는 이혼을 요구했고 아이들은 자신들의 인생을 망친 장본인이 바로 이 관리자라며 절연(絕緣)을 선언했다. 과거에는 임원에 대한 대우라도 좋았기에 이를 이용하여 가족의 마음을 붙잡아두기도 했지만 오늘날에는 임원도 많아져서 과거 같은 대우를 받는 케이스는 흔치 않다.

(저글링)[2]

[3]인생은 여러 개의 공을 한 번에 공중에 던지고 차례대로 받는 것을 반복하는 저글링과 유사하다. 서커스단의 피에로처럼 우리 모든 인간은 가족, 직장, 건강, 친구, 자기개발 등의 이름이 붙은 공을 죽을 때까지 반복해서 던지고 받는다. 이 과정에서 일부 공은 떨어지기도 한다. 아니, 어쩔 수 없이 떨어뜨려야만 하는 경우도 반드시 생긴다. 이때 과연 어떤 공을 떨어뜨릴지와 각각의 공들이 떨어지고 난 후에도 온전할지에 대해 평

소부터 생각해 두는 습관은 인생의 기본이다. 직장이라는 공과 가족이라는 공 중 무엇이 더 소중하고 충격에 민감할지 특히 관리자들은 깊이 깊이 생각해 볼 일이다.

● 손편지 활용하기

문자, 이메일, 워드프로세서 등을 주로 이용하는 요즘에는 직접 손으로 편지를 쓸 일이 거의 없다. 이런 희소성 탓에 자신의 정성과 마음을 보이는데 손편지는 매우 유용하다. 필자가 아는 모 부장은 젊어서부터 손편지를 애용했다. 바쁜 업무 탓에 함께 시간을 보내기 힘든 가족들이나 자신의 지나친 질책으로 토라진 부하직원 등이 주된 대상이다.

"아버지께서 저와 함께 하는 시간은 많지 않았지만 항상 저를 걱정해 주시고 사랑해주신다는 사실은 그 편지들을 통해 잘 알 수 있었어요. 그래서 엇나가지 않기 위해 아주 많이 노력했습니다. 아버지 마음은 그 누구보다 제가 잘 알아요" 이 부장에게 이제 막 대학생이 된 그의 아들이 얼마 전 어버이날에 보낸 카드의 내용이다.

● 늪에 빠진 온실 속 화초 되지 않기

"명주야~~~ 난 늪에 빠진 온실 속 화초인가 봐"
"형, 그 지경이 되도록 도대체 뭐 했어요?"

얼마 전 명절에 대기업 다니는 대학선배에게서 전화가 왔다. 명절에 연락 온 것도 이상한데 대낮부터 혀가 꼬였다. 뭔 일 있냐고 묻자 사는 게 너무 힘들단다. 구체적으로 이야기하라고 하자 모시고 있는 대표이사가 명절연휴에 별장에 초대를 했는데 알고 보니 별장의 나무와 화초 그리고 바위 등을 옮겨 심는 일꾼이 필요해서 부른 거란다. 이를 모르고 아내와 애들까지 데려왔다가 가족들 앞에서 개망신을 당했다며 무지 열 받아 했지만 그렇다고 대놓고 항의하자니 당장이라고 쫓겨날까 봐 말 한 마디 못하고 있었다. 아내와 애들은 미리 집에 보내 놓고 혼자 마을 구멍가게에서 소주를 마시다가 내 생각이 나서 전화를 했다고 한다.

필자의 직업이 노무사라 그런지 이런 전화를 많이 받는데 어차피 대표가 마음만 먹으면 얼마든지 합법적인 불이익을 줄 수 있는 곳이 직장이기에 그냥 넋두리 차원에서 전화를 하는 주변 사람들도 많다.

들어라도 주면 속이라도 풀어질 듯하여 다 들어주는데 듣다 보면 회사나 대표가 아니라 전화한 사람에게 화가 나는 경우도 적지 않다. 대다수 조직이 왕왕 이러니 평소부터 자신의 성(城)을 확실히 쌓아서 함부로 터치하지 못하게 만들거나 아니면 과감히 뛰쳐나와서 소신껏 살면 될 텐데 이도 저도 아닌 삶을 살면서 무조건 환경 탓만 하는 관리자들이 종종 보이기 때문이다.

누군들 조직생활이 좋아서 남아있는 게 아니다. 반대로 자영업자들의 삶도 무진장 어렵다. 다들 그래도 자신의 상황에서 최선의 길을 선택하고 죽어라 노력하는데 꼬박꼬박 들어오는 월급은 포기하지 못하면서 징징대기만 하는 인간들을 보면 솔직히 정신연령이 의심스럽다. 그냥 나가서 뭐라도 하라고 하니 나이 50이 넘어서 새로운 일에 도전하기가 무섭다고 하면서도 남아 있자니 이 대표 등쌀에 미쳐버릴 것 같단다.

혹자는 '학습된 무기력'[4] 이론을 차용하여 이런 상황에 처한 직장인들을 옹호하지만 필자의 생각은 좀 다르다. 학습된 무기력이 아니라 자초한 무기력인 경우가 대다수인 듯하여 그렇다. 젊어서야 회사가 매달 주는 월급이 참 달콤했겠지만 이게 독약으로 작용하기도 한다. 별도의 자기개발 없이 서서히 이에 중독되면 나중에는 회사에 자진해서 생사여탈권을 넘겨주는 결과만 낳게 된다. 뭘 하더라도 스스로 선택하여 주체적으로 사는 자세만큼 중요한 게 없지 않을까. 오늘날에도 얼마든지 노예는 존재한다. 과거와는 달리 스스로 그 길을 선택했다는 차이만 있을 뿐이다.

본인관리 핵심요약

- 피는 콜라보다 진하다 (2세 경영인에 대한 대처법)
- 관리자다운 태도·복장 등을 갖추기
- 생각하며 일 하는가?
- 가볍게 입 놀리지 않기
- 관리자(임원)는 회사의 얼굴
- 사장이 원하는 것을 미리 캐치하기
- 너무 냉혹하면 모두가 등 돌린다
- 어떤 공을 떨어뜨릴까? (일과 가정의 조화)
- 손편지 활용하기
- 늪에 빠진 온실 속 화초 되지 않기

제4부
사장

제1장 신망획득의방법

제2장 신망유지의방법

제3장 권한행사의방법

제4장 불가근불가원

제5장 기타본인관리

제6장 회의시주의점

1장
신망획득의 방법

직원은 입사와 동시에 사장의 지시에 따라야 할 의무를 부여받지만 사장에 대한 신망이 싹트지 않은 상태에서는 건성으로 따르거나 태만히 할 소지도 크다. 반면 신망을 얻은 상태에서의 지시는 그 효율성이 배가되기 마련이다. 이하에서는 사장이 직원으로부터 신망을 얻는데 도움이 되거나 유의할 점들을 다양한 측면에서 알아보겠다.

● 실무에 약한 사장에게 믿음이 갈까?

실무를 잘 모르는 사장들이 종종 있다. 오랜 직장경험 등을 통해 해당 분야에서 일정 노하우를 쌓은 뒤 창업하는 것이 보통이나 요즘은 자본에만 의존한 창업도 많기에 이런 현상이 벌어지는 듯하다. 성공 가능성이 낮다는 점은 차치하더라도 일단 이런 사장은 부하직원의 신뢰를 얻기가 참 어렵다. 부하에게 실무를 가르쳐줄 수 없고 사장의 실무부족을 보충하기 위해 채용한 직원에게 휘둘릴 가능성이 높기에 당연하다.

사장이던 아버지가 돌연사를 하자 외국유학 중에 급히 귀국하여 이 자리를 물려받은 모 사장을 안다. 실무부족이 자신의 가장 큰 약점이라 생각한 이 사장은 체면과 품위 등을 다 버리고 실무를 잘 아는 임원으로부터 개인교습을 받았다. 낮에는 사장의 업무를 수행하고 저녁에는 작업복으로 갈아입은 채 밤늦게까지 실무를 배웠다. 교육 시에는 자신을 절대 사장으로 생각하지 말아 달라고 해당 임원에게 신신당부를 했으며 약 7년이 지난 요즘에는 실무에도 아주 밝은 유능한 대표가 되었다.

베트남전쟁 이후 걸프전쟁까지 상당 기간 동안 미국군대는 제대로 된 전쟁을 거의 치르지 않았다. 걸프전쟁 시작 후 일정 기간이 지나자 이 전쟁을 통해 실전을 경험한 일선군인들이 실전경험 없이 지시만 내리는 상부에 적대감을 표현했다는 사실[1]은 시사하는 바가 크다.

● 채용면접 시 예의 지키기

필자가 업무차 모 회사를 방문했을 때의 일이다. 사업을 시작한 지 얼마 안 되는 소규모 회사라 사무실 하나와 직원 몇 명이 전부였는데 마침 그곳에는 개업을 축하하기 위해 사장의 친구들이 모여 있었다. 한쪽 책상에서 사장과 업무를 논의하고 있는데 어떤 청년이 걸어 들어왔다. 직원이 용건을 묻자 며칠 전 사장이 인터넷에 올린 구인광고를 보고 왔다고 한다. 필자와의 업무는 이미 끝난 상태라 사장은 바로 그 구직자와 면접을 시작했는데 앉으라는 말도 안 하고 서 있게 한 채 이것저것 질문을 했다. 게다가 옆에서 이를 지켜보던 사장 친구들이 무료함을 달래기 위함인지 대화에 끼어들었다. 자연히 이 면접은 사장과 그 친구들의 잡담거리로 전락했고 복장 등에 신경을 씀으로써 나름 예의를 갖춘 것이 분명한 구직자의 얼굴은 일그러지기 시작했다.

이 정도는 아니더라도 면접과정에서 구직자에게 결례를 저지르는 사업주가 적지 않다. 인간 대 인간으로 해서는 안 되는 말을 하거나 심지어 과자 등을 먹으면서 질문하기도 한다. 일부 사장은 이런 식의 면접이 회사와 사장에 대한 거부감을 얼마나 높이는지 잘 알면서도 어차피 구직자는 많으니 싫으면 오지 말라며 배짱을 튕긴다. 누차 말했지만 사람은 기계가 아니다. 아무리 구직자가 많고 근무조건이 우수해도 이와 같은 자세로는 괜찮은 직원을 구하기가 매우 어렵다. 설사 제대로 된 직원이 어쩔 수 없이 상황 탓에 입사를 하더라도 이런 면접을 통해 닫힌 마음은 어지간해서는 다시 안 열리며 열과 성을 다할 리 만무하다. 아무리 바쁘고 구직자가 마음에 들지 않더라도 지킬 건 지켜야 한다. 사장이 자꾸 이러면 다른 면접관들도 따라 하기 마련이며 나중에는 습관이 돼버린다. 빨리 망하고 싶다면 이 방법이 최고다.

● 이름 기억하고 불러주기

"김선배, 선배회사에 내가 갈만한 자리 좀 없어요?"

"왜 이직하려고? 지금 회사 오래 다닌 걸로 아는데 무슨 문제 있어?"

"사장님이 직원들에 대해서 관심이 전혀 없어요. 그냥 인조인간 취급하는 것 같아요"

"어느 회사나 다 그래"

"아니에요. 이 사장은 정도가 심해도 너무 심해요. 심지어 10년 넘게 같이 일한 직원의 이름도 기억을 못하더라고요~~~"

내 이름을 기억해 주는 상대에게는 호감이 생기고 그렇지 못한 상대에게는 호감이 떨어지기 마련이다. 이름까지 기억할 필요가 있냐고 반문할 수 있지만 가끔이라도 상대의 이름을 불러주는 것은 노사관계만이 아닌 일반 인간관계에서도 놀라운 윤활제 역할을 한다. 로마시대의 영웅 시저(카이사르)는 자신의 직속부대 구성원의 이름을 하나하나 다 외우고 전투 시는 물론 평소에도 이 이름을 즐겨 부르며 우호적인 관계를 조성했다.[2] 정과장, 차대리 이런 식으로 직급에 성만을 붙여서 부르지 말고 홍길동 대리처럼 종종 풀네임을 불러줄 것을 적극 권유한다.

● **사장이 먼저 인사하기**

"우리 사장님은 참 좋은 분이세요"

"왜 그렇게 생각하세요?"

"항상 우리 사장님은 직원들에게 먼저 인사해 주세요"

필자가 어떤 직원과 나눈 대화의 일부이다. 먼저 인사하는 사람에 대한 호감은 올라가게 마련이다. 경영인의 체면상 먼저 인사할 수 없는 세상은 더 이상 아니며 별거 아닌 것 같지만 이를 통해 얻을 수 있는 이익은 무궁무진하다. 김춘수 시인이 그의 시 <꽃>에서 "내가 그의 이름을 불러주었을 때, 그는 나에게로 와서 꽃이 되었다"라고 노래한 것처럼 이렇게 인사하며 상대의 이름까지 불러준다면 그 효과는 배가될 것이다. 발상의 전환이 필요한 시대다.

● CEO 콤플렉스 경계하기 (지나친 지적질의 역효과)[3]

"사장님, 다녀왔습니다"

"김차장, 어서 와요. 고생 많았어요"

"사장님, 이번에 김차장이 회사를 위해 정말 큰일을 했습니다. 김차장이 이번 입찰을 따냈기에 보다 유리한 조건으로 다른 계약들을 할 수 있게 되었고 뭣보다 은행으로부터 대출기간도 연장 받게 되었습니다. 김차장이 회사를 살렸다고 해도 과언이 아닙니다"

"최부장, 너무 오버는 하지 마세요. 어쨌든 나도 김차장 공은 인정합니다. 근데 그건 그거고 이번 입찰 관련 비용을 좀 많이 쓴 것 같은데...."

"사장님, 이번 입찰을 반드시 따내야 한다고 생각했기에 각종 정보 등을 알아내기 위한 비용을 평소보다 많이 쓴 것은 인정합니다. 하지만 이번 건으로 우리가 얻은 이익이 워낙 크니 이 정도는 감수할만하지 않을까요?"

"그건 김차장 생각이고 여하튼 많이 쓴 건 사실이니 앞으로는 주의하세요"

많은 경영인을 만나다 보면 직원이 완벽하게 일 처리를 하거나 큰 업적을 세워도 꼭 지적을 하는 사람들이 있다. 이는 대부분의 경우, 최고경영인으로서 뭐라도 하나는 반드시 지적을 해야 한다는 강박관념 탓이다. 너무 신경이 과민한 주부가 조금의 먼지도 용납하지 못하고 걸레질을 반복하는 것과 유사하다. 회사를 유지·발전시키려는 마음 탓에 이런다는 것은 이해가 되지만 직원입장에서는 매우 피곤하고 짜증나기 마련이다.

경우에 따라서는 칭찬만 해주는 것이 동기부여나 분위기 향상측면에서 훨씬 더 바람직하다.

● 사적인 일 시키지 않기 (공사의 엄격한 구분)

필자가 재직자 대상 강의를 하며 설문 조사를 해보면 상사나 사장이 회사 일이 아닌 본인들의 사적인 일을 시킬 때처럼 직원들이 분개하는 경우도 드물다. 당연하다. 회사의 공적인 일을 하러 입사한 것이지 사용자의 사적인 일을 하러 입사한 게 아니지 않은가. 필자가 모 회사에 다닐 때, 사장의 딸이 대학을 가는데 어느 대학에 지원하는 것이 합격확률이 높은지를 필자가 통계학과를 나와서인지 보고서로 작성해서 제출하라는 지시를 받은 적이 있다. 며칠을 고민하다가 아닌 듯하여 못하겠다고 하니 화를 내기에 사표를 던지며 한 소리 엄청 해주고 나왔다. 별거 아니라고 생각할 수 있지만 직원 입장에서는 노예나 머슴이 된 듯한 기분이 들기에 아무리 가깝게 느껴지는 직원에게도 사적인 일은 절대 피해야 할 것이다.

● 시대의 변화에 대한 거부감 표현 덜하기

"점심도 먹었으니 같이 산책이나 할까?"

"사장님, 죄송하지만 저는 일이 있어서 먼저 들어가 보겠습니다"

"밥 먹자마자 무슨 일? 그렇게 급한 일이 우리 사무실에 있나?"

"개인적인 일입니다"

"뭔데?"

"그게 저...."

"괜찮으니까 말해봐. 내가 도와줄 게 있으면 도와줄 테니"

"김대리가 요즘 어떤 컴퓨터게임에 빠져 있는데 아이템 할인 이벤트를 오늘 하나 봅니다"

"게임? 아무 쓰잘데기 없는 컴퓨터게임에 왜 시간과 돈을 낭비하는 거야? 그거 잘한다고 밥이 나와 떡이 나와? 도대체 이해가 안 되네"

노사 간에는 공감대 형성이 매우 중요하다. 대우만 잘해준다면 공감대 따위는 중요하지 않다고 생각할 수 있지만 거의 매일 대면해야 하는 경영인과 직원 간 관계에서 공감대 형성이 업무성과나 회사발전에 미치는 지대한 영향은 각종 연구결과로도 입증되었다. 그런데 요즘은 페이스북 등의 SNS(Social Network Service/Site)나 컴퓨터 게임이 하나의 문화로 자리잡았는데 이를 부정적으로 보는 발언을 계속한다면 공감대가 형성되기는커녕 오히려 깨질 것이다. 설사 세상의 변화가 마음에 들지 않더라도 직원 대다수가 즐기는 것이라면 가급적 이에 대한 거부감을 덜 표현하는 것이 조직융화와 신망획득에 도움이 된다. 참고로 필자는 남성적이고 선이 굵은 장르의 TV드라마를 좋아하지만 강의 등을 통해 만나는 젊은층과의 공감대 형성을 위해 인기드라마는 장르와 상관없이 시청하고 있다.

● 인간대접 해주기

"언니, 오래간만이네요. 그런데 언니네 회사 이전한다던데 어떻게 하실 거예요?"

"당연히 계속 다닐 거야"

"통근시간이 엄청 길어지지 않나요?"

"맞아. 근데 그래도 이만한 회사 없어"

"어떤 점이 그렇게 좋으세요?"

"사람대접해 주거든"

강의 중간의 티타임에 필자가 직접 들은 직장인 여성들의 대화이다. 사람으로 대접해주기에 만족한다는 여성에게 나중에 구체적인 상황을 물어보았다. 이 여성은 공장에서 간단한 검사와 조립을 하는데 집안일도 해야 하기에 파트타임으로 일하고 있다고 했다. 지금 다니는 회사이전에도 여러 회사에서 다양한 일을 파트타임으로 했는데 항상 홀대 받는 듯한 느낌을 받았다고 한다. 정규직이 아닌 파트타임 근로자에게는 아무래도 덜 신경을 쓰게 되는데 그걸 느낀듯하다. 하지만 지금의 회사에서는 사장이 파트타임 근로자와도 자주 대화를 하며 파트타임 근로자만을 대상으로 한 회식기회도 종종 있고 이 자리를 통해 건의나 토론도 가능하단다. 국민들의 전반적인 수준향상과 인권의식의 강화에 따라 물질적인 근로조건 못지않게 인간적인 대우도 중시하는 풍토가 조성되었음을 다시 한 번 강조하고 싶다.

● 집단칭찬 시 한 명씩 호명하기

"홍보팀, 올 한해 정말 고생 많았어요. 홍보팀 덕분에 내가 대외활동하며 얼마나 대접받았는지 모릅니다. 우리 회사를 널리 알리는데 기여한 홍보팀의 홍길동 팀장, 임꺽정 과장, 박혁거세 사원, 성춘향 사원 모두에게 박수 좀 쳐주세요. 홍길동 팀장, 분위기도 좋은데 한 마디 하세요"

"저희 홍보님을 칭찬해 주셔서 대단히 감사합니다. 저희가 한 일은 거의 없습니다. 생산팀이 좋은 물건을 만들어 주시고 영업팀이 이를 잘 팔아준 덕분입니다. 이들 관계자분들에게 진심으로 감사드립니다"

"겸손하긴.... 크크크크. 아 참, 그건 그거고 성춘향 사원, 아프시다던 어머님은 좀 어떠세요? 내가 한번 찾아뵙지도 못하고...."

"이미 많이 좋아지셔서 퇴원하셨고 간간이 통원치료 중이십니다. 지난번에 사장님이 전화까지 주셨다고 대단히 고마워하고 계세요"

일부 경영인은 칭찬 시, 번거롭거나 쑥스럽다는 이유로 단체로 칭찬하는 방식을 선호한다. 이런 방식이 반드시 나쁘지는 않지만 아무래도 집단칭찬보다는 개개인을 대상으로 구체적인 사유를 설명하며 제대로 칭찬하는 방식이 신망획득 차원에서 효과적이다. 만약 그래도 단체칭찬을 할 경우에는 "모든 직원 여러분께 감사드립니다" 같은 단순한 멘트보다는 직원 한명 한명의 이름이라도 거명하면서 칭찬을 하는 방식이 좋다. 이때 결혼이나 출산 등 직원 개개인에게 발생한 사적인 일도 같이 언급해준다면 효과는 배가될 것이다.

> **신망획득의 방법** 핵심요약
>
> - 실무에 약한 사장에게 믿음이 갈까?
> - 채용면접 시 예의 지키기
> - 이름 기억하고 불러주기
> - 사장이 먼저 인사하기
> - CEO 콤플렉스 경계하기 (지나친 지적질의 역효과)
> - 사적인 일 시키지 않기 (공사의 엄격한 구분)
> - 시대의 변화에 대한 거부감 표현 덜하기
> - 인간대접 해주기
> - 집단칭찬 시 한 명씩 호명하기

2장
신망유지의 방법

사장으로서의 신망은 얻기도 힘들지만 유지하는 것도 만만치 않다. 이하에서는 고생 끝에 얻어진 신망을 유지하기 위해 주의할 점들을 알아보겠다.

● 어설픈 농담 피하기

"김주임, 정대리는 아직 출근 안 했나?"

"아까 전화 왔었는데요, 일요일인 어제 산에 갔다가 허리를 삐끗해서 하루 결근해야겠다고 말씀하셨습니다"

"그럼 어쩔 수 없지. 근데 정대리 요즘 신혼 아닌가?"

"맞습니다. 지난달에 결혼하셨죠"

"이를 어째, 새신랑에겐 허리가 생명일 텐데.... 정대리 와이프가 정말 외롭겠구먼. 크크크. 김주임 남편 허리는 튼튼하지?"

"...."

사내에서 농담을 하는 경영인을 종종 본다. 이로 인해 전체적인 분위기가 좋아진다면 금상첨화겠지만 때로는 더 썰렁해지기도 한다. 썰렁해지기만 한다면 그나마 괜찮은데 때로는 전술한 농담처럼 성희롱으로 오해 받을 소지도 있다. 특정 직원의 신체적 특징이나 약점 등을 비하하는 뉘앙스를 담는 경우에는 그 직원에게 큰 상처를 주고 해당 경영인의 인격까지 의심받는 것이 보통이다. 경영인의 농담 역시 소속직원 모두의 주목을 받을 수밖에 없으므로 내용과 시기 등에 어느 정도의 신경을 쓰는 것이 현명할 것이다.

● **행동으로 보여주기**

"강주임은 어디 갔어요? 아까부터 안 보이던데"

"저, 사장님, 강주임은 지금 좀…."

"무슨 일 있어요?"

"고객 때문에 쉬고 있습니다"

"무슨 일인지 자세히 말해봐요"

"환불요건에 해당하지 않는데 자꾸 환불요구를 해서 강주임이 몇 차례 안 된다고 했나 봅니다. 그런데 오늘은 급기야 반말과 엄청난 욕설까지 들었다고 하네요"

"이런…. 강주임은 지금 어때요?"

"직원 휴게실에서 쉬고 있습니다"

"내가 진상고객에 대한 실효성 있는 대응책을 이달 안으로 반드시 준비할 테니 아무 걱정 말고 이제 업무에 복귀하라고 하세요"

"저, 사장님. 죄송한데 지난달에 최과장이 비슷한 일을 당했을 때도 사장님은 지난달 내로 대책을 마련하신다고 하셨고 그 전에도 몇 차례 같은 말씀을 하셨습니다"

"내가 그랬었나?"

행동으로 이어지지 않고 말로만 그치는 사장은 당연히 신망을 유지하기 어렵다. 직원이 사장에게 근본적으로 기대하는 것은 말이 아닌 행동이기 때문이다. 일반직원 입장에서 관리자는 어차피 같은 샐러리맨이기에 설사 이래도 어느 정도는 그냥 넘어가 주지만 사장이 이러면 대부분은 큰 실망을 한다. 사장만큼 큰 권한을 가지는 자가 사내에 없는 만큼 그의 발언은 모두의 주목을 받는다는 점을 잊어서는 안 된다. 우리를 도와주는 손이 우리를 위해 기도해 주는 입보다 거룩하다.[1]

● **결단력 보이기**

"사장님, 신제품 출시일은 언제로 할까요?"

"정부장, 경쟁사의 올해 신상품은 언제쯤 나온다고 합니까?"

"정확히는 파악하지 못했지만 이달 말이 될 거라는 추측이 주류를 이루고 있습니다"

"그럼 우리도 이달 말로 잡읍시다"

"그런데 사장님, 우리가 내놓는 제품은 아무래도 경쟁사보다는 청소년층의 수요가 많으니 그걸 감안해서 아이들이 방학을 하는 다음 달이 더 좋을 것 같습니다"

"김차장이 정말 좋은 지적을 한 것 같네. 그럼 다음 달로 합시다"

"사장님, 우리 제품의 주요부품을 조달해주는 중국회사들이 다음 달

말까지는 자국 내 사정으로 제대로 조업을 못 할 것 같습니다. 이런 상태에서 그냥 다음 달에 출시한다면 만약 주문이 폭주할 경우, 재고부족으로 한동안 수요가 공급을 초과할 것입니다. 출시 직후, 반응이 뜨거울 때 치고 나가지 못한다면 내년까지 계속해서 경쟁사에 밀릴 가능성이 큽니다. 이런 점을 고려해서 중국 내 생산이 정상궤도에 오르는 다다음달 이후로 출시일을 잡는 것은 어떨까요?"

"듣고 보니 박전무 말도 맞네. 어떻게 해야 하나…. 내가 결정하기 어려우니 여러분이 이번 주까지 논의해서 결정하는 것은 어때요?"

(김차장의 생각: 사장은 지난번 입찰 때도 우리에게 최종결정을 하라고 해놓고 나중에 안 좋은 결과가 나오자 불같이 화만 냈는데 이번에도 그러면 어쩌지? 중요한 결정 때마다 항상 뒤로 빠지기만 하는 사람이 무슨 사장이라고….)

사장의 주된 업무는 의사결정이며 특히 최종의사결정은 사장이 하는 것이 보통이다. 그렇기에 사장의 자리는 실제로는 외롭고 힘들다는 말을 많이들 한다. 일부 사장은 안 좋은 결과 등 결정에 따르는 책임을 피하기 위해 고위관리자에게 최종의사결정을 맡기거나 결정을 못하고 주저하는 모습을 종종 보인다. 사람인 이상, 중요결정을 앞두고 어느 정도는 고뇌하는 것이 당연하겠지만 그 정도가 너무 심하다면 부하들의 믿음을 잃을 수밖에 없다. 사내에서 누구에게나 지시·명령할 수 있는 권한은 아무런 이유 없이 사장에게 주어지는 게 아니다.

● 업무에 있어 오픈 마인드 보이기

훨씬 좋은 대우를 해준다는 스카우트 제의를 받고도 기존의 직장을 고수한 모 직장인을 안다. 특별한 이유가 있냐고 묻자 지금 모시고 있는 사장님이 새로운 제안이나 지식, 기술에 항상 열린 마음을 보여주기에 기존 직장을 떠날 생각이 전혀 없다고 했다. 적지 않은 경영인이 자신만의 경영방식이나 기존 기술, 관행 등에 함몰된 모습을 보인다. 흘러가는 세월을 붙잡을 수 없듯이 세상의 변화 역시 거부할 수만은 없다. 회사의 발전에 도움이 되는 것이라면 무엇이라도 기꺼이 받아들이는 태도는 특히 젊고 유능한 직원들의 마음을 얻는 데 큰 도움이 된다.

● 여자직원에게 지나치게 관대한 사장[2]

"사장님, 제가 엑셀파일을 만들며 함수를 잘못 기입하는 실수를 저질렀습니다. 오늘 아침에야 이걸 알아챘고 아직 수정을 다 못했습니다. 죄송하지만 보고서 제출기한을 조금만 늦춰주십시오"

"괜찮아요. 크게 신경 쓰지 마세요. 그건 강대리에게 맡기고 좀 있다 손님접대가 있으니 거기나 같이 갑시다"

"사장님, 저도 다른 남자직원들과 동등한 대우를 받고 싶습니다. 그들이 잘못하면 엄하게 질책하시면서 왜 저는 그냥 넘어가시는지 이해를 못하겠습니다. 저는 단지 손님접대용 직원에 불과한가요?"

아직도 구태의연하게 여성직원을 '직장의 꽃' 정도로만 여기는 경영인이 있다. 이렇게 간주하는 한, 당연히 제대로 된 교육이나 훈련은 행해지지 않으며 예쁘기만 하면 된다는 식의 태도를 보이게 된다. 이로 인한 인건비 낭비도 문제지만 차별이라는 남자직원들의 문제제기로 인해 사내 분위기는 하락하고 경영인의 평판은 급락하는 것이 보통이다. 외모가 좋은 직원을 열심히 일하는 직원보다 더 우대해 준다면 누가 이 조직을 위해 열정을 바치겠는가. 게다가 제대로 된 자아발전에 관심이 많은 여직원들은 오히려 이런 대우를 불쾌하게 여길 것이다. 남녀구분 없이 직원을 하나의 인격체로 보고 직원과 회사 모두의 상생을 고민할 때, 해당 경영인에 대한 신망은 높아질 것이다.

● **일관성이 없는 사장**

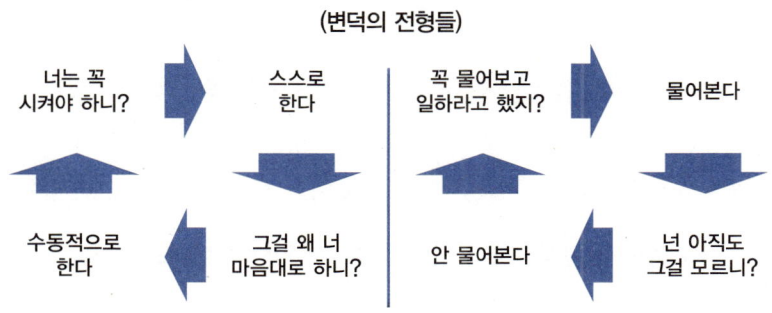

(변덕의 전형들)

"차과장, 이런 거까지 내가 일일이 지시해야 합니까? 알아서 좀 할 수 없어요?"

"지난달에 이와 유사한 사안을 제가 스스로 판단하고 결정하니 왜 그렇게 하냐며 엄청 화를 내셨잖아요?"

"내가 그랬나? 그건 그거고 아까 차과장이 질문한 걸 생각해 보았는데 아직도 그걸 몰라요? 차과장 정도 연차라면 그 정도는 알아야 정상 아닙니까?"

"압니다. 이미 여러 번 경험한 일이라 아주 잘 압니다"

"근데 왜 질문했어요?"

"지난번에 사장님이 그러시지 않았습니까? 앞으로는 아무리 사소한 것도 꼭 질문하라고!!!"

사람마다 호불호(好不好)는 각양각색이며 변하기도 한다. 하지만 도저히 예측할 수 없을 정도로 자주 변한다면 직원은 혼란을 느낄 수밖에 없고 불신과 이직으로 이어지는 것이 보통이다. 스트라이크 존이 제멋대로인 야구심판은 좁거나 넓은 심판보다도 훨씬 더 비난받는다.

● 소통을 빙자한 훈계나 자기자랑 피하기 (경청의 중요함)

소통이 시대적 화두로 부상함에 따라 상당수 경영인이 부하직원과의 소통을 중요시하고 실행을 하고 있다. 그런데 이들 중 적지 않은 경영인들이 부하와의 회식이나 식사자리에서 본인만 이야기를 하고 부하에게는 말할 기회를 주지 않는다. 이것은 소통이 아니다. 형식적으로는 소통이지만 실질적으로는 훈계나 자기자랑일 뿐이고 부하직원이 회식이나 사장과의 식사자리를 꺼리는 주된 이유이기도 하다. 반면 직원관리를 잘한다고 소문난 몇몇 경영인들은 소통보다는 오히려 경청을 중시한다. 사람은 천성적으로 말을 듣기보다는 하는 것을 선호하지만 이들은 이런 욕구를 억누르고 가급적 부하직원의 이야기에 귀를 기울이며 이를 통해 직원의 개인사와 불만사항을 파악함으로써 직원관리에 유용하게 사용하고 문제가 될 소지를 미연에 방지한다. 군중 속의 고독이 그 어느 때보다 실감나는 오늘날, 경청만큼 좋은 신망유지법은 드물 것이다.

● **역멘토링**

일반적인 멘토링은 상급자가 하급자에게 업무 내·외적인 도움과 조언을 주는 사내교육법의 일종이다. 역멘토링은 반대로 상급자가 특정 하급자를 통해 하급자들의 분위기, 애환, 고민거리 등을 모니터링하고 이를 경영에 반영함으로써 하급자들의 조직과 업무에 대한 몰입도를 높이는 방법이다.

필자가 아는 모 경영인은 미혼의 20대 직원 한 명과 아이를 키우는 워킹맘 한 명을 멘토로 정하고 주기적으로 이들을 만나고 있다. 20대 직원을 통해서는 요즘 젊은 직원들의 가치관과 눈높이 등을, 워킹맘을 통해서는 일과 가정의 양립을 위해 직원들이 원하는 바를 파악한다. 실질적인 소통을 위해 이렇게 노력한다는 사실만으로도 직원들의 만족도는 상당히 올라갔다고 한다.

● **도대체 누굴 위한 회식인가?**[3]

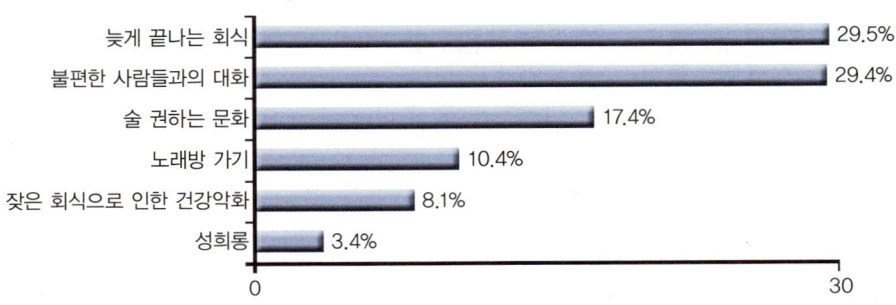
(회식으로 인한 스트레스의 원인들)

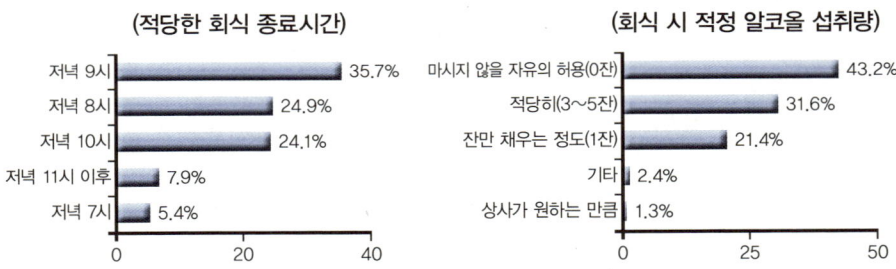
(적당한 회식 종료시간) / (회식 시 적정 알코올 섭취량)

    취업포털 인크루트가 직장인 373명을 대상으로 2016년 1월 설문조사를 실시한 결과 10명 중 8명 이상이 회식 때문에 스트레스를 받은 것으로 나타났다. 이번 설문조사에서 회식자리 고충 사유 1위는 ▶'회식이 늦은 시간까지 이어져서(29.5%)'가 차지했다. 직장인이 원하는 적정한 회식 종료시간은 ▶'저녁 9시'가 35.7%로 가장 높게 집계됐으며 응답수의 84.7%가 '저녁 8시~10시'에 몰려있었다. 또 회식자리에서의 적절한 알코올 섭취량에 대해선 ▶'원하지 않으면 권하지 말아야 한다'가 43.2%로 확인되면서 무조건적인 술 권하기에 반대하는 것으로 나타났다. 한편 가장 도입하고픈 회식문화로 응답자의 20% 이상이 ▶'회식 일찍 마치기'와 ▶'상사 위주의 회식 문화 바꾸기'를 뽑았다.

단합을 도모하고 부하직원을 위로한다는 본래의 취지에서 벗어나 경영인이나 상사의 군림의 자리로 변질되는 회식이 적지 않다. 그렇기에 이 설문조사처럼 상당수 직장인들은 가급적 일찍 끝나는 회식, 상사만이 아닌 부하도 존중해주는 회식을 원하는 것이다. 돈은 돈대로 들이고 부하들의 인심은 인심대로 잃는 사태를 막고 싶다면 원래의 취지에 충실한 회식자리가 되도록 신경 써야 한다. 또한 적지 않은 직원이 회식자리에서는 업무상 대화를 상당히 피곤해하므로 가급적 회식자리에서는 이를 피하는 것이 회식의 근본 취지를 살리는데 도움이 될 것이다.

신망유지의 방법 핵심요약

- 어설픈 농담 피하기
- 행동으로 보여주기
- 결단력 보이기
- 업무에 있어 오픈 마인드 보이기
- 여자직원에게 지나치게 관대한 사장
- 일관성이 없는 사장
- 소통을 빙자한 훈계나 자기자랑 피하기 (경청의 중요함)
- 역멘토링
- 도대체 누굴 위한 회식인가?

3장
권한행사의 방법

회사에서 가장 막강한 권한을 가진 사람은 일반적으로 사장이다. 사장의 권한행사는 그렇기에 일반직원의 그것과는 비교도 할 수 없을 정도의 영향을 회사에 미친다. 이하에서는 이처럼 엄청난 파괴력을 지닌 사장의 권한행사에 있어 신경 써야 할 점들을 알아보겠다.

● 특이한 채용법 (다양한 채용법의 개발필요성)

필자가 아는 모 사장은 대기실에서 있는 면접대상자들이 긴 복도를 지나야 면접실에 들어갈 수 있도록 그들이 대기하는 대기실과 면접이 행해지는 면접실을 배치한다. 그리고 이 복도 한 켠에 큰 휴지통을 놓고 바닥에는 누가 봐도 쓰레기임이 분명한 종이쪼가리들을 버려둔다. 대기실과 면접실 사이를 오가며 누가 시키지도 않았는데 이 종이를 주워서 휴지통에 버리는 면접대상자는 무조건 선발을 하고 있다.

처음 이 채용법을 들었을 때 필자는 저절로 웃음이 나왔다. 좋은 직원을 선발하기 위한 다양한 방법들이 시중에 아주 많이 소개되어 있는데 이런 단순한 방법에 의존하는 이 사장이 솔직히 우스워 보였다. 하지만 지금은 생각이 전혀 다르다. 다양한 방법들이 있다고는 하나 각 회사의 상황에 딱 맞는 방법은 찾기 어려우며 괜찮은 방법들은 대다수가 비용과 시간이 많이 소요되기에 중소기업들은 사용하기 어려운 경우가 대부분이다. 이런 현실에서 누구도 시키지 않았는데 휴지를 주워서 버리는 직원, 즉 기본적인 인성을 갖춘 자를 효과적으로 찾아내는 이 방법은 그 어떤 방법보다 비용대비 효용이 우수하다고 판단된다. 아나운서 지망생 시절 면접을 보고 난 후, 대기실의 쓰레기를 자진해서 치웠고 이 점이 합격에 도움이 된듯하다는 최희 전(前) KBS N 아나운서의 경험담[1] 이나 구글형 인재는 복도 휴지를 자청해서 치울 줄 아는 사람이라는 구글의 인사담당 수석부사장이던 라즐라 복의 인터뷰[2]도 이와 일맥상통한다.

일본에서 가장 존경 받는 기업인중 하나인 이나모리 가즈오 교세라 그룹회장에 따르면 성공은 열정, 능력, 태도의 함수이며 이들 간의 관계는 다음과 같다고 한다.[3]

> **성공=능력(0~100) x 열정(0~100) x 태도(-100~100)**

여기서 주의할 점은 능력과 열정은 그 범위가 0에서 100까지이기에 설사 둘 중 하나가 0이라 해도 손해(마이너스)는 가져오지 않는다. 하지만 태도는 -100부터 100까지의 범위를 가졌기에 안 좋은 태도는 본인과 회사 모두에게 큰 손해(마이너스)도 가져올 수 있다.

아마 전술한 사장 역시 능력이나 열정보다 태도가 훨씬 더 중요하다는 생각에 이 채용법을 개발했을 것이다. 이처럼 자신의 철학과 회사의 현실에 맞춘 채용법을 개발하고 이에 부합하는 인재를 선발한다면 보다 효과적인 경영인의 권한행사가 가능 할 것이다.

● 구직자 너무 만만히 안 보기

일부 사장이나 관리자는 하도 많은 면접을 보다 보니 눈빛만 봐도 어떤 지원자인지 빤히 보인다는 말을 자주 한다. 이 말을 들을 때마다 필자는 시즌 종료 후의 프로선수들이 생각난다. 이들 대다수는 새로운 시즌에 대한 포부를 밝히며 상당히 뛰어난 개인성적을 내리라 자신한다. 하지만 실제 시즌이 시작되고 이를 실현하는 선수는 극히 일부다. 지원자 눈빛만 봐도 파악이 가능하다면 당연히 좋은 지원자만 선발할 것이기에 해당 회사는 급속히 발전해야 하지만 실제로 이런 경우는 매우 드물다. 눈빛만으로 파악 가능하다는 생각은 자뻑(자아도취)에 불과한 경우가 대부분이다. 게다가 요즘은 이직이 잦은 탓에 면접관을 능가하는 지원자가 속출하고 있다. 즉, 이미 상당한 회사경력과 잦은 면접경험이 있기에 어지간한 면접관은 감당하기 힘든 구직자가 늘고 있다. 이들 중에는 면접관 분위기만 보고도 이 사람이 나를 데리고 장난치거나 거짓말하는 것은 아닌지 파악 가능하다는 주장을 하는 자들도 적지 않다. 공성술(攻城術 성을 공격하는 기법)이 발달할수록 이에 비례해 성벽 쌓은 기술도 발전하기 마련이다. 구직자 만만히 보고 함부로 판단하다가는 큰 코 다칠 수 있다.

● 닭 잡는 데 소 잡는 칼? (사소한 일까지 챙기는 사장)

"차과장, 전에 다니던 회사도 평이 괜찮던데 굳이 이곳으로 옮긴 이유가 있어?"

"발전가능성 탓이죠"

"거기도 오너가 사장이라 신경 많이 쓴다던데 웬 발전가능성? 무슨 문제 있어?"

"너무 세세히 신경 쓰는 게 문제죠. 중간관리자가 할 일까지 하나하나 사장이 다 챙기니 관리자들은 체면이 안서고 일반사원은 사장만 바라보고.... 이런 회사에 미래가 있겠습니까?"

각각의 직급에는 요구되는 임무가 있기 마련이다. 최고경영인의 위치 또한 마찬가지다. 거대한 함대의 최고사령관으로서 나아갈 방향과 어려움에 대처할 방법 그리고 함대 내 업무분장 등을 사장이 명쾌하게 정해줄 때 직원들의 사장에 대한 믿음과 애사심은 커지게 된다. 일부 사장은 부하를 돕는다는 명분하에 작은 것도 신경을 쓴다. 사장 본연의 임무를 다하며 이런다면 인간적이거나 꼼꼼하다는 평가를 받을 수도 있겠지만 못 미더운 모습을 보이는 상태에서 이러는 것은 그릇이 작다는 증거로 해석될 소지가 크다. 그리고 단순히 서포트하는 수준에 그치지 않고 특정 직원들의 업무를 사장이 완전히 대신해서 수행한다면 조직 전체의 시스템에 큰 혼란이 발생할 개연성도 크다. 사장이란 지위를 사회가 일반적으로 높게 평가하는 이유는 그만큼 어려운 일을 하기 때문이다. 이 어려운 일에 매진할 때 가장 사장다워 보인다.

● 솔선수범 (진정한 경영인의 자세)

(진정한 경영인의 자세)[4]

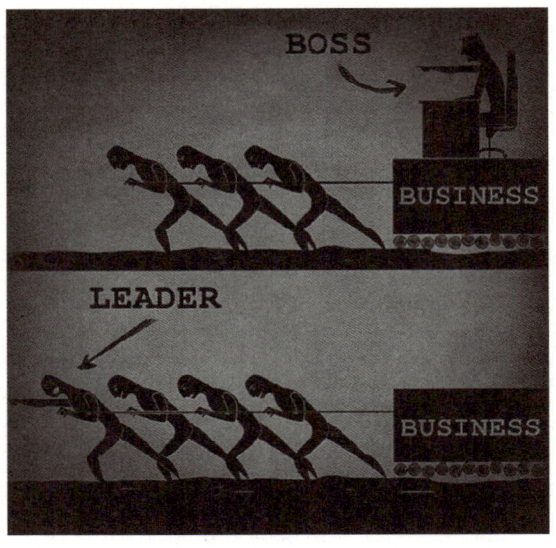

　모 대형병원의 병원장 K박사는 직원들의 인사성 탓에 고민이 많았다. 의료산업도 날로 경쟁이 심해지는데 일부 고참직원과 의사들이 환자들에게 인사하는 것을 자존심을 이유로 꺼렸기 때문이다. 이에 K박사는 매일 아침마다 1시간씩 병원 로비에 서서 내원하는 환자들에게 직접 큰소리로 인사를 했으며 오후가 되면 각 과를 순회하며 대기하고 있는 환자들에게 마찬가지로 인사를 했다. 그 어떤 지시보다 병원장 본인의 실천이 구성원들의 인사성 향상에 가장 효과가 컸다고 K박사는 필자에게 말했다.

　중장비 대여 회사를 운영하는 L사장은 사내에서 음담패설이나 비속어 등을 남발하는 직원들이 너무 많아서 고민이 컸다. 이에 비싼 외부강사까지 초청하여 사내예절교육을 시행했지만 별다른 효과가 없었다. 이를 필자에게 이야기하기에 혹시 그 교육에 사장님도 참석하셨냐고 묻자 바빠서 참석 못했다고 한다. 다음 교육부터는 꼭 참석하고 적극적으로 강사의 교육내용을 수용하는 자세를 보이라고 필자는 조언을 했다. 이렇게 사장도 직접 교육을 받고 강사에게 따르는 모습을 보이자 직원들 상당수가 문제되는 행동을 자제했다고 한다.

진정한 경영인의 자세가 어떠해야 하는지는 위의 그림이 잘 보여준다. 일방적인 지시가 아니라 '나도 할 테니 우리 함께 하자'는 자세를 경영인이 보일 때 직원들의 수용성은 극대화된다. 알렉산더 대왕, 율리우스 카이사르, 나폴레옹 같은 불세출의 영웅들이 왜 항상 주요 전투에서 병사들과 함께 싸우며 동고동락(同苦同樂 괴로움과 즐거움을 함께 함)했는지 생각해볼 가치가 있다.

● 최후통첩게임 (공정함의 중요함)

"임금도 많이 주는데 뭐가 그리 불만인지 이해가 안 돼요"
"임금의 분배는 공정하게 이뤄졌나요?"
"공정한 분배요?"

근무조건이 좋은데도 직원들의 불만이 많아서 고민이라는 모 사장과 필자의 대화 중 일부이다.

'최후통첩게임'이라는 독일의 경제학자 베르너 귀스가 창안한 심리학

실험이 있다. 이 실험은 완전히 남남인 두 사람을 한 조로 만들고 그 중 한 사람에게 10만원을 준 후, 이를 마음대로 나머지 한 사람에게 배분하게 하는 게임이다. 이 배분비율에 배분 받은 사람이 만족한다면 각자 수중의 돈을 가지게 되고 만족하지 못한다면 10만원 모두를 다시금 몰수당하게 된다.[5]

배분비율에 만족을 해야 배분된 돈을 갖게 되므로 이론상으로는 단돈 1원을 배분 받아도 만족을 할듯하다. 하지만 실제 실험한 결과, 너무 적은 비율을 배분 받은 사람들은 상당수가 불만을 표현했다. 즉, 배분 받은 돈을 모두 뺏기더라도 이렇게 불만족을 표현하여 배분을 한 자 역시 한 푼도 못 가지게 함으로써 너무 배분을 적게 한 점에 대해 이 자에게 벌을 주고자 한 것이다.

사람은 경제적 동물인 동시에 심리·감정적 동물이다. 설사 임금액이 높더라도 분배의 절차나 기준이 공정치 않다고 생각된다면 불만을 갖게 되고 설령 낮더라도 공정함이 충족된다면 만족하기도 한다. 임금뿐만 아닌 권한행사 전반에 있어서의 공정함도 절대 간과해서는 안 될 것이다.

● 불만표출의 기회제공 (마구잡이식 불만표출에 대한 대책)

일부 경영인은 정당한 불만마저도 표출하기 어려운 조직문화를 조성하는데 이는 오히려 직원들의 불만을 증폭시키고 극단적인 노사갈등을 부추길 수 있다. 게다가 불만을 일절 표현하지 못하는 상태에서의 경영인의 권한행사는 통상 일방독주로 흐르기에 수용성과 효율성 측면에서 문제의 소지가 크다. 그렇다고 마구잡이로 불만을 표출하게 한다면 사내 혼란이 발생할 수 있으므로 다음의 방법들을 추천한다. 한편, 경영인이 꼭 알아야 하는 사항이지만 제보자에 대한 불이익이 두려워서 직원들이 제보를 못하는 케이스에 대비하여 익명게시판이나 건의함의 사용도 병행하는 것이 좋다.

대책	내용
서면으로 불만표출 하게 하기	통신회사인 C사는 직원이 불만을 표출하고자 할 때에는 공식적인 서류에 성함과 날짜, 구체적인 내용 등을 적은 후 제출하게 함으로써 작성과정을 통해 불만표출여부에 대해 한 번 더 숙고하게 하고 있다.
표출된 불만을 기록하기	금융회사인 D사는 직원이 불만을 표출할 때마다 일일이 내용과 날짜 등을 기록하고 또 다른 불만을 표출할 경우, 이미 축적되어있는 그 직원의 불만표출리스트를 보여줌으로써 사소하고 주관적인 불만표출을 자제시키고 있다. 이렇게 기록된 불만들은 해당 직원의 특징이나 성향을 파악하는 데도 유용하다.
직원들이 우측의 사항들을 종합적으로 고려하여 불만 표출여부를 결정하도록 교육하기 (이들 사항에 대한 구체적인 설명은 이 책 제2부 제3장 권리행사의 방법에 나오는 '불만표출 시 고려할 점들'에 정리되어 있다)	– 합당한 불만인가? – 불만을 표출할 정도로 중요한 사안인가? – 너무 감정적으로 불만을 표출하고 있지는 않은가? – 미리 계산기는 두들겨 보았는가? – 내가 사용자라면 이 불만에 대해 어떻게 생각할까?

● 적당한 긴장과 갈등 조성하기

"과장님, 지금 어디세요?"

"나? 회사 근처야. 근데 왜 전화했어?"

"또 지각하실까 봐 전화 드렸어요"

"걱정 마. 어차피 우리 사장은 이런 거 신경도 안 써. 적당히 비위만 맞춰주면 그 양반은 항상 만사 오케이야!!!"

상대가 잘해주면 이를 고맙게 여기고 나도 잘하리라 생각하는 사람이 있는 반면, 상대의 호의를 이용하여 자신의 이익만 추구하는 자도 있다. 특히 노사관계는 근로의 제공과 임금의 지급이라는 부담스런 의무가 필수요소이기에 후자인 사람들이 적지 않은듯하다. 합당한 규율과 징계가 수반되지 않는 권한행사는 일반적으로 실효성을 가지기 힘들다.

그리고 직원이나 부서 간 적절한 경쟁이나 갈등 역시 조직의 발전을 위해 필수이다. 당사자 입장에서는 이런 것들이 무척이나 피곤하겠지만 아래 표에도 나오듯 적당한 갈등과 경쟁은 조직의 목표달성과 도전적·창조적 분위기 조성 등에 매우 큰 도움이 된다. 조직은 구성원간의 동화(同化)뿐만 아니라 알력에 의해서도 발전한다. 다이아몬드가 다이아몬드를 연마하는 법이다.[6]

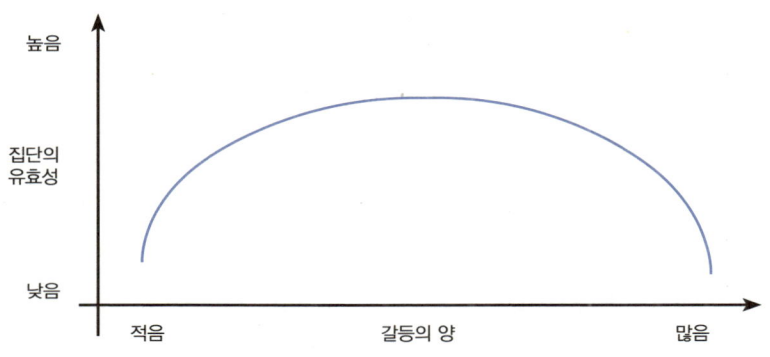

(적정수준의 갈등과 집단유효성)[7]

갈등 과소	적정수준	갈등 과다
적응력 둔화	변화지향	혼란·분열
획일성	창조적·다양성	투쟁·비협조
무사안일	도전적	불안·위협
포기·침체	목표실천 행동	산으로 가는 배

● 무의미한 초과근로 지양하기 (포괄산정임금제 사용 시 주의점)

"대표님, 요즘 회사 생산성은 어떤가요?"

"잔업을 중단했는데도 생산성은 그대로입니다. 참 신기하네요"

경영악화로 인해 긴축경영에 들어간 모 경영인과 필자가 나눈 대화이다. 대다수 사업장의 1일 근무시간은 일반적으로 8시간이며 이를 초과하여 일하는 것을 노동법에서는 연장근로라 하며 실무에서는 잔업이나 특근, 초과근로라고 부른다. 이런 잔업에 대해서는 해당 근로자 시급(시간당 임금)의 1.5배를 지급해야 한다. 즉 시급이 1만원이라면 잔업 1시간에 대해서는 1만 5천원을 지급해야 한다. 그런데 회사입장에서는 일을 더 시키기 위해, 직원입장에서는 잔업에 따르는 초과임금을 받기 위해 상당수 사업장에서 시행 중인 잔업이 실제로는 불필요한 경우도 아주 많다. 이 사업장처럼 잔업을 줄였지만 생산성은 그대로인 회사가 비일비재한 것이다. 생산성이 그대로라는 사실은 그동안 불필요한 잔업을 해왔고 그만큼 노무비가 낭비되었다는 증거이다. 현재 시행 중인 잔업이 정말 필요한지에 대한 검토는 경기침체에 대처한다는 차원에서도 매우 중요하며 최근 저녁이 있는 삶을 꿈꾸는 직원들이 급증함에 따라 잔업의 폐지나 감소는 회사 전반적으로 환영받을지도 모른다.

한편 일부 회사는 고정적인 잔업을 예상하고 이것까지 모두 포함한 임금계약을 한다. 이를 보통 포괄산정임금제라 한다. 이 포괄산정임금제를 사용하더라도 근로자에게 불이익이 있으면 안 되며 이에 대한 대법원의 입장은 다음과 같다. 즉, 근로시간 산정이 가능한 경우의 포괄산정임금제는 근로자에게 불리한 부분은 원칙적으로 무효이므로 포괄산정임금제는 가급적 사용하지 않는 것이 좋을 것이다.

> 포괄임금제 방식의 임금 지급계약을 체결한 때에는 그것이 근로기준법이 정한 근로시간에 관한 규제를 위반하는지를 따져, 포괄임금에 포함된 법정수당이 근로기준법이 정한 기준에 따라 산정된 법정수당에 미달한다면 그에 해당하는 포괄임금제에 의한 임금 지급계약 부분은 근로자에게 불이익하여 무효라 할 것이고, 사용자는 근로기준법의 강행성과 보충성 원칙에 의하여 근로자에게 그 미달되는 법정수당을 지급할 의무가 있다(대법 2014도8873).

● **직급 부여하기**

"제가 신입으로 입사했지만 입사하자마자 주임이란 직함을 사장님이 주셨고 그게 참 좋네요"

입사한 회사에 매우 만족해하는 모 직원이 필자에게 했던 말이다. 직원이 적다는 이유로 직급을 부여하지 않고 사용하는 경영인이 종종 있다. 하지만 직급의 부여는 조직원으로서의 소속감과 사회인으로서의 책임감을 느끼게 하므로 조직사회화와 장기근속의 유도에 중요한 역할을 한다. 유교문화권인 우리나라에서는 직원의 체면과 기를 살려주는데도 매우 유용하다. 처음 보는 사람에게도 어지간하면 홍길동 선생님, 임꺽정 사장님이라고 부르는 오늘날의 사회풍토를 고려한 조치가 필요할 것이다.

● **순둥이 직원이 하루아침에 돌변한 이유는? (직무불만족의 표현방식)**

말 잘 듣던 직원이 갑자기 반항적인 태도를 보이거나 심지어 무단결근을 하며 연락도 되지 않는다고 난감해하는 경영인들이 종종 있다. 개인적인 사유 탓일 수도 있지만 이런 경우의 대부분은 그동안 쌓인 회사나 경영인에 대한 불만 때문이다. 경영인 입장에서는 왜 이를 미리 표현하지 않았냐며 황당해할 수 있지만 현실적으로 갑을관계에 가까운 노사관계에서 근로자가 불만을 직접적으로 드러내는 것은 결코 쉽지 않다. 불만의 표현방식은 건설적인지 파괴적인지와 적극적인지 소극적인지를 기준으로 다음의 4가지 유형으로 나뉜다.[8] 직원들이 별다른 불만표현 없이 순종한다고 하여 불만이 없을 거라 성급히 판단하지 말고 평소부터 불만유무와 그 해소방안에 신경을 써 주어야 할 것이다.

✓ 이탈(exit): 회사를 나가버리거나 다른 부서로 옮긴다.

✓ 건의(voice): 상황을 개선하기 위하여 책임자에게 제의하고 요구한다.

✓ 순종(loyalty): 개선될 때까지 참고 기다린다.

✓ 무시(neglect): 조직에 비협조적이고 결근이나 태만을 일삼는다.

〈불만의 표현방식〉[9]

	적극적	
이탈		건의
파괴적		건설적
무시		순종
	소극적	

● **직원의 성향 파악하기**

"야~~ 길동아, 오랜만이다. 잘 지냈지?"

"그냥 그렇지 뭐"

"여전히 표정은 우울하구나. 대한민국 최고대학 나오고 최고기업 요직에 있으면서 뭐가 그렇게 불만이냐?"

"고작 월급쟁이인데 그게 뭐 대단하냐?"

실제로 필자가 중학교 동창과 나눈 대화이다. 어린 시절부터 수재소리

듣던 이 친구는 최고 명문대를 졸업했고 가장 좋다는 기업에 간단한 면접만 보고 입사했다. 연봉도 상당하고 권한도 많이 주어지나 본데 자신의 성에 안 찬다고 느끼는지 항상 불만이다.

무조건 자신의 처지에 만족하는 사람은 드물겠지만 대다수 사람은 어느 정도 현실을 받아들이고 이에 만족하며 산다. 반면 매사에 불만인 사람도 분명히 존재한다. 이들은 성향자체가 부정적이라 항상 비관적인 태도를 보이며 모든 세상사를 부정적인 안경을 끼고 본다. 직장생활에서 임금, 동료, 승진제도, 작업조건 등 직무환경을 감지할 때도 긍정보다는 부정이 앞서며 불만이 많다.

모래 위에는 아무리 좋은 씨앗을 뿌려도 꽃이 피지 않는다. 행복을 받아들일 준비가 안 된 사람에게는 결코 행복이 생겨날 수 없다. 성향자체를 바꾸지 않고 계속해서 불만만 토로한다면 회사에서 결코 환영받을 수 없다는 사실을 단호히 알려서라도 이들의 개선을 유도해야 한다. 이런 태도는 같이 일하는 동료의 근무의욕마저 저하시키며 전염될 소지도 크다는 점에서 더욱 그렇다.

● **위임가능표 작성하기**[10]

위임을 통해 경영인은 업무부담을 덜거나 부하직원의 역량을 키우거나 테스트할 수 있다. 하지만 무분별한 위임은 경영인 본인의 일을 부하에게 떠넘긴다는 인상만 주는 것이 보통이다. 평소부터 아래와 같이 위임가능표를 작성하고 위임의 목적을 분명히 한 상태에서 이 표에 맞춰서 위임을 한다면 이런 오해를 상당 부분 불식시키고 위임의 효과를 극대화할 수 있을 것이다.

(위임가능표의 예)

전부 위임 가능한 것	일부 위임 가능한 것	위임할 수 없는 것	위임할 수 없는 이유
일반직원들의 만족도 파악	관공서와의 공적인 업무	협력사와의 관계조성과 유지	협력사 사장이 능구렁이라 자칫하면 만만하게 보일 수 있다

(위임하는 경영인이나 상사를 기준으로 이 표를 작성하는 것이 일반적이나 부하직원 한 명, 한 명을 기준으로 작성하는 것도 가능하다)

● 목표, 비전, 업무의 의미 등을 벽에 부착하고 상기시키기

모 경영인은 1년에 한 번씩 모든 직원에게 인생목표를 작성하게 하고 이를 액자에 넣은 후, 회사에서 가장 잘 보이는 벽에 붙여둔다. 또 다른 경영인은 이 회사의 비전을 회사 벽에 크게 붙이고 시시때때로 직원들에게 리마인드 시키고 있다. 각 팀의 주된 업무와 이 업무들이 가지는 의미를 팀 사무실 벽에 크게 붙여 놓는 회사도 있다.

우스꽝스럽거나 애들 장난 같다고 볼 수도 있지만 여러 연구결과에 따르면 이런 행위 역시 직원에 대한 동기부여나 사기증진 등에 큰 도움이 된다. 상식적으로도, 아무 목표의식 없이 사는 삶과 주기적으로 목표를 되새기며 사는 삶 중 어떤 삶이 더 의미 있게 흘러갈지는 자명(自明)하다. 다만 이 방법의 실효성을 확보하기 위해서는 경영인부터 해당 목표나 비전 등에 합당한 언행을 보여야 한다. 가령 '소비자 만족도 극대를 통한 최대다수의 행복증진'이란 비전을 정해놓고 실제로는 이윤극대화에만 골몰한다면 직원들 역시 이 비전을 무시하게 되어 이들 방법은 별다른 효과를 거두지 못하게 될 것이다.

● **직원의 동의하에 업무수행과정 녹화하기**

객관적인 제3자의 위치에서 자신을 보게 하는 것 또한 스스로 자신의 잘못을 시정토록 유도하는 효과적인 방법이다. 특히 자존심이 너무 세서 타인의 지적을 못 견디는 직원일수록 이 방법은 효과를 발휘한다. 업무가 행해지는 장소를 중심으로 CCTV 촬영을 한 후, 이를 직원과 같이 검토한다면 손쉽게 직원의 과오를 시정할 수 있을 것이다. 다만, CCTV 촬영에 대해 이 장소에 출입하는 모두의 동의를 반드시 받아야 하며 공개된 장소에는 원칙적으로 예외적인 경우에만 CCTV를 설치할 수 있다(개인정보보호법 제15조, 제25조).

● **경쟁사의 근무조건 체크하기**

"노무사님, 다른 회사 직원들은 빠릿빠릿하게 일만 잘하는데 우리 회사 직원들은 왜 이럴까요?"

"무슨 문제라도 있습니까?"

"근태관리도 그렇고 사장인 제가 말을 해도 영 시큰둥하기만 해요. 어제도 한 1년 일한 직원에게 조금 심한 소리 했더니 바로 사표를 던지더군요"

"평소 직원들을 너무 들들 볶거나 빡빡하게 대하시나요?"

"아뇨, 천만에요"

"그럼 근무조건은 어떤가요? 특히 경쟁사와 비교해서요"

그럭저럭 인간적으로 대해주는데도 직원들이 태만하다면 십중팔구 근무조건 탓이다. 설사 좀 까칠하게 대하더라도 근무조건이 좋으면 대다수 직원들은 이를 감수하고 성실한 모습을 보이기 마련이다. 특히 동종업종 내 유사한 규모의 다른 회사에 비해 근무조건이 많이 낮다면 직원들은 동기부여가 되기 어렵다. 일부 경영인은 고용안정의 보장이나 직원들의 마음을 얻을 수 있는 언행 등을 통해 이 문제를 해결하려 하는데 이들 방법이 효과가 없는 것은 아니지만 냉정히 말해 근본적인 대책은 될 수 없다. 지속 가능한 경영을 희망한다면 최소한 경쟁사와 비슷한 수준은 보장해주는 것이 중요하다.

● **역발상 이용하기 (사장의 특권)**

필자가 아는 모 사장은 직원이 지각하면 그 책상에 꽃병에 꽂은 장미를 손수 놓아주고 하루 종일 이걸 보며 피곤을 풀라고 한다. 지각에 대한 질책은 전혀 하지 않지만 직원 입장에서는 그 어떤 질책보다 부담스럽게 다가온다고 한다. 특정 직원의 책상에 장미꽃이 놓여져 있으면 동료들이 이를 보고 지각했다며 킥킥거리기에 차라리 질책을 해달라는 직원도 있다. 일반적인 방식이 아닌 이런 역발상이 때로는 직원관리에 더 유용할 수도 있다. 그런데 어떤 사장은 이를 응용하여 지각이라고 쓴 커다란 마분지를 지각한 직원의 책상에 붙여서 경각심을 일깨우려 했지만 이는 오히려 반감만 높이는 결과를 가져왔다. 역발상은 아무나 할 수 없다. 사장이기에 가능한 것이다. 적정선을 지키며 다양한 역발상에 도전해 보기를 강력히 권유한다.

권한행사의 방법 핵심요약

- 특이한 채용법 (다양한 채용법의 개발필요성)
- 구직자 너무 만만히 안 보기
- 닭 잡는 데 소 잡는 칼? (사소한 일까지 챙기는 사장)
- 솔선수범 (진정한 경영인의 자세)
- 최후통첩게임 (공정함의 중요함)
- 불만표출의 기회제공 (마구잡이식 불만표출에 대한 대책)
- 적당한 긴장과 갈등 조성하기
- 무의미한 초과근로 지양하기 (포괄산정임금제 사용 시 주의점)
- 직급 부여하기
- 순둥이 직원이 하루아침에 돌변한 이유는? (직무불만족의 표현방식)
- 직원의 성향파악하기
- 위임가능표 작성하기
- 목표, 비전, 업무의 의미 등을 벽에 부착하고 상기시키기
- 직원의 동의하에 업무수행과정 녹화하기
- 경쟁사의 근무조건 체크하기
- 역발상 이용하기 (사장의 특권)

4장

불가근불가원 (不可近不可遠)

사장과 직원 간 관계 역시 관리자와 부하직원 간 관계처럼 너무 멀어도 안 되고 지나치게 가까워도 곤란하다. 그런데 사장과 직원 간 관계는 관리자와 부하직원 간 관계와는 근본적으로 다르기에 더욱 많은 주의를 요한다. 후자는 그래도 같은 피고용인이라는 연대감이 있기에 상호 간 이해가 수월할 수 있지만 전자는 엄밀히 말해 노사관계이기에 자칫하면 극렬한 대립으로 치달을 소지가 크다. 이하에서는 사장과 직원 간 바람직한 관계수립에 도움이 되거나 유의할 점들을 알아보겠다.

● 벌거벗은 임금님 되지 않기

"역시 사장님은 대단하십니다. 사장님께서 말씀하신 대로 하니 만사가 척척입니다"

"최부장, 그만 좀 해요. 그게 어디 내 덕인가요?"

"아닙니다. 모두가 사장님 덕분입니다. 앞으로 더욱 사장님 소신대로 회사를 운영하십시오"

"허허허, 최부장도 참...."

안데르센의 동화 <벌거벗은 임금님>을 보면 어떤 왕이 재봉사로부터 어리석은 자의 눈에는 보이지 않는다는 옷을 선물 받는다. 물론 재봉사의 말은 거짓이며 옷은 존재하지 않는다 하지만 왕은 자신이 어리석은 사람으로 보이는 것이 싫어서 입는 시늉을 하며 신하들 역시 왕의 심기를 거스르기 싫어서 멋진 옷이라고 거짓말을 한다.

상사나 사장들 중에는 평소 지나치게 부하에게 예스(yes)만을 강요하는 사람들이 적지 않다. 이럴 경우 상사나 사장이 벌거벗은 임금님처럼 어리석은 행동을 하더라도 어떤 부하도 옳은 소리를 못하게 될 가능성이 매우 높다. 사장심기에 거슬려도 부하의 건의를 통해 시정해야 할 사안들이 적지 않을 텐데 직원 전부가 예스만을 외친다면 그 회사의 미래는 어떻게 되겠는가. 사냥꾼은 개로 토끼를 잡지만 아첨자는 칭찬으로 우둔한 자를 사냥한다.[1]

● **피는 커피보다 진하다**

자매나 형제, 부자(父子) 같은 가족을 동시에 직원으로 사용하고 있는데 그 중 일부와 사이가 안 좋아질 경우, 재직 중인 나머지 가족과 회사 간 관계가 문제될 수 있다. 사이가 안 좋아진 직원 편을 안 들 거라는 태도를 일반적으로 보이지만 나중에 문제가 커져서 법적인 다툼까지 발생할 경우에는 결국 변심하여 그 가족 편을 드는 것이 보통이다. 편들지 않는다는 말만 믿고 해당 문제에 대한 고민을 모두 털어놓았다가 뒤통수 맞는 사장이나 상사가 적지 않다.

필자가 아는 모 경영인은 자매를 같이 사용했는데 그중 언니 되는 직원과 승진문제로 관계가 나빠졌다. 그 후 이 언니는 너무나 불성실한 근무태도를 보였고 어쩔 수 없이 회사는 이 언니를 해고했다. 이 과정에서 동생인 직원에게 사정을 다 설명했고 동생은 자신은 절대 개입하지 않겠다고 약속했다. 하지만 이 언니가 제기한 부당해고구체절차에서 결국 동생은 언니를 위한 증인으로 나왔고 회사에 불리한 증언도 서슴지 않았다. 가족 중 한 명과 사이가 안 좋아진다면 그 문제가 완전히 해결될 때까지는 재직 중인 나머지 가족과의 관계에도 상당한 신경을 쓰는 것이 현명할 것이다.

● **이직방지책[2] (사직하는 직원의 이야기에 귀 기울이기 등)**

직원들의 잦은 이직으로 고민하는 경영인이 적지 않다. 힘들게 채용하고 일까지 가르쳐서 이제 겨우 쓸 만해졌는데 갑자기 나가버린다면 사내 분위기 저하뿐만 아니라 새로운 직원을 뽑기 위한 비용 등 각종 비용이 또 들기에 문제가 아닐 수 없다. 이직을 방지하거나 갑작스런 이직에 대처할 수 있는 방법들을 간단히 요약하면 다음과 같다.

이직방지책	내용
마음얻기, 해당 직원의 사직이 회사에 미치는 영향 파악해두기	− 강제로 이직을 막을 수는 없다. 이직을 막는 것은 강제노동을 시키는 것과 같으며 이는 현대사회에서 당연히 상식에 반하기에 〈근로기준법〉 제7조[3]는 이를 명시적으로 금하고 있다. 따라서 직원의 마음을 얻기 위해 평소부터 노력하여 직원 스스로 장기근속을 하게 하는 것이 최선의 방법이다. − 그리고 특정 직원이 사직할 경우, 어떻게 그 빈 공간을 채울지에 대해 사직에 따르는 영향력에 비례하여 평소에 미리 대응법을 강구해 두는 것 역시 직원관리에 있어 매우 유용하다. − 직원의 사직으로 인한 영향력 판단 시, 철저히 회사의 입장에서 객관적으로 판단하지 않고 경영인과 해당 직원 간 사적인 감정까지 고려한다면 공정함과 회사의 이윤극대화 차원에서 당연히 문제가 되어 회사에 큰 불이익을 가져올지도 모른다.
사직하는 직원의 이야기에 귀 기울이기	− 사직하는 직원은 재직 중인 직원이 비해 큰 장점을 하나 지녔다. 이제는 누구의 눈치도 보지 않고 회사나 직원들에 대해 말할 수 있다는 점이 그것이다. − 상당수 경영인은 사직하는 직원, 특히 사직하지 않기를 바라지만 사직하는 직원에게 매우 감정적으로 행동한다. 쳐다보지도 않고 냉랭히 보내는 경우가 다반사고 심지어 악담을 하기도 한다. 이런 개인감정 탓에 사직하는 직원의 장점을 살리지 못한다면 경영인으로서 낙제점을 받아도 할 말이 없다. − 사직하는 직원과 차라도 꼭 한잔하자. 경영인이나 회사가 시정하거나 알아둬야 할 사항이 있다면 이 자리를 빌려 꼭 좀 이야기해 줄 부탁하자. 해당 직원의 지나친 주관일 수도 있지만 어쨌든 재직자는 할 수 없는 이야기를 사직하는 직원은 할 수 있고 이것들을 회사운영에 잘 반영한다면 직원들의 만족도가 높아져서 또 다른 이직을 방지하는 데 큰 도움이 될 것이다. − 단순히 차 한잔에 마음을 열지 않을 것 같다면 제대로 된 밥이라도 사주며 부탁하자. 밥값 이상의 정보를 분명히 얻게 될 것이다.

사직하는 직원의 이야기를 데이터화 하기	– 사직하는 직원의 이야기를 들었다면 이를 반드시 데이터화하자. 머릿속에만 저장해둬도 된다고 생각할 수 있지만 기억은 잊혀질 수 있고 일정한 패턴을 찾는데도 데이터베이스는 큰 도움이 된다. – 가령 부하직원의 기를 죽이는 일부 상사들의 발언을 사직하는 직원 다수가 지적할 경우, 이 사실을 엑셀 등에 구체적으로 데이터화 해둔다면 누가 주로 이런 발언을 하는 지 파악하기 용이하여 시정지시를 쉽게 할 수 있고 당연히 이직률 감소에 큰 도움이 될 것이다.

● **자격과잉인 직원의 특성 미리 숙지하기**

"김사장, 이번에 우리 회사에 끝내주는 직원이 들어왔어!"

"어떤 직원인데?"

"명문대 출신에 미국 유학도 다녀왔더라고"

"그래? 그 직원에게 어떤 일을 시킬 건데?"

"일단은 좀 지켜봐야 하니 쉬운 일부터 시켜볼까 생각 중이야"

"근데 그 직원이 강사장 회사나 업무에 만족할까?"

요즘 경기가 어렵다 보니 자격과잉인 상태에서 일하는 직원들이 적지 않다. 자격과잉은 자격미달 못지않게 직원관리에 큰 악영향을 미칠 수 있다. 직급이나 직책이 요구하는 능력이나 경험을 초과하는 상태이기에 회사생활이 본인의 눈높이에 맞지 않다고 느낄 소지가 크다는 점에서 특히 그렇다. 채용면접 시에는 일단 합격이 중요하기에 시키는 일은 무엇이든 하겠다는 말을 하는 직원들이 대다수이다. 하지만 업무가 자신의 성에 차지 않는다고 느끼는 경우, 마음에 드는 업무를 제시하는 회사가 나타나면 바로 떠나는 것이 보통이다. 능력과 경험이 많은 직원을 채용했다고 좋아하기 이전에 이들의 업무와 소지한 자격 간 밸런스가 맞는지부터 파악할 필요가 있고 자격과잉인 상태라면 빠른 시일 내에 합당한 업무로 보직을 변경해주어야 한다. 만약 회사 사정 탓에 이런 보직변경이 어렵다면 언제라도 이들은 떠날 수 있다는 마음의 준비를 하고 이들을 사용하는 것이 예기치 못한 이직으로 인한 손해를 최소화하는 길일 것이다.

● **아무리 친한 부하직원에게도 지킬 것은 지키기**

"길동아, 이것 좀 같이 들어서 옮기자"

"사장님, 어차피 이 일 해봐야 몇 푼 남지도 않는데 또 가져오셨어요?"

"일거리가 없으니 이거라도 해야 할 거 아냐! 그럼 그냥 손가락만 빨고 있을까?"

"그래도 좀 마진이 남는 일을 가져오셔야죠. 이건 하지 맙시다"

"사장인 내가 시키면 따라야지 뭔 말이 그리 많아?"

"저는 무조건 입 닥치고 있어야 합니까? 제가 무슨 노예입니까? 그리고 이런 대접도 하루 이틀이지, 내일모레면 저도 50이고 과장이란 직함도 있는데 매일같이 길동아, 길동아 이름 부르면서 반말하면 제 기분은 어떨 것 같습니까? 다른 직원들 앞에서 제 체면은 전혀 고려 안 하십니까?"

콩 심은 데 콩 나고 팥 심은 데 팥 난다. 사장이라는 이유로 부하에게 함부로 대하면 언젠가는 그 대가를 톡톡히 치르기 마련이다. 일부 경영인은 특별한 악의 없이 친분을 쌓기 위해 이런다지만 아무래도 갑을관계인 노사관계에서 당하는 직원의 기분은 전혀 다른 경우가 대부분이다. 특히 요즘 젊은 직원들은 직장과 개인생활을 철저히 분리하여 직장에서는 인간관계보다는 업무를 중시하기에 더욱 이런 경향이 강하다. 가장 낮은 직급의 부하에게도 항상 존댓말을 쓰고 머리 숙여 인사하던 모 기업 사장이 경영난에 직면하자 다수의 직원들이 자청해서 임금삭감을 요청한 사실은 시사하는 바가 크다.

● **내 가족은 사장이 아니다, 부하의 가족은 내 부하가 아니다.**

"아, 사모님 나오셨습니까?"

"김대리, 지금 바빠요?"

"네?"

"나 공항까지 좀 태워다 줘요"

"지금은 근무시간인데요...."

"그이에게는 내가 잘 말해둘 테니 아무 걱정 말아요"

실무에서 직장인들이 가장 분개하는 케이스는 1) <u>경영인이 아닌 경영인의 가족이 이래라저래라 하는 경우</u>와 2) <u>경영인이나 이들의 가족이 부하직원의 가족에게도 갑질하는 경우</u>이다. 경영인의 가족은 부하직원에게 지시할 권한이 없기에 당연히 직원들은 분개할 것이며 부하의 가족에게까지 갑질한다면 대부분의 직원들은 속된 말로 꼭지가 돈다. 누구에게나 가족은 참으로 소중한 존재인데 이들에게까지 상사나 사장 티 내려고 한다면 누군들 이를 좋게 보겠는가?

필자가 아는 모 상사는 자신의 아내가 부하직원의 아내를 자꾸 불러내서 종처럼 부리는 것을 방관하다가 결국 그 부하직원에게 폭행당했는데 회사는 전후 사정을 다 알고 난 후, 상사는 권고사직 시키고 부하직원에게는 가벼운 징계만 내렸다(이 상사는 부끄러워서인지 고소조차 못했다). 역사를 봐도 황제의 친인척이 설친 나라치고 오래 간 나라가 없다. 그런데 일부 직원은 자진해서 경영인의 가족에게도 아부를 하고 자신의 가족까지 이 아부에 동원을 한다. 이런 케이스를 방치하다가는 대다수 선량한 직원들의 조직몰입도는 급락하고 이직이 증가할 수밖에 없다. 지나친 아부를 오히려 꾸짖는 경영인의 자세만이 이런 사태를 막을 수 있다.

● **족벌경영의 폐해 인식하기**

"여보, 요즘 회사에 무슨 일 있어? 밥도 잘 못 먹고 왜 이렇게 얼굴빛이 안 좋아?"

"아냐, 아무 일 없어"

"솔직히 말해봐. 나에게 말이라도 하면 시원하기라도 하잖아"

"얼마 전에 내 밑에 부하직원이 새로 들어왔어"

"그런데?"

"알고 보니 사장의 딸이야"

"아~~~"

"일반직원처럼 열심히 회사 다니면 아무 문제없을 텐데 걸핏하면 지각에 조퇴까지 하니 내 입장이 정말 난처해. 한 소리 하자니 솔직히 위에 눈치 보이고 그냥 놔두자니 다른 부하들이 차별 운운할게 뻔하고...."

필자는 노무사로서 여러 부류의 고객을 만나는데 사장의 일가친척도 경영에 참여하는 족벌회사를 상대할 때, 솔직히 가장 긴장한다. 경영진 모두가 짜고서 책임을 회피하거나 무능한 경영진이 사장과의 혈연을 이유로 설치는 것을 감수해야 하는 경우가 적지 않기 때문이다. 외부인인 필자에게도 이러는 이들이 소속 직원들에겐 오죽하겠는가. 규모라도 크면 그나마 괜찮은데 영세회사를 이런 식으로 운영하면 우수한 직원들은 짜증나서 대부분 떠나고 결국 갈 곳 없는 무능력자들만 남는 것이 보통이다. 공과 사의 구분을 괜히 세상이 중시하는 게 아니다.

가족이 경영에 참가하지만 원칙에 따라 절도 있게 운영되는 회사와 진짜로 가족들이 다 해먹는 회사는 차원이 다르다. 전자는 주로 일손이 부족하거나 정말 믿을 만한 사람이 필요해서 이들을 경영에 참가시키며 특별한 우대 없이 일반직원과 비슷한 대우를 한다. 그렇기에 우호적인 경영진의 증가 또는 신뢰감 있는 노동력의 확충이라는 순기능이 족벌경영의 역기능을 압도하게 되며 일반직원들의 반감 역시 그다지 크지 않다. 회사보다 일가친척을 더 중시하는 사장에게 어떤 미래가 기다리고 있을지는 누구나 쉽게 짐작할 수 있을 것이다. 권력이 커지면 커질수록 그 남용은 더욱 위험하다.[4]

● **다수를 빙자한 무분별한 비판 차단하기**

"사장님, 이번에 김부장이 추진하는 일본시장진출 건은 좀 무리라고 다수 직원들은 생각합니다"

"어떤 점에서요?"

"일본시장에는 이미 일본의 A기업이 절대 강자로 군림하고 있기에 우리가 비집고 들어갈 틈이 없을듯합니다"

"그래서 지금 2등을 차지하고 있는 B기업과 합작회사를 세워서 시장 공략에 나서기로 했잖아요. 그리고 이건 이미 지난 회의 때 나온 이야기 아닌가요?"

"그래도 다수 직원이 이렇게 생각하기에 다시 말씀드리는 겁니다"

"강부장, 당신이 말하는 다수 직원은 도대체 구체적으로 누굽니까?"

"네?"

"내가 제일 싫어하는 화법이 국민이나 직원 같은 단어를 함부로 사용하며 자신의 주장에 마치 대다수가 동의하는 양 말하는 방식입니다. 우리 회사 직원 다수를 상대로 이 건에 대해 설문조사라도 해봤어요?"

"그게 저...."

"책임질 수 없는 다수 뒤에 숨지 말고 당당히 나와서 본인의 이름을 걸고 의견을 밝히세요!!!"

다수의 의견인 양 자신의 견해를 피력하는 직원들이 있다 이 견해가 건설적인 것이면 그나마 괜찮은데 타인에 대한 비방이나 부정적인 것이라면 이런 화법은 회사에 큰 악영향을 미치는 것이 보통이다. 다수를 내

세우는 무책임한 화법은 해당 직원과 회사 모두를 위해 반드시 시정토록 해야 하며 "당신 본인의 생각은 뭡니까?"라고 직설적으로 되묻는 방법이 가장 효과적이다. 그리고 경영인과 친분이 두터운 직원들이 주로 이러므로 공과 사의 구분에도 경영인은 주의해야 할 것이다.

● 다수가 동의하는 견해라도 자제하게 하기

종교물품을 제조하는 B사의 직원들은 대다수가 특정 종교를 신봉하는 까닭에 타 종교나 종교가 없는 자를 비하하는 대화를 많이 했으며 이로 인해 소수 직원과의 갈등이 종종 일어났다. 이에 B사의 경영인은 비록 다수의 직원이 특정 종교를 신봉하고 있지만 사내에서는 종교이야기를 자제하라는 지시를 내렸다.

정치, 종교, 지역, 학벌 등 민감한 사안에 있어 우연이든 필연이든 직원 다수의 견해가 일치할 수 있다. 하지만 그렇다고 이 견해를 지나치게 떠드는 것은 다수에 속하지 않는 소수의 기분을 상하게 할 소지가 크다. 남성이나 여성 같은 특정 성(性)을 지나치게 비하하거나 옹호하는 발언 역시 마찬가지 결과를 발생시킨다. 불필요한 다툼과 회사분위기 저하를 예방하는 차원에서 업무와 무관한 민감한 주제에 대한 지나친 표출은 자제시키는 것이 현명할 것이다.

● **무시하는 마음은 말로만 표현되는 게 아니다**

창업 후 채 1년이 되지 않은 모 스타트업[5] 회사에서 발생한 일이다. 특별한 문제도 없는데 직원들이 하나둘 사직을 하기 시작했다. 사장이 이유를 물어도 누구 하나 명확한 답을 하지 않았다. 결국 필자가 개입하여 사직하는 직원들과 상담한 결과, 사장의 직원들에 대한 무시하는 태도를 모두가 이유로 들었다. 이를 사장에게 알리자 화들짝 놀라며 절대 그런 적 없다고 강하게 항변하였다. 그렇다면 직원들이 거짓말을 한 것일까.

이 사장과의 두 번째 미팅에서 의문은 풀렸다. 상담결과에 대해 열심히 설명하는 필자 바로 앞에서 사장은 전화나 문자가 오지도 않았는데 자꾸 핸드폰을 만지작거렸고 노트북 역시 특별히 하는 일도 없으면서 열었다 닫았다를 반복했다. 필자가 하던 이야기를 멈추고 혹시 직원들과의 대화에서도 이런 태도를 보이냐고 질문하자 얼굴이 경직되더니 열심히 듣기만 하면 되는 것 아니냐며 오히려 언성을 높인다. 국내 명문대를 나오고 미국의 유수 공대에서 박사학위까지 받은 이 사장은 지나친 프라이드나 원래 습관 탓인지 사람들과의 대화 시 산만한 움직임을 보이는 경향이 아주 농후한 것으로 밝혀졌다. 그나마 공무원 등 자신에게 당장 불이익을 줄 수 있는 사람들 앞에서는 다소 자제를 했으나 그 이외의 사람들에게는 정도의 차이만 있을 뿐, 이런 식의 태도를 꼭 보였다.

대화에 집중하지 못하고 산만한 움직임을 보이는 것 자체가 상대를 무시하는 태도이며 스타트업의 특성상 평균 스펙이 그리 높지 않은 직원들에게는 이런 태도가 더욱 기분 나빴을 거라고 설명하자 그제서야 조금

이해하는 눈치를 보였다. 누구나 알겠지만 상대를 무시하는 마음은 말 뿐만 아니라 어조, 눈빛, 자세 등을 통해서도 표현될 수 있고 아무리 근무조건이 좋아도 무시당한다고 느끼는 순간, 직원의 애사심이나 업무몰입도는 급락하는 것이 정상이다. 주로 스펙이나 경력이 화려한 사장들이 무의식중에 이런 태도를 많이 보이는데 유교문화권인 우리나라에서는 특히나 큰 결례이다. 누군가로부터 무시당한 데서 오는 분노는 어지간해서는 사라지지 않는다는 점 역시 직원관리에 있어 반드시 기억해야 할 것이다.

● 합당한 선별의 중요함

"노무사님, 문제 있는 직원을 해고 하려는데 절차 좀 알려주세요"

"사장님, 절차보다 중요한 것이 해고의 사유인데 특별한 문제라도 있습니까?"

"불만을 계속 표출하다가 결국 원하는 바를 얻지 못하자 노조를 결성하겠다네요"

"구체적으로 어떤 불만을 주로 표출하나요?"

"저희 회사가 제조업이라 공장에서 일을 하는데 기계장치들이 많아요. 원칙적으로는 안전장치 등을 다 갖추어야 하지만 어디 그게 쉽나요? 그러다 보니 그냥 적당히 조심하며 일을 시키는데 이 친구만 그걸 가지고 자꾸 뭐라 하네요"

"사장님, 그건 정당한 불만이고 이런 정당한 불문표출을 이유로 해고

시킬 수는 없습니다. 또한 노조결성 역시 사장님이 더 잘 아시겠지만 헌법이 보장한 근로자의 기본권이기에 이를 이유로 근로자에게 해고 등의 불이익을 주는 것은 형사처벌의 대상이 되는 범죄입니다"

정당한 권리를 행사하려는 직원을 왠지 기분이 상한다는 이유만으로 무조건 문제 있다고 낙인찍는 사용자들이 종종 있다. 대표적인 예가 불평·불만이 많거나 야심을 지나치게 드러내거나 노조를 결성하려는 직원이다. 일부 경영인은 이들을 무작정 문제직원으로 분류하지만 직원에게도 정당한 불만을 표출할 권리는 당연히 있고 사람인 이상, 신분상승욕구나 권력욕구 등 본연의 욕구충족을 위해 때로는 과하게 야심을 드러낼 수도 있다. 노조결성 역시 전술한대로 직원의 당연한 권리이기에 오히려 이 권리를 침해하는 사용자가 형사처벌을 받게 된다.

그리고 일반적으로 문제직원은 근로자 본연의 의무를 위반하는 직원이지만 이들 의무위반만으로 문제직원이라 낙인찍는 것 역시 때로는 부당할 수 있다. 가령 사용자의 지시를 거부하는 경우에도 그 지시가 정당하지 않거나 근로자가 더 효율적인 업무수행방법을 알기에 이런다면 이런 직원을 다짜고짜 문제 있다고 판별하는 것은 타당하지 않다. 의무위반의 이유, 위반행위의 정도, 그로 인한 피해의 수준, 해당 의무의 중요성 등을 종합적으로 고려하여 문제직원인지 여부를 판단해야 하며 이 판단에 있어 모호하거나 자의적인 기준에 의해 좌우돼서는 안 될 것이다.

● 딸 같다고? 그래서 어쩌라고? (성범죄·사내폭력의 무서움)

"노무사님, 글쎄 제가 사용하는 직원이 저를 고소했어요!!!"

"고소요? 무슨 죄로요?"

"성추행이라네요"

"추행하셨어요?"

"아뇨, 전혀요. 다만, 딸 같은 마음에 가끔 엉덩이 좀 토닥여줬어요"

"성추행 맞는데요?"

아직도 이런 정신 나간 경영인이 있냐고 반문할 수 있겠지만 아주 많다. 인터넷에서 성추행이란 단어만 쳐도 유사한 사례가 수천, 수만 건 나온다. 이런 사람들을 접할 때마다 필자는 매우 기분이 나쁘고 화가 난다. 성추행이란 행위뿐만 아니라 '딸 같아서'라는 변명이 너무 치졸하고 역겹기 때문이다. 딸 같으면 함부로 부하직원의 신체에 손을 대도 되나? 부모자식 간에도 지킬 것은 지키는 것이 당연한데 왜 이런 말 같지도 않은 변명을 하는 걸까? 또한 일부 경영인은 '아들 같은' 마음에 더 잘하라는 취지에서 부하직원의 머리 등 신체를 한두 대 툭툭 치다가 폭행죄로 처벌받기도 한다. 진짜 아들 같고 딸 같다면 임금 등 근로조건에서 더 잘 대우해주어야지 왜 함부로 신체에 손을 대는 것인가.

추행 등 성범죄로 인해 유죄가 확정되면 신상등록 등의 보안처분까지 추가로 따르며 사회저명인사도 성범죄에 연루되는 순간 바로 몰락하는 세상이 되었다. 특히 사장이나 오너가 성범죄를 저지르면 회사이미지도 급락하는 것이 보통이다. 사내폭력은 <근로기준법> 제8조[6] 위반을 이유로도 처벌될 수 있으며 이 조항 위반의 죄는 반의사불벌죄[7]가 아니므로 설사 단순폭행이라 할지라도 합의여부에 상관없이 처벌받을 수 있다. 만약 경영인의 자식이 다른 회사에 취업을 했고 그 회사의 사장으로부터 추행이나 폭행을 당했는데 이 사장이 '아들이나 딸 같아서 그랬다'고 변명할 경우, 이를 그대로 받아줄 경영인이 세상에 있겠는가.

불가근불가원 핵심요약

- 벌거벗은 임금님 되지 않기
- 피는 커피보다 진하다
- 이직방지책 (사직하는 직원의 이야기에 귀 기울이기 등)
- 자격과잉인 직원의 특성 미리 숙지하기
- 아무리 친한 부하직원에게도 지킬 것은 지키기
- 내 가족은 사장이 아니다. 부하의 가족은 내 부하가 아니다.
- 족벌경영의 폐해 인식하기
- 다수를 빙자한 무분별한 비판 차단하기
- 다수가 동의하는 견해라도 자제하게 하기
- 무시하는 마음은 말로만 표현되는 게 아니다
- 합당한 선별의 중요함
- 딸 같다고? 그래서 어쩌라고? (성범죄·사내폭력의 무서움)

5장
기타 본인관리

　경영인의 모든 언행은 대다수 직원들의 핫이슈이기에 아무리 신경 써도 지나치지 않다. 전술한 점들 이외에 경영인으로서의 본인관리에 도움이 되거나 유의할 사항들을 알아보면 다음과 같다.

● 사장부터 퇴근하기

　"왜 우리 회사 직원들은 기본 중의 기본인 근태관리조차 제대로 못 할까요?" 소속 직원들의 잦은 지각, 결근 등으로 고민하는 모 경영인이 필자에게 물었다.

　"혹시 사장님이 일이 없어도 늦게까지 남아서 직원들 붙잡아두고 군림하길 즐기기 때문 아닐까요?" 이렇게 되묻자 자기는 그런 사람 아니라며 불같이 화를 낸다. 다 들은 게 있어서 한 말인데 그래서 더욱 화가 난 듯하다.

　나이 들수록 회사만큼 편한 곳이 없다는 말을 하는 경영인이 아주 많다. 집에 가도 예전처럼 가족들이 위해주지 않고 어딜 가도 마찬가지인데 회사에서는 부하직원들이 이것저것 신경 써주니 당연히 이런 느낌을 가질 것이다. 하지만 그렇다고 일도 없는데 퇴근을 늦추거나 주말에도 출근하면서 부하들도 이에 따르길 암암리에 강요한다면 직원들의 피로감은 당연히 커진다. 더없이 안타깝지만 외로움은 경영인의 피할 수 없는 숙명이다.

● 사장부터 절약하기

모 회사의 송년회에 참석했을 때의 일이다. 사장이 일어나 한 해를 보내는 감회를 이야기하며 경기침체 탓에 회사도 어려우니 종이 한 장, 기름 한 방울도 절약하자고 이야기했다. 숙연한 분위기 속에 직원 모두가 고개를 끄덕거렸다. 사장이 자리에 앉자마자 갑자기 사장의 핸드폰이 울렸다.

"큰애 유학? 당연히 보내야지. 아무 걱정 마. 가고 싶은 학교나 알아보라고 해. 작은애? 걔도 이번에 대학에 갔으니 차 한 대 사줘야겠지. 원하는 차종이 뭔지 나한테 문자 보내라고 그래"

아내에게서 온 전화 같았고 대충 이런 이야기를 나누었다. 대화를 마치고 아무렇지도 않은 표정을 사장은 지었지만 직원들의 눈치가 다들 좀 이상했다. 방금 전까지 자신에게는 그토록 절약을 강조해놓고 가족들에게 펑펑 돈 쓰는 모습이 결코 좋게 보이지 않았을 것이다.

물론 사장이 이렇게 쓰는 돈은 그가 열심히 일해서 번 정당한 돈일 것이다. 그렇다면 누구도 그 용도에 대해 터치하면 안 된다. 하지만 사용자의 몫이 너무 많다거나 정당하지 않을지도 모른다는 시각이 존재하는 현실에서 사장의 이와 같은 행동은 직원의 감정을 상하게 하는 것이 보통이다. 전 세계가 다들 어려운 요즘, 사장부터 솔선수범할 때 직원들도 절약에 동참할 가능성이 높아지며 최소한 마구 돈을 쓴다는 듯 한 인상만은 결코 직원들에게 비치지 말아야 한다. 높은 나무일수록 바람이 세다.[1]

● 세상의 변화에 '적당히' 관심 가지기

"세상이 어찌 변하든 사장으로서의 내 일에만 충실하면 되지 않을까요? 괜히 돈과 시간 들여 각종 모임 나가고 신문이나 책 등을 통해 세상 돌아가는 것까지 다 신경 써야 하는지 의문입니다"

모 경영인이 한 말이다. 회사상황에 따라 케이스 바이 케이스겠지만 필자가 보기에 이 말은 반은 맞고 반은 틀리다. 업종이나 회사의 특성상 정부정책이나 세계경제 혹은 사회가치관의 변화에 거의 영향을 받지 않는다면 이런 식의 스탠스를 경영인이 취해도 무방할 것이다. 이런 경우까지 회사외부에 괜한 관심을 갖는 것은 자원의 낭비일 수 있다. 하지만 이런 경우는 극히 드물다. 대다수 업종의 거의 모든 회사는 정부의 정책 등 외부적 요인에 매우 민감한 것이 오늘날의 경제이다. 이런 현실에서 이 경영인과 같은 자세를 취한다면 회사와 경영인 모두가 위태로워질 소지가 매우 크다.

결국 중요한 것은 세상의 변화에 관심을 가지는 '정도(程度)'이다. 거시적인 시야를 키운다는 명분하에 불필요한 모임까지 꼬박꼬박 참석하여 유흥으로 빠지거나 아무 관계 없는 책 등을 읽느라 경영을 소홀히 하는 태도는 당연히 지양되어야 한다. 반면, 세상의 변화에 무조건 등을 돌리고 경영에만 몰두하는 태도 역시 전술한 위험을 내포하고 있기에 피해야 한다. 이 '정도'를 상황에 맞춰 조절하는 능력 또한 현대 경영인이 갖춰야 할 필수요소가 아닐까.

● 노무비 절감은 절대선일까? (최저임금만 지급하는 노무관리의 폐해)

"노무사님, 직원들이 갑자기 집단으로 사직서를 냈어요. 이를 어쩌죠?"

"사직서요? 뭔 일 있었나요?"

"사무실 한 켠에서 직원들끼리 종종 짜장면을 시켜먹곤 했는데 제가 그걸 아주 싫어해요. 그런데 어제도 그러기에 대놓고 한 소리 했더니 이러네요"

"사장님 회사의 근로조건은 어떤가요? 임금은 대충 어느 정도죠?"

"요즘 다들 힘들다 보니 겨우 최저임금에 맞춰주고 있어요. 그런데 그건 왜 물으시죠?"

고객이 아무리 왕이라고 해도 터무니없이 적은 대가를 지급하며 너무 많은 것을 요구하면 거래 자체를 끊고 싶어진다. 자신의 노동력을 파는 대상이라는 점에서 소속회사 역시 직원에게는 고객이라 할 수 있다. 그렇기에 회사가 너무 낮은 보상을 하면서 바라는 것만 많으면 그만두고 싶어지는 것이 당연하다. 요즘 일부 경영인은 이런 자명(自明)한 사실을 망각하고 마치 물건 다루듯이 직원을 사용한다. 물건은 정해진 방식대로만 사용하면 보통 별다른 문제가 없지만 직원은 결코 물건이 아니다. 누구나 아는 이 사실을 굳이 언급하는 이유는 머리로는 알면서도 가슴으로는 받아들이지 못하는 경영인이 아주 많기 때문이다.

적은 대가를 지급한다고 입사 시에 미리 다 알렸고 직원 역시 이에 동의했으면 아무 문제없는 것 아니냐는 반론이 있을 수 있지만 사람의 마음은 유동적이다. 어떻게든 채용되기 위해 동의한 조건에 시간이 흐르면 불만이 생기기도 하며 이때 경영인이 일체의 변화 없이 지나치게 엄한 복무규율만을 강요하면 방아쇠가 당겨져서 이직으로 이어지는 케이스가 적지 않다. 원칙적으로 최저임금만 주면 되는 현행법하에서 왜 상당수 회사가 훨씬 더 많은 임금을 주겠는가.

● 비정규직 사용의 장·단점 인식하기

(비정규직 사용의 장·단점)

구분	긍정적 효과	부정적 효과
회사측	- 인건비 절감 - 고용유연성 확보	- 생산성 하락 - 노·노 갈등 우려
근로자측	- 자투리 시간 활용가능 - 다른 업무와 병행가능	- 고용의 불안정 - 열악한 근무조건

(연도별 전체 근로자 중 비정규직의 비율)[2]

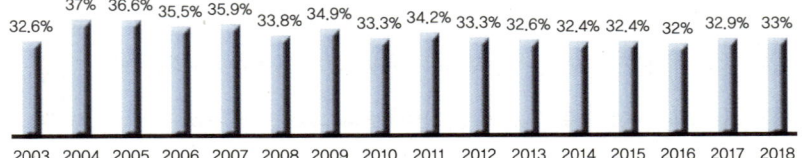

2003: 32.6%, 2004: 37%, 2005: 36.6%, 2006: 35.5%, 2007: 35.9%, 2008: 33.8%, 2009: 34.9%, 2010: 33.3%, 2011: 34.2%, 2012: 33.3%, 2013: 32.6%, 2014: 32.4%, 2015: 32.4%, 2016: 32%, 2017: 32.9%, 2018: 33%

비정규직 근로자란 정년이 보장되지 않는 근로자를 일반적으로 말하며 계약직(기간제)근로자, 단시간근로자, 파견근로자가 대표적이다. 계약직 근로자란 기간의 정함이 있는 근로계약을 체결한 근로자를 말하며 단시간 근로자는 1주 동안의 소정근로시간이 그 사업장에서 같은 종류의 업무에 종사하는 통상 근로자의 1주 동안의 소정근로시간에 비하여 짧은 근로자를 말한다. 파견근로자란 특정회사에 소속된 채 파견계약에 따라 다른 회사에 가서 그 회사의 지휘·명령을 받으면 일하는 근로자를 말한다. 이런 비정규직의 규모는 IMF이후 급증하여 현재는 전체 근로자 중 약 30프로가 비정규직인 실정이다.

　회사가 비정규직을 선호하는 이유는 크게 2가지이다. 정규직에 비해 아무래도 인건비가 저렴하고 정해진 고용기간이 끝나면 자동적으로 근로관계가 종료되기에 고용부담이 적다는 점이 그것이다. 하지만 직원의 입장에서 이들 이유는 근로의욕과 애사심, 조직몰입도, 업무집중도 등을 떨어뜨리는 주된 요인이다. 임금도 낮고 고용도 불안전한데 누가 목숨 바쳐 일하겠는가.

　그렇기에 핵심업무에는 가급적 정규직을 사용하는 것이 바람직하며 일반적인 회사 생활에 있어 비정규직에게는 정규직보다 다소 관대한 태도를 보이는 것이 이들의 동기부여에 효과적일 수 있다. 그리고 현행법[3]에 의하면 비정규직 근로자임을 이유로 사업장 내 동종 또는 유사한 업무에 종사하는 정규직 근로자에 비하여 임금 등에서 차별적 처우를 해서는 안 된다. 이런 차별을 한 경우, 차별로 인해 비정규직 근로자가 입은 손해의 3배까지 배상해야 할 수 있다.

● 사장 성에 안 차는 직원들이 증가한 이유?

(시대의 변화)

구분	주된 내용
사회가치관의 변화	– 권위주의의 쇠퇴 – 개인주의와 다원주의의 확산 – 명령과 복종이 아닌 이해와 협조의 필요성 대두
조직구성원의 다양화	– 외국인 근로자의 유입 – 구성원 욕구의 다원화 – 조직보다 개인을 중시하는 구성원 증가
업무성격의 변화	– 유기적으로 연계된 업무의 증가 – 정보·통신기술의 발달에 따라 사외에서 수행 가능한 업무의 증가
경제환경의 변화	– 산업사회에서 정보화 사회로의 전환 – 실질적인 정년의 단축 – 명예퇴직의 증가(고용안정신화의 붕괴) – 노동력의 수평이동 증가 – 핵가족화 – 비정규직의 증가

"요즘 젊은 직원들은 왜 이리 의심이 많고 이기적인지 모르겠어요. 우리 때는 사장님 말이라면 콩으로 메주를 쑨다고 해도 무조건 믿고 따랐는데 요즘 친구들은 걸핏하면 의문을 제기하고 조금만 불이익을 볼 것 같으면 질색팔색 하더군요. 심지어 약간만 싫은 소리를 하면 바로 무단결근 하는 친구들도 아주 많습니다. 정신상태가 이래서야 이 험한 세상을 어찌 살아가려는지…."

일정 연배 이상의 경영인들이 흔하게 내뱉는 푸념이다. 이에 대해서는 경륜 있는 분들의 건전한 비판이라고 좋게 보는 시각과 시대착오적인 발언이라고 매도하는 시각이 공존한다. 냉정히 말해 애사심이나 업무몰입도만을 놓고 보면 요즘 젊은 직원들이 과거 직원들에 비해 뒤쳐지는듯하나 이것이 과연 요즘 사람들만의 잘못일까.

사실 과거의 경영인들은 오늘날의 경영인들에 비해 아주 많이 편했다. 정부가 앞장서서 경영인들의 편의를 봐주었고 사회 전반적으로 명령과 복종이 주된 가치관이었기에 직원관리도 상당히 수월했다. 반면 당시 직원들은 어땠을까. 당시에도 노동법이 있었으나 거의 무용지물이었기에 산재사고로 팔, 다리가 잘려도 보상 못 받는 경우가 허다했고 임금조차 못 받아도 대응책이 거의 없었다. 직원들이 조금이라도 모여서 집단으로 억울함을 호소하려 하면 업무방해 등을 이유로 바로 경찰에 잡혀가기 일쑤였다. 그렇기에 다수의 직원들은 울며 겨자 먹기로 사장 말에 맹목적으로 따르며 노예처럼 일 할 수밖에 없었다.

어렵게 군사독재를 종식시키고 수 십 년이 지난 오늘날의 화두는 상생(相生)과 인권(人權)이다. 과거처럼 특정 계층만이 아니라 사회구성원 모두가 잘 살고, 인간이 인간으로 대접받는 세상을 만들자는 데 국민 대다수가 동의했고 그런 방향으로 각종 입법과 정부정책이 추진되고 있다. 이런 조류를 거스르는 것은 이젠 불가능하다. 게다가 고대 메소포타미아나 그리스의 유적지에서도 '요새 젊은이들은 버릇이 없다'는 뉘앙스의 글이 새겨진 유물들이 발굴되는 것을 보면 노년층의 젊은층에 대한 불신은 언제나 존재해왔다.

세상이 변한 이상, 세상에 맞춰야 한다. 변한 세상 속에서 태어나 자란 젊은층에게 과거의 마인드를 강요해봐야 이런 경영인만 고립되기 마련이다. 본인 성에 안 차는 직원이 많다고 한탄하기 이전에 본인의 눈높이부터 수정해야 할 것이다.

● **구관이 명관? (100프로 나와 맞는 직원은 없다)**

"노무사님, 지난번에 뽑은 직원을 다시 내보낼 수 없을까요?"

"이제 겨우 1달 사용하셨잖아요?"

"그렇긴 한데요. 너무 제 스타일이 아니에요"

자신과 맞지 않는 직원을 물건 바꾸듯이 자주 교체하는 경영인이 적지 않다. 이들은 이왕이면 코드가 맞는 직원을 사용하고 싶다면서 그래야 능률도 더 오를 것 같다고 한다. 자꾸 교체하다 보면 마음이 맞는 직원을 만날 수 있을까. 아예 불가능한 건 아니겠지만 이 방법보다는 평균 이상의 직원을 채용하고 그 직원과 상호합의하에 조금씩 맞춰나갈 때, 오히려 더 마음에 드는 직원을 사용할 수 있다고 경험 많은 경영인들은 말하곤 한다. 가장 좋은 술에도 찌꺼기는 있고[4] 부부간에도 마음에 안 드는 구석은 있기 마련이다. 너무 조급하게 굴며 조금이라도 거슬리면 바로 해고하는 태도는 경영인의 평판만 깎아내리고 사내분위기 역시 저하시킨다. 게다가 이런 해고는 그 정당성을 인정받지 못하기에 추후 경영인에게 큰 불이익을 가져올 소지도 크다. '길이 멀어야 말의 힘을 알 수 있고 시간이 오래 지나야 사람의 마음을 알 수 있다'고 2013년 멕시코 상원연

설에서 시진핑 중국주석도 말했다.

● 자신의 종교나 정치성향 강요(표출) 안 하기

"김선배, 안녕하셨어요?"

"오랜만이다, 춘향아. 지난번에 회사 옮긴다더니 이직 잘 했어?"

"네. 이번 달부터 새 직장에 출근 중이에요"

"다닐만하니?"

"사장님의 지나친 신앙심만 빼면 그럭저럭 괜찮아요"

"신앙심? 어느 정도인데?"

"같이 밥 먹을 때 자꾸 기도하게 시키고 주말에는 함께 종교활동 하러 가자고 강요하시네요"

직원의 종교나 정치성향 같은 극히 민감한 사적 영역까지 침범하려 하는 경영인들이 종종 있다. 원칙적으로 노동을 제공하고 그에 대한 대가를 제공받는 것이 본질인 노사관계에서 이런 행동은 사생활이나 종교의 자유에 대한 침해 같은 문제를 발생시킬 수 있다. 심지어 일부 경영인은 채용 시, 정치나 종교성향에 대해 조사하고 이를 채용여부에 반영하기도 하는데 이는 헌법이나 국가인원위원회법 등에 위반될 소지가 있다. 그리고 특정 종교나 정치성향을 강요하고 이를 따르지 않는다고 해고 등 각종 불이익을 주는 행위 역시 일반적으로 위법이며 애사심이나 업무몰입도를 현저히 저하시킨다는 점을 경영인들은 잊지 말아야 할 것이다.

● 너무 잘난 사장을 보는 부하의 시선?

"너희 사장님 스펙이 장난 아니던데 그거 다 사실이야?"

"나도 설마 다 진짜일까 했는데 모두 다 진짜더라. 숨이 막히도록 뛰어난 사람이야!!!"

"잘난 체 많이 하지?"

"그게 참 대단해. 처음엔 나도 잘난 척하리라 생각했는데 전혀 안 그래. 일부러 우리 같은 평사원이랑도 많이 어울리려 하고 업무와 관계없으면 잘 아는 것도 말 안 하고 가만있는 경우가 많아. 우리들 기분 나쁠까 봐 그러나 본데 그래서 난 이 사장님이 진짜 좋아~~~"

가난한 자와 부자 중 누가 더 타인에 대한 공감능력이 뛰어날까. 케이스 바이 케이스겠지만 다수의 실험 결과, 가난한 자가 한층 뛰어나다고 드러났다. 상식적으로도 부자는 돈으로 거의 모든 것을 해결할 수 있기에 남 눈치 보거나 비위 맞춰줄 필요가 없지만 가난한 자는 타인의 도움이 절실하기에 타인의 감정을 캐치하는데 뛰어날 수밖에 없을 것이다. 경영인들의 부하직원에 대한 공감능력에도 동일한 메커니즘이 적용되는 듯하다. 명문대 나오고 유학도 다녀왔으며 대기업 경험 있는 경영인보다는 가방끈 짧고 경력이 덜 화려한 경영인들이 훨씬 부하들과 소통을 잘하고 효과적으로 마음을 얻는 것을 누차 필자는 목격했다. 잘나간다고 함부로 거들먹거리는 친구에게 호감을 느끼는 사람은 거의 없을 것이다. 노사관계에서는 더하다. 은연중에 자신의 월등함을 자랑하거나 클래스가 다르다는 점을 강조한다면 부하직원과는 물과 기름처럼 따로 놀 수밖에 없다. 곰보빵 위에 곰보빵 없고 곰보빵 밑에 곰보빵 없다.

● **재량권의 적절한 부여**

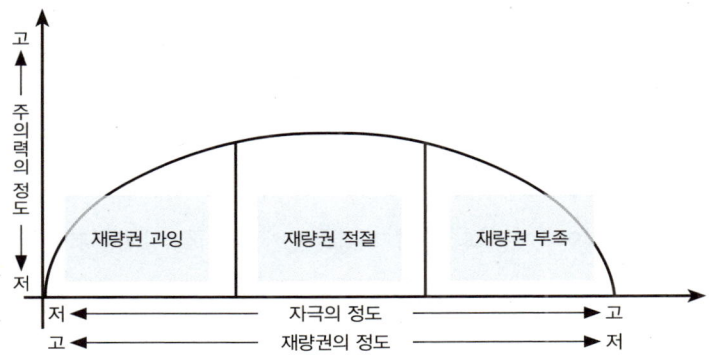

미국 최고의 주의력 전문가인 루시 조 팰러디노 교수에 따르면 자극과 주의력의 관계는 이 그래프와 같다.[5] 여기서 자극은 긴장, 두려움 등과 유사한 의미이며 경영인이 일 잘하라고 직원을 쪼이는 정도라고도 할 수 있다. 이 그래프에 따르면 자극이 부족할 때뿐만 아니라 지나친 경우에도 주의력은 낮아진다. 너무 긴장을 하다 보면 스트레스가 지나쳐서 다 포기하고 싶은 마음이 종종 든다는 점에서 타당한 해석이다.

이 그래프를 재량권에 응용하면 자극이 부족한 경우는 재량권이 지나치게 많이 주어지는 때라고 볼 수 있고, 자극이 너무 높은 경우는 재량권이 부족한 때라고 볼 수 있다. 경영인이 직원을 몰아붙이는 정도와 부여하는 재량권은 보통 반비례한다는 점에서 그렇다.

회사 사정과 업무의 난이도·중요성, 해당 직원의 능력과 정신자세 등을 종합적으로 고려하여 재량권을 적절히 부여할 때, 주의력이 높아져서 업무의 성과가 극대화 된다는 것을 이 그래프는 보여준다. 상당수 경영인은 회사의 유지·발전에 너무 골몰하는 탓에 직원을 믿지 못하고 일일이 다 지시를 하려 하나 이는 직원, 특히 유능한 직원에게는 갑갑함으로 느껴져서 업무몰입도와 애사심을 오히려 떨어뜨리기도 한다. 알아서 공부 잘하는 아이는 그냥 내버려두는 게 최고이다. 능력과 품성이 검증된 직원에게는 재량권의 확대(=자극의 감소)만큼 효율적인 열정증진방법이 없다. 일부 경영인은 본인의 권위가 훼손될까 봐 이를 망설이지만 열정이 불타오른 직원으로 인해 회사가 발전한다면 경영인의 권위는 오히려 높아지게 된다.

반면 일부 경영인은 직원을 너무 믿고 지나치게 많은 재량권을 부여하며 이 또한 직원의 주의력을 하락시킨다. 상대의 선의를 악용하는 사람도 분명히 존재하므로 이런 경우에는 재량권의 축소(=자극의 증가)가 권장된다. 아침밥을 너무 많이 먹으면 점심밥은 맛이 없다.[6]

● **세상에 공짜는 없다**

"여보세요?"

"안녕하세요, 사장님. 강명주 노무사입니다"

"아이고, 노무사님. 전화도 다 주시고 어쩐 일이세요?"

"이런 말씀 드린다고 기분 상하지 않으셨으면 좋겠습니다. 지난번에 사장님 회사 방문했을 때 보니 직원들이 자기 마음대로 근무 중에도 담배 피거나 커피 마시러 밖에 나가던데 이런 점은 좀 시정해야 하지 않나 해서 전화 드렸습니다"

"아, 그러셨군요. 저도 예전에는 절대 그러지 못하도록 굉장히 혼내곤 했어요. 그런데 노무사님도 잘 아시다시피 우리 회사 사정이 뻔하잖아요? 월급은 쥐꼬리만 하면서 일만 많이 시키는데 그런 것도 못하게 하면 직원들이 일할 맛 나겠습니까? 그래서 너무 정도가 심하지 않은 한, 적당히 눈감아주고 있습니다. 여하튼 이런 것도 신경 써주시고 대단히 감사합니다"

중소기업을 운영하는 경영인, 특히 대기업 출신 경영인이 흔하게 털어놓는 고민 중 하나는 사용하는 직원들의 마인드 부족이다. 아무래도 대기업이 아니다 보니 직원들의 스펙이나 능력부족은 감수하겠는데 대기업소속 직원들은 꿈도 꾸지 않을 언행까지 서슴지 않는 마인드는 도저히 이해가 안 간다며 울상을 짓는다. 그렇다면 이들에 대한 대우는 어떨까. 대기업수준의 보상을 해주면서 대기업 직원 같은 마인드를 요구하고 있을까. 세상에 공짜는 없다. 더 높은 품질을 원한다면 당연히 더 많이 지불해야 한다. 대기업수준의 대우를 해주기 힘들다면 어느 정도는 이런 일탈을 감수해야 하며, 보상의 증가 없이 시정하고 싶다면 직원의 마음을 얻는 언행을 함으로써 스스로 개선하게 하는 것이 가장 효과적이다.

● **대기업 시절 이야기 피하기**

"아~~~ 우리 사장 때문에 미치겠다"

"왜 또?"

"어제가 월요일이라 아침회의를 하는데 본인이 대기업 다시던 시절 이야기를 1시간이 넘게 하는 거야. 그렇다고 업무와 관계있는 것도 아니고 그 시절 자신이 얼마나 잘 나갔고 사회적 위상이 높았는지 주구장창 떠들더라. 그렇게 대기업이 좋으면 거기 뼈를 묻지 왜 나와서 이러고 있나 몰라~~~"

대기업을 다니다 창업한 경영인들 중에는 과거 대기업 시절의 경험을 과거의 무용담인 양 자주 언급하는 사람들이 적지 않다. 경영인의 입장에서는 주로 사장으로서의 권위를 세우고 직원을 교육시킬 의도로 이러겠지만 직원의 입장에서는 잘난 체하는 모습으로 보여서 위화감만 키우는 경우가 대부분이다. 게다가 대다수 구직자가 중소기업보다는 대기업을 선호하는 세태 하에서 이런 이야기는 직원의 사기와 자긍심을 오히려 떨어뜨릴 수 있다. 꼭 필요한 경우가 아니라면 대기업 시절 이야기는 가급적 피하고 미래의 비전을 제시하고 직원의 사기를 북돋울 수 있는 이야기를 주로 하는 것이 회사의 발전을 위해서도 더 좋을 것이다.

● **고압적이고 권위적인 태도 바꾸기**

각종 모임이나 강의 시, 유난히 고압적이고 권위적인 경영인을 만날 때가 있다. 심지어 외부강사에게 공개석상에서 대놓고 반말로 질문하는 경영인도 보았다. 경영인의 위치에 올랐다고 하여 왕이 된 것이 아닌데 이를 착각하는 사람들이 적지 않은듯하다. 외부인에게도 이런 태도를 보이는 경영인이 사용하는 직원을 어떻게 대우할지는 안 봐도 비디오다.

그런데 요즘 대기업 소속 임직원 중에는 경영인도 아니면서 이런 성향을 보이는 사람들이 적지 않다. 대기업에 다닌다는 프라이드가 지나친 탓일 것이다. 대다수 대기업은 설사 이런 문제가 불거지더라도 해당 임직원이 평균 이상의 능력과 성과만 보인다면 크게 개의치 않는 것이 현실이다. 하지만 대기업을 퇴사하고 창업한 이후에도 이런 모습을 보인다면 그때는 이야기가 달라진다. 경영인의 지위에서도 이런 태도를 보인다면 조직분위기와 직원들의 애사심은 급락할 수밖에 없고 이로 인한 손해는 경영인에게 고스란히 돌아오기 마련이다. 게다가 대기업은 충분한 시스템을 갖춘 덕에 일부 직원의 애사심이 추락하더라도 전체적인 성과에는 별다른 영향을 못 미칠 수 있지만 중소기업의 경우에는 그 여파가 상상을 초월한다. 일단 경영인의 위치에 올랐다면 이런 악습부터 반드시 타파해야 한다. 거부감을 불러일으키는 사장 밑에서 누가 일할 맛이 나겠는가.

● **반말의 효과적인 사용**

반말 듣고 기분 좋을 사람은 거의 없다. 특히 상대가 나와 연배가 비슷하거나 아래라면 당연히 신경에 꽤 거슬린다. 경영인이나 상사로부터 듣는 반말은 어떨까? 필자가 모 강의에서 설문조사를 해보았는데 통상의 경우보다는 정도가 덜하지만 역시 기분 상한다는 반응이 과반수를 넘었다. 그런데 문제는 경영인의 존댓말을 만만함의 증거로 여기고 해서는 안 될 행동까지 하는 직장인들이 적지 않다는 점이다. 특히 경영인이 여자거나 연하일 경우, 오히려 상전처럼 군림하려는 태도까지 종종 보인다. 그래서 일부러라도 반말을 쓴다는 경영인들도 많다.

피차 존댓말을 써주면서도 부하직원은 경영인을 존중하고 경영인은 부하를 배려해주는 관계가 가장 바람직할 것이다. 하지만 무조건 반말을 하며 왕처럼 군림하려는 일부 경영인과 함부로 행동해도 되는 신호로 존댓말을 착각하는 일부 직원들 탓에 이런 풍토가 자리를 못 잡는듯하다. 나이 차이가 많이 나지 않거나 직원이 반말에 민감하다면 가급적 존댓말을 써주되, 이를 악용하려는 직원에게는 경고차원에서 반말을 사용하는 것이 좋을 것이다. 그리고 정말 큰 잘못에 대한 질책 시에도 정신이 번쩍 들게 한다는 차원에서 반발의 사용이 보다 효과적일 수 있다.

● 대기업 시절 리더십의 실상 인식하기

"하대리, 오래간만이야!!!"

"팀장님, 안녕하셨어요? 제가 이직한 지 벌써 1년이나 지났네요"

"비전 있는 스타트업 회사라고 옮겨가더니 어떻게 다닐만해?"

"전망은 좋아 보이는데 대기업 출신 사장님이 좀 그렇네요"

"무슨 문제 있어?"

"본인은 스스로 리더의 자질이 출중하다고 생각하나 본데 실상은 아닌 거 같아요. 요전날에도 회식자리에서 부하직원이 자기가 듣기에 좀 기분 나쁜 소리 했다고 불같이 화를 내시고 어제는 관공서에서 공무원이 점검 차 나왔는데 그 앞에서 농담 따먹기만 하려고 해서 저희가 다 얼굴이 화끈거렸어요"

대기업 시절 부하들의 좋은 근무태도나 성과에 근거하여 자신의 리더십에 자부심을 갖는 대기업 출신 경영인이 종종 있다. 이들은 창업 후 채용한 직원의 태도나 성과가 안 좋을 경우, 본인의 리더십은 이미 검증 받았으므로 해당 직원이 문제라고 단정 짓곤 한다. 하지만 대기업소속 직원들의 우수한 근무태도나 성과는 상사의 리더십보다는 주로 대기업이란 네임밸류에 기인한다. 즉 대기업에 다닌다는 자부심과 어떻게든지 이곳에 뿌리를 내려야겠다는 강한 의지가 좋은 근무태도와 성과로 이어지는 것이다. 창업 이후 선발한 직원의 근무자세가 마음에 안 든다면 해당 직원뿐만 아니라 경영인 본인의 리더로서의 능력도 다시 한번 점검해야 할 것이다.

● 진리인 양 말하는 습관 버리기

"강부장, 내일부터 휴가인가?"
"네"
"특별한 계획 있어요?"
"그냥 가족들이랑 지리산이나 다녀올까 합니다"
"지리산? 이런 초겨울에 지리산은 위험한데...."
"요즘은 등산장비와 통신장비가 우수하고 산장도 중간에 있으니 별일

이야 있겠습니까?"

"그렇게 쉽게 볼일이 아니에요. 내 지인도 그렇게 생각하다가 반쯤 죽다 살아났어요"

"그래도 예매까지 다 해뒀서...."

"강부장, 어지간하면 가지 마세요. 예매야 캔슬하면 되지"

"사장님, 이 문제는 강부장이 알아서 하게 놔두시죠. 강부장이 애도 아니고...."

"김전무는 빠지세요. 이건 말려야 하는 일입니다"

"사장님, 와이프도 겨울산을 좋아하고 하니 최대한 주의해서 다녀오겠습니다"

"강부장~~~ 내 말이 어디가 틀려? 이게 나 좋자고 이러는 거야? 가지 말라면 가지 마세요!!!"

직원을 걱정하는 사장의 심정은 이해가 가지만 초겨울에 지리산 가는 사람 모두가 반드시 큰 고생을 하는 것은 아니다. 적당히 주의하라는 의미라면 모르겠지만 이런 식으로 자신의 말이 맞으니 무조건 따르라는 태도는 거부감만 불러일으킨다. 냉정히 말해 이렇게 지나칠 만큼 자신의 견해를 강요하는 사장의 대다수는 직원에게 군림하고 싶거나 이제는 나이든 자신을 가족 등이 무시하는 것이 서러워서 그 반작용 탓에 이런다. 겉으로는 상대를 위한다며 합리화하지만 결국 상대방의 자유를 침해하는 큰 무례일 뿐이다.

실무에서 보면 특히 대기업 임원출신 경영인들이 이런 모습을 많이 보인다. 대기업 임원들은 그 위치까지 가기 위하여 상당한 인고와 순응의 시간을 보내는 것이 보통이다. 이에 따르는 부작용으로 임원이 된 후에는 자신의 견해와 가치관을 진리인 양 말하며 부하들에게 강요하는 이들이 적지 않다. 그런데 경영인이 된 이후에도 이 같은 습관을 못 버린다면 직원들은 마음을 닫을 수밖에 없고 그로 인한 피해는 모두 경영인에게 돌아오게 된다. 상대에 대한 존중과 경청은 직원관리의 기본이다.

● **인격모독의 후유증**

"사장님이 평소에 저를 인간으로만 대해주셨어도 이러지 않습니다. 임금 좀 늦게 받아도 먹고 삽니다. 하지만 평소 사장님이 저에게 한 행동을 생각하면 하루도 참고 싶지 않네요. 바로 법대로 해주세요"

필자가 임금체불사건을 수행하며 만났던 모 직원이 했던 말이다. 반면 체불된 임금의 액수가 크고 체불기간도 길어서 법으로 처리하는 것이 좋겠다는 필자의 조언에 다른 어떤 직원은 "사장님이 그래도 평소에 저를 인격적으로 대우해 주셨어요. 힘드시니까 그러시겠죠. 조금 더 기다려볼게요"라고 답했다. 인격존중은 이처럼 엄청난 차이를 발생시키는데 일부 경영인은 직원의 문제가 하도 크기에 인격을 모독해서라도 시정시킬 수밖에 없다고 항변한다. 하지만 이런 식으로라도 시정되는 경우는 거의 없고 직원의 반감만 불러일으키며 경영인의 평판까지 훼손하는 것이 보통이다. 인격을 존중하고 싶은 생각이 전혀 들지 않을 정도로 문제행위가 지나칠 경우에도 인격모독이 아닌 그에 합당한 징계나 해고를 함으로써 절대 정도(正道)를 벗어나지 않는 것이 중요하다. '이번만'이라는 자기합리화 속에 거듭 정도를 벗어나다가 인격모독이 몸에 뵌 경영인이 한둘이 아니다.

● 칭찬과 감사함의 표현 (감정적 보상의 중요함)

임금이 물질적 보상이라면 칭찬과 감사(感謝)는 감정적 보상이라 할 수 있다. 이를 경시하는 경영인도 있지만 인적·계속적 관계라는 특성을 가지는 노사관계에서 감정적 보상은 조미료와 같은 긴요한 역할을 하며 때로는 물질적 보상의 부족을 훌륭히 메꾸기도 한다. 감정적 보상이 적절히 가미되지 않은 노사관계는 지나치게 건조하게 흘러가기 십상이다. 이에 신물이 나서 떠나는 직원에게 "마음속으로는 항상 고마웠고 칭찬했었다"라고 뒤늦게 말해봤자 '버스 떠난 뒤에 손 흔들기'이다. 또한 사용하지 않는 철은 곧 녹슬듯이 종종 표현하지 않으면 정작 필요할 때도 입이 영 안 떨어지게 된다. 칭찬과 감사가 경영인의 체면을 손상시키는 세상은 더 이상 아니므로 발상의 전환을 강력히 권유한다.

● 종로에서 뺨 맞고 한강에서 화풀이하기?

"최주임, 오늘 사장님 기분 어때?"

"말도 마세요. 아까 오전에 사모님이 오셨는데 사장실에서 또 한바탕 하셨어요"

"왜 또?"

"아드님 유학을 사모님은 꼭 보내자고 하는데 사장님은 그냥 국내대학 가도 충분하지 않냐고 주장하셔서 그런 것 같아요"

"이거 큰일이네. 결재 올릴 것도 많은데...."

"그렇지 않아도 아까 강부장님이 제가 들어가지 마시라는데도 들어가셨다가 엄청 깨지셨어요"

"강부장님이 뭐 잘못했나?"

"특별히 잘못한 것도 없는데 그냥 사장님이 화내시는 것 같더라고요"

"하긴 매사에 칼 같은 강부장님이 사장님 독대하며 실수할 리가 없지. 결국 사모님에게 화난 걸 화풀이 한 거네...."

"사장님이 이러시는 게 한두 번도 아니고 이젠 저도 정말 미치겠어요"

개인적 사유로 인한 분노를 직원을 대상으로 업무를 빙자하여 표출하는 경영인들이 종종 있다. 직원들도 바보가 아니다. 화를 내는 진짜 이유는 모를 수 있지만 이렇게 화내는 표면적인 이유가 합당한지는 얼마든지 판단 가능하다. 대다수 직원은 알면서도 넘어가 준다. 어차피 직원은 을(약자)이기게 그냥 참아주는 것이다. 이런 인내를 이용하여 화풀이하는데 맛들인 경영인도 적지 않다. 경영인의 특권이라고까지 생각하기도 한다.

힘없는 사람들의 울분도 쌓이고 쌓이다 보면 언젠가는 폭발한다. 대표적인 예가 동학농민운동이나 프랑스 대혁명이고 오늘날에는 주로 집단사표나 노동부에 대한 집단진정·고소의 형태로 행해진다. 직원은 노동의 제공자이지 사장의 화풀이 대상이 아니라는 당연한 사실까지 망각한 자가 과연 경영인이라 불릴 자격이 있을까.

● 인의 장막 제거하기

"사장님 안에 계신가?"

"무슨 일 때문에 그러시죠?"

"건의할 게 좀 있는데...."

"일단 김실장님과 말씀 나눠보세요"

"그렇지 않아도 지난주에 김실장이랑 이야기 나눴어요. 사장님 일정 알아보고 연락 준다더니 감감무소식이네"

"마침 김실장님 오시네요"

"아이구, 강부장님, 어쩐 일이세요?"

"지난번에 사장님 일정 확인하고 만날 수 있는 시간 알려준다더니 소식이 없으셔서요"

"요즘 사장님이 너무 바쁘세요"

"그래도 이건 정말 중요한 문제인데...."

"일단 저에게 말씀해 보세요. 제가 전해드리죠"

"확실히 전해 주실 수 있죠?"

"그건 장담 못합니다. 사장님이 워낙 공사다망(公私多忙)하시니.... 그리고 앞으로는 절대 이렇게 불쑥 사장실 찾아오지 마시고 꼭 저에게 먼저 연락주세요. 사장님이 아무나 쉽게 만날 수 있을 정도로 한가하지 않으십니다"

일부 경영인의 측근은 이 경영인을 귀찮게 하거나 짜증나게 할 것 같은 직원이 경영인에게 접근하는 것을 알아서 차단하곤 한다. 이로 인해 솔직히 편해지기에 묵시적으로 이를 방임하는 경영인도 적지 않다. 인의 장막이 힘을 발휘한 왕조치고 오래간 예가 없다. 다소 귀찮더라도 최고 보스가 부하들과의 소통창구를 항상 열어둘 때, 조직 내 진짜 문제를 조기에 알 수 있고 건전한 건의도 활발해지는 법이다. 피가 원활히 흐르지 못하는 몸은 결코 장수할 수 없다.

기타 본인관리 핵심요약

- 사장부터 퇴근하기
- 사장부터 절약하기
- 세상의 변화에 '적당히' 관심 가지기
- 노무비 절감은 절대선일까? (최저임금만 지급하는 노무관리의 폐해)
- 비정규직 사용의 장·단점 인식하기
- 사장 성에 안 차는 직원들이 증가한 이유?
- 구관이 명관? (100프로 나와 맞는 직원은 없다)
- 자신의 종교나 정치성향 강요(표출) 안 하기
- 너무 잘난 사장을 보는 부하의 시선?
- 재량권의 적절한 부여
- 세상에 공짜는 없다
- 대기업 시절 이야기 피하기
- 고압적이고 권위적인 태도 바꾸기
- 반말의 효과적인 사용
- 대기업 시절 리더십의 실상 인식하기
- 진리인 양 말하는 습관 버리기
- 인격모독의 후유증
- 칭찬과 감사함의 표현 (감정적 보상의 중요함)
- 종로에서 뺨 맞고 한강에서 화풀이하기?
- 인의 장막 제거하기

6장
회의 시 주의점

경영인 혼자만의 두뇌로 조직을 유지·발전시키는 것은 거의 불가능하기에 어떤 회사든지 회의는 필수이다. 직원들의 보다 적극적인 회의참가와 의견개진을 유도하기 위해 신경 쓰거나 주의할 점들을 정리하면 다음과 같다.

● 군림하지 않기

경영인이 직접 참석하는 회의의 실효성이 떨어진다면 주로 경영인의 군림(君臨)탓이다. 자신의 의견만 옳고 타인의 견해는 모두 그르다는 왕 같은 태도 앞에서 거의 모든 직원들은 주눅이 들거나 염증을 느껴서 입을 닫기 마련이다. 왜 회의를 하는가. 회의하느라 일을 안 해도 그 시간에 대한 임금은 당연히 지급해야 하는데 이런 손해를 감수하면서까지 회의를 하는 이유는 무엇인가. 회사를 발전시키고 당면한 문제를 해결하며 위기를 넘기는 데 도움이 될 의견을 직원들로부터 얻기 위함이 아닌가. 이런 목적을 달성하는데 독선적이고 군림하는 경영인의 자세가 얼마나 악영향을 미치는가는 안 봐도 비디오다. 세상에 공짜는 없다. 하나를 얻으려면 하나 이상을 버려야 하는 것이 세상의 이치다.

- **경영인의 자리배치에 신경 쓰기**

회의 시, 가장 상석에 사장의 자리를 배치하는 회사가 대다수이다. 원활한 회의진행이나 참석자들에 대한 의사전달 혹은 설득에 사장의 권위까지 필요한 회의라면 이런 배치가 바람직할 것이다. 반면 브레인스토밍식의 자유분방한 의견개진이 중요한 회의에서는 권위타파와 친밀감증진 차원에서 참석자들 속에 사장의 자리를 배치하는 것이 더 좋을 수도 있다. 회의의 성격에 맞춰 경영인의 자리를 유연하게 배치할 때 회의의 실효성은 더 높아진다.

- **의자배치에 신중하기[1]**

일부 연구결과에 따르면 서로 마주 보는 사람들끼리는 소통은 잘되나 대립하기도 쉽다고 한다. 같은 방향을 향해 나란히 앉은 사람들 간에는 대화는 어려울 수 있으나 의견이 일치될 소지가 크다고 한다. 자리배치가 가지는 이런 특성을 응용하여 지나치게 견해의 대립이 심한 참석자들은 가급적 나란히 앉게 하고 과도한 친밀감 탓에 이견(異見)의 제시가 어려운 사람들은 마주 보고 앉게 한다면 보다 성공적인 회의가 될 것이다.

- **회의 시작 전에 다수의 의견을 어느 정도는 파악하기**

일방적으로 특정 정책 등을 통보하기 위한 회의가 아닌 한, 어느 회의에서나 의견의 대립은 있기 마련이다. 이런 대립을 통해 각 견해가 가지는 장·단점이 부각되거나 시정될 수 있기에 일정 수준의 대립은 오히려 환영해야 한다. 다만 지나친 다툼은 감정싸움으로 흘러 사내분위기를 흐릴 수 있고 때로는 특정 견해를 배척해야 하지만 그 사유를 공개하기 어려울 수도 있다. 경영인이 중간에 적절히 개입하여 과열을 막거나 특정 참석자에게 미리 언질을 줘서 도저히 받아들일 수 없는 견해를 자제하게 할 수 있다는 점에서 참석자 다수의 의견을 경영인이 미리 파악해 두는 것도 때로는 필요하다.

● 눈치 탓에 의견 제시 못하는 직원들 편들어주기

침묵의 나선 이론(The spiral of silence theory)이란 학설이 있다. 독일의 정치학자 노엘레 노이만이 주창한 이 이론에 따르면 우리 인간은 여론이 형성되는 과정에서 자신의 입장이 다수의 의견과 동일하면 적극적으로 표출하지만 주류의견과 다르면 남에게 비판받거나 고립되는 것이 두려워 침묵하는 성향이 있다고 한다. 여론의 형성 과정이 한 방향으로 쏠리는 모습이 마치 나선 모양과 같다고 해서 이런 이름이 붙여졌다.[2]

회의처럼 이 이론이 극명하게 옳다고 느껴지는 경우도 드물다. 대다수 사람은 비판받는 것을 꺼리는 탓에 특히 회의에서는 주류의 견해가 이미 형성되었다고 느낀다면 이에 반하는 의견을 거의 내지 않는다. 이를 방지하여 다양한 견해가 표출될 수 있게 하는 가장 효과적인 방법은 경영인의 개입이다. 적극적인 의견개진을 통해 소수 의견을 가진 자들에게 힘을 실어주고 이들에 대한 지나친 비판을 자제시키는 것도 경영인의 필수적인 의무 중 하나이다. 이를 경영인이 태만히 하여 회사운영에 도움이 될 수 있는 견해가 표출되지 못한다면 이로 인한 손해는 모두 경영인의 몫이다.

● **표현이 서툴다고 무시하지 않기**[3]

"그게 말입니다. 저, 저, 지금은 연말이니 연초에 그러니까…."

"김차장, 도대체 하고픈 말이 뭡니까? 좀 알아듣게 말을 해봐요"

"그러니까 제 말은 연초에 사람들이 좀 조용해졌을 때가 지금처럼 시끄러울 때보다는 그러니까…."

"뭔 소리 하는지 하나도 모르겠네"

"강부장, 너무 그렇게 면박 주지 마세요. 김차장은 다른 능력은 다 좋은데 단지 표현이 좀 서툴 뿐입니다. 지금은 연말이라 사람들이 들뜨기 쉬우니 차분한 마음이 드는 내년 초에 이 제품을 출시하자는 게 김차장 생각이죠?"

"네, 맞습니다. 사장님"

"이 제품 컨셉이 안정적이고 평화로운 삶의 유지이므로 김차장 생각이 일리가 있어 보이네요"

모든 사람이 달변가일 수는 없다. 일부 직원은 다른 건 다 잘하는데 말로 하는 표현은 서투를 수 있고 다수 앞에서는 긴장 탓에 더할 수 있다. 회의에서의 핵심은 개진된 의사의 '컨텐츠'이다. 표현력은 단지 껍질에 불과하다. 다소 표현이 서툴고 세련되지 못하더라도 주눅 들지 않고 계속적으로 의견을 낼 수 있도록 적극적으로 옹호해주는 모습 또한 사장이 회의에서 반드시 보여야 할 태도이다. 표현력이 부족하여 알아듣기 힘든 발언에 대해 경영인부터 앞장서서 망신을 주는 경우도 현실에서는 많이 존재하는데 회사를 망치고 싶다면 계속해서 이렇게 하기 바란다. 말 잘 하는 것과 현명함은 따로 노는 경우도 많다.

● 깨뜨리면 사야 한다[4)]

"내년에는 월드컵도 있으니 국가대표 유니폼의 붉은색을 차용하여 신제품의 기본 컬러도 레드로 정하는 게 어떨까요?"

"김대리, 우리나라가 예선탈락 하면 오히려 역효과가 크지 않을까?"

"푸른색이 주는 청량감을 싫어하는 사람은 없으니 블루는 어떨까요?"

"차주임, 너무 구태의연한 생각 아냐? 좀 더 참신한 근거를 대면서 주장해야 옹호를 해주지"

"지난번 지진 이후 환경에 대한 관심이 엄청 높아졌습니다. 그러니 초록색은 어떨까요?"

"장과장, 어차피 여론은 조금만 시간이 지나면 잠잠해지기 마련이야. 날이면 날마다 자진이 나는 것도 아니고 먹고살기도 힘든데 환경은 무슨…."

"한부장, 당신은 우리 회사 직원 아닌가? 외부인 자격으로 이 자리에 참석했어? 다른 직원들이 애써 제시한 의견들을 비판만 하지 말고 당신 생각도 좀 말해보지 그래"

평론가처럼 회의에 참석하는 직원들이 있다. 이들은 본인의 생각은 밝히지 않은 채 다른 직원들의 의견에 트집만 잡는다. 한두 번 이러는 것은 그냥 넘어갈 줄 수도 있지만 정도가 지나치면 회의 전체의 분위기를 망치고 다수 참석자의 사기를 대폭 저하시킨다. 마트나 시장에서 물건을 구경하다 훼손하면 원칙적으로 구매해야 한다. 마찬가지로 타인의 의견을 비판할 때도 어느 정도는 대안도 내놓는 게 당연하다. 보다 생산적인 회의를 위해 이 점을 직원들에게 반드시 숙지시켜야 하며 혹시 경영인 본인부터 이런 태도를 보이지는 않는지 스스로 체크하는 것도 중요하다.

● **현실성부터 너무 따지지 않기**[5]

"우리의 라이벌인 S사의 김부장이 인정하기는 싫지만 이 분야의 최고입니다. 김부장을 스카우트 하는 것은 어떨까요?"

"최차장, 말 같은 소리를 좀 하세요. S사가 바보입니까? 그 사람을 그렇게 순순히 놔주겠어요?"

"아니면 이참에 아예 미국에서 이 방면의 전문가를 스카우트하는 것은 어떨까요?"

"강과장, 당신까지 왜 이래? 현실부터 생각하고 좀 발언을 하라고!!!"

"김이사, 너무 그렇게 면박만 주지 마세요. 어차피 기발한 아이디어 대다수는 처음에는 현실성이 없어 보이기 마련입니다. 너무 현실성부터 따지면 회의에서 할 말이 없어져요. 자, 다들 마음 편히 하고 다소 이상론에 치우쳐도 괜찮으니 더 많은 의견 내 보세요. 현실성이야 나중 문제고 일단 활발한 의견개진부터 합시다"

처음부터 너무 조건을 따지면 결혼하기 힘들다. 그 자체만으로는 현실성이 없어 보이던 아이디어가 다른 아이디어와 결합하거나 다소의 수정을 거쳐 실용성이 증폭되는 경우도 비일비재하다. 일단 입에서 다양한 아이디어가 나오게끔 유도할 때 회의의 생산성은 높아지지 마련이다.

● 민감한 사안은 온라인에서 익명으로 논의하기[6]

임직원 개개인의 사생활이나 회사 내부의 비밀 혹은 불법이 연관된 사항 등은 공개적으로 논의하기 어려운 것이 보통이다. 이런 사항에 관한 회의는 익명게시판 등을 이용하여 온라인에서 하는 것이 좋을지도 모른다. 의견수렴 시에도 이들 사항은 온라인상의 비밀투표방식이 좋을 것이다.

● 회의에 집중하도록 강제로 압박하기 (인사고과에 반영하기)

많이 떠들기만 한다고 생산성 있는 회의는 아니다. 일부 참석자는 주제와 무관한 이야기를 자꾸 하기도 하고 어떻게든 시간을 보내기 위해 이미 나온 말을 반복하는 사람도 있다. 이 정도는 아니더라도 핸드폰을 몰래 보는 등 딴짓하는 직원도 적지 않다. 회의에 집중해야 한다는 당연한 의무를 직원들이 망각한다면 어쩔 수 없다. 회의에서 보이는 태도 역시 인사고과에 적극적으로 반영하겠다는 강한 경고와 불성실한 모습에 대한 엄한 질책만이 이들을 시정시킬 것이다.

● **회의 시간 양분하기**[7]

회의시간을 상호토론이 가능한 시간대와 토론은 불가능하고 의견개진만 가능한 시간대로 양분한다면 다른 직원의 반박이 두려워 발언을 꺼리는 직원들도 좀 더 자유롭게 의견개진을 할 수 있을 것이다.

● **동료의 발언 기록하게 하기**[8]

일부 직원은 타인의 견해를 잘 들으려 하지 않고 자기 말만 한다. 이런 경우에는 동료의 발언을 기록하게 하고 정확히 논점을 파악했는지를 확인하게 하는 것이 효과적이다. 이 과정을 통해 동료의 의견을 경청하는 습관도 쌓을 수 있다.

● **바로 옆에 관리자나 사장이 서 있기**[9]

지나치게 고압적이고 독선적인 태도를 회의에서 계속 보이는 직원도 있다. 이런 경우에는 그 직원 바로 옆에 경영인이나 관리자가 서있는 것도 좋은 대책이다. 사용자를 의식하다 보면 스스로 자신의 태도를 수정할 소지가 크다.

● **발언 횟수나 시간에 제한 두기**[10]

회의에서의 발언횟수나 발언시간에 제한을 두어 일부 직원이 발언을 독점하는 것을 방지한다면 보다 생산적인 회의가 가능할 것이다. 침묵을 지키고 있는 지혜, 발언할 힘이 없는 지혜는 무익할 뿐이다.[11] 이 지혜가 어떻게든 입을 열게 하는 것 또한 경영인의 역할이다.

회의 시 주의점 핵심요약

- 군림하지 않기
- 경영인의 자리배치에 신경 쓰기
- 의자배치에 신중하기
- 회의 시작 전에 다수의 의견을 어느 정도는 파악하기
- 눈치 탓에 의견 제시 못하는 직원들 편들어주기
- 표현이 서툴다고 무시하지 않기
- 깨뜨리면 사야 한다
- 현실성부터 너무 따지지 않기
- 민감한 사안은 온라인에서 익명으로 논의하기
- 회의에 집중하도록 강제로 압박하기 (인사고과에 반영하기)
- 회의 시간 양분하기
- 동료의 발언 기록하게 하기
- 바로 옆에 관리자나 사장이 서 있기
- 발언 횟수나 시간에 제한 두기

미 주

제1부 백수 (구직자)

1장 백수시절의 마음자세
1) 영국속담.
2) 탈무드.

2장 백수시기의 활용방안
1) 장대익, "예스맨의 탄생", 참조.
   http://navercast.naver.com/contents.nhn?rid=2915&contents_id=118206
2) <미디어리터러시>, "'인생사 새옹지마'를 보여준 <해운대> 윤제균 감독", 2011.10.14.
   http://dadoc.or.kr/270

3장 구직활동 시 유의점
1) <한국대학신문>, "기업이 원하는 핵심인재 조건 1순위 "책임감"", 2016.11.10.
   http://news.unn.net/news/articleView.html?idxno=165752
2) A. 알랭, 프랑스의 철학자.
3) 설립한 지 오래되지 않은 신생 벤처기업을 뜻하며 미국 실리콘밸리에서 생겨난 용어이다.
   http://terms.naver.com/entry.nhn?docId=2067389&cid=42107&categoryId=42107
4) <연합뉴스>, "'청년 구직자' 일 재밌고 복지혜택 많은 직장이 좋아", 2016.05.15.
   http://news.naver.com/main/read.nhn?mode=LS2D&mid=shm&sid1=102&sid2=251&oid=001&aid=0008401716

4장 이력서·자기소개서 작성 시 주의점
1) 이 파트의 내용은 하도 오래전에 메모한 것이라 필자의 독창적인 표현인지 다른 매체에서 본 표현인지 기억이 분명치 않다. 필자의 독창적인 표현이 아닌 경우에 대비하여 이렇게라도 처리한다.
2) 권오서 등, ≪사장님이 만나보고 싶어 하십니다≫, 21세기북스, 2010, p.111, 참조.
3) 권오서 등, ≪사장님이 만나보고 싶어 하십니다≫, 21세기북스, 2010, p.113, 참조.
4) 권오서 등, ≪사장님이 만나보고 싶어 하십니다≫, 21세기북스, 2010, p.102, 참조.
5) 권오서 등, ≪사장님이 만나보고 싶어 하십니다≫, 21세기북스, 2010, p.104, 참조.

5장 취업면접 시 주의점
1) <디오데오 뉴스>, "인사담당자가 꼽은 면접 비호감 1위 '지각'…가장 중요한 것은 '태도'", 2016.09.26. http://www.diodeo.com/news/view/1822344?platform=hootsuite
2) 예동희, ≪지금 회사와 안녕하고 싶은 날≫, 세림출판, 2011, p.217, 참조.
3) 권오서 등, ≪사장님이 만나보고 싶어 하십니다≫, 21세기북스, 2010, p.147, p.160~168, 참조.

제2부 일반사원

1장 신뢰획득의 방법
1) 스티븐 비스쿠시, 박정현 역, ≪직장인 생존철칙50≫, 진명출판사, 2009, p.49, 참조.
2) 영국속담.
3) 영국속담.
4) <인크루트>, "직장인 91.8%, '사내 비매너 동료에 스트레스 받는다'", 2011.10.14.
  http://people.incruit.com/news/newsview.asp?gcd=10&newsno=834286
5) F. W. 패러.
6) 영국속담.
7) P. 코네일.
8) S. 존슨, 영국의 시인·비평가.
9) 스티븐 비스쿠시, 박정현 역, ≪직장인 생존철칙50≫, 진명출판사, 2009, p.19, 참조.

2장 신뢰유지의 방법
1) 앙리 프레데릭 아미엘, 스위스의 철학자
2) <뉴데일리>, 2014.11.23. http://web9.newdaily.co.kr/mobile/mnewdaily/newsview.
  php?id=224797
3) 다이애나 부허, 정지현 역, ≪대화사전≫, 토네이도, 2012, p.25, 참조.
4) 스티븐 비스쿠시, 박정현 역, ≪직장인 생존철칙50≫, 진명출판사, 2009, p.184, 참조.
5) <서울신문>, "'無'… '괴물 투수' 오타니의 겸손함… "이룬 게 없다"며 선택
  한 올해의 한자", 2016.12.13, 참조. http://www.seoul.co.kr/news/newsView.
  php?id=20161214027020&wlog_tag3=naver#csidx16804be666801138206812dd733faa4
6) <kbs>, "한국인 기대수명 82.1세…남 79세·여 85.2세", 2012.12.02, 참조. http://news.kbs.
  co.kr/news/view.do?ncd=3387620&ref=A
7) 일정한 시일 또는 기간 내에 이행하지 않으면 계약의 목적을 달성할 수 없는 계약.
8) 탈무드 수정.
9) 세네카, 로마의 스토아파 철학자, 수정.
10) Casey Fitts Hawley, ≪201 Ways To Turn Any Employee Into A Star≫, McGraw-Hill,
  2004, p.94, 수정.

3장 권리행사의 방법
1) <남녀고용평등과 일·가정 양립 지원에 관한 법률> 제2조.
2) <남녀고용평등과 일·가정 양립 지원에 관한 법률> 제39조.
3) <헤드라인뉴스>, "사내 폭력 피해 직장인 절반 이직·퇴사 준비…가해자 처벌은 미흡",
  2016.06.21. http://www.iheadlinenews.co.kr/news/articleView.html?idxno=18323
4) <근로기준법> 제8조(폭행의 금지) 사용자는 사고의 발생이나 그 밖의 어떠한 이유로도
  근로자에게 폭행을 하지 못한다.
5) 피해자가 가해자의 처벌을 원하지 않는다는 의사를 표시하면 처벌할 수 없는 범죄.
6) 임창희, ≪조직행동≫, 비앤엠북스, 2008, p.458.

7) 여기서 언급하는 5가지 사항들이 필자의 독창적인 표현인지 아니면 다른 매체에서 본 것인지 기억이 분명치 않다. 필자의 독창적인 표현이 아닌 경우에 대비하여 이렇게라도 처리한다.
8) <서울경제>, 2006.08.09, 참조.
http://economy.hankooki.com/lpage/industry/200608/e2006080917042047580.htm
9) S. 스마일즈, 영국의 사회개량가.

4장 기타 본인관리

1) 데일 카네기, 최염순 역, ≪카네기 인간관계론≫, 씨앗을뿌리는사람, 2007, p.21.
2) W. 펜, 영국의 북미 개척자.
3) <일요신문>, "신규 감염자 20년간 10배 증가…우리가 신경 끈 사이 에이즈는 '무럭무럭'", 2016.10.03. http://ilyo.co.kr/?ac=article_view&entry_id=205537
<뉴스핌>, "[국감] 지난해 에이즈 감염자 진료비 1000억 돌파", 2018.10.18.
http://www.newspim.com/news/view/20181011000675
4) 로버트 그린, 안지환·이수경 역, ≪권력의 법칙≫, 웅진지식하우스, 2013, p.424, 수정
5) 독일속담.
6) <뉴스와이어>, "10명 중 6명, '직장 내 거짓우정 있다'", 2013.07.17.
http://www.newswire.co.kr/newsRead.php?no=705271
7) 어딘가에서 읽은 내용인데 출처가 기억이 안 나기에 이렇게라도 처리한다.
8) 로버트 그린, 안지환·이수경 역, ≪권력의 법칙≫, 웅진지식하우스, 2013, p.113~114.
9) <Harvard Business Review>, "링컨과 변혁적 리더십의 기술", 수정.
http://www.hbrkorea.com/magazine/article/view/8_1/article_no/1229
10) <산업안전보건법> 제26조의2
11) <두산백과>, "이반 파블로프", 참조. http://terms.naver.com/entry.nhn?docId=1156844&cid=40942&categoryId=33467
12) 파스칼, 프랑스의 과학자·수학자·사상가.

5장 이직준비

1) <한국경제>, "고작 5.6년…한국 근로자 평균 근속기간 OECD 국가 중 가장 짧아", 2015.12.22. http://news.hankyung.com/article/2015122240441
2) <한국경제>, "커리어 "직장인 평균 이직 횟수 2.8회"", 2013.11.21.
http://news.hankyung.com/article/2013112108878
3) 스티븐 비스쿠시, 박정현 역, ≪직장인 생존철칙50≫, 진명출판사, 2009, p.235, 수정.
4) 조세핀 먼로, 김선하 역, ≪기적의 경력관리≫, 21세기북스, 2009, p.34, 참조.
5) 조세핀 먼로, 김선하 역, ≪기적의 경력관리≫, 21세기북스, 2009, p.71~76, 참조.
6) 조세핀 먼로, 김선하 역, ≪기적의 경력관리≫, 21세기북스, 2009, p.142~146, 참조.

제3부 관리자

1장 마음열기
1) 다이애나 부허, 정지현 역, <대화사전>, 토네이도, 2012, p.426~427, 참조.
2) 다이애나 부허, 정지현 역, ≪대화사전≫, 토네이도, 2012, p.624, 참조.
3) D. 함마슐트, 제2대 유엔 사무총장.
4) 탈무드, 수정.
5) F. Q. 호라티우스, 고대 로마의 서정시인·풍자시인.
6) 루쉰, 중국의 문학가·사상가.

2장 칭찬과 질책
1) 임창희, 조직행동, ≪비앤엠북스≫, 2008, p.176~180, 참조.
2) 임창희, 조직행동, ≪비앤엠북스≫, 2008, p.179.
3) 시라가타 도시로, 이봉노 역, ≪마법의 코칭2≫, 새로운제안, 2008, p.70.
4) 리처드 스텐걸, 임정근 역, ≪아부의 기술≫, 참솔, 2006, p.125, 참조.
5) 괴테, 독일의 시인·극작가.
6) 시라가타 도시로, 이봉노 역, ≪마법의 코칭2≫, 새로운제안, 2008, p.110.
7) 시라가타 도시로, 이봉노 역, ≪마법의 코칭2≫, 새로운제안, 2008. p.113.
8) 다이에너 부허, 정지현 역, ≪대화사전≫, 토네이도, 2012, p.405, p.411, 참조.
9) 다이에너 부허, 정지현 역, ≪대화사전≫, 토네이도, 2012, p.421, 참조.
10) 다이에너 부허, 정지현 역, ≪대화사전≫, 토네이도, 2012, p.609, 참조.
11) 박지순, '징계권의 법적 구조와 개별쟁점', 노동법이론실무학회, 2008, p.26.
12) 박지순, '징계권의 법적 구조와 개별쟁점', 노동법이론실무학회, 2008, p.26.
13) 유대교 경전.
14) 이토 아키라, 김경섭 역, ≪코칭 대화기술≫, 김영사, 2005, p.119.
15) 다이에너 부허, 정지현 역, ≪대화사전≫, 토네이도, 2012, p.55, 참조.
16) 한화순, ≪간호사, 너 자신이 되어라≫, 메디캠퍼스, 2015, p.75, 수정.

3장 지속적인 동기부여
1) <나무위키>, "학습된 무기력".
   https://namu.wiki/w/%ED%95%99%EC%8A%B5%EB%90%9C%20%EB%AC%B4%EA%B8%B0%EB%A0%A5
2) 신유근, ≪인간존중경영≫, 다산출판사, 2008, p.421~422.
3) 다른 매체에서 본 것인지 필자의 독창적인 표현이지 기억이 잘 안 난다. 필자의 독창적인 표현이 아닌 경우에 대비하여 이렇게라도 처리한다.
4) 다이애나 부허, 정지현 역, ≪대화사전≫, 토네이도, 2012, p.533, 참조.
5) 시라가타 도시로, 이봉노 역, ≪마법의 코칭2≫, 새로운제안, 2008, p.173, 참조.
6) 시라가타 도시로, 이봉노 역, ≪마법의 코칭2≫, 새로운제안, 2008, p.179.
7) 시라가타 도시로, 이봉노 역, ≪마법의 코칭2≫, 새로운제안, 2008, p.93, 수정.

4장 불가근불가원 (不可近不可遠)
1) B. 리튼, 영국의 소설가.
2) 사원교육연구회, 한국생산성본부 역, ≪철새사원을 만들어서는 안 된다≫, 한국생산성본본부, 1991, p.49~50, 수정.
3) 어딘가에서 읽은 내용인데 출처가 기억이 안 나기에 이렇게라도 처리한다.
4) 프랑스 속담.
5) 다이애나 부허, 정지현 역, ≪대화사전≫, 토네이도, 2012, p.302, 참조.
6) 시라가타 도시로, 이봉노 역, ≪마법의 코칭2≫, 새로운제안, 2008, p.149, 참조.
7) 공판절차를 거치지 않고 서면심리(書面審理)만으로 지방법원에서 벌금·과료 또는 몰수형을 과하는 명령. http://terms.naver.com/entry.nhn?docId=1124059&cid=40942&categoryId=31721

5장 기타 본인관리
1) <신동아>, "전국시대의 영재, 오기(吳起)의 생애", 2005. 12. 15. http://shindonga.donga.com/Series/3/990108/13/105038/2
2) <THEFACTSITE>, "These 25 Juggling Facts Really Are The Balls". https://www.thefactsite.com/2016/03/juggling-facts.html
3) 코카콜라사 더글러스 대프트 회장 2000년 신년사 수정.
4) 이 책 제3부 제3장 '작은 성공의 기쁨 맛보게 하기'에 자세히 나온다.

제4부 사장

1장 신망획득의 방법
1) 어딘가에서 읽은 내용인데 출처가 기억이 안 나기에 이렇게라도 처리한다.
2) 골즈워디, 백석윤 역, ≪가이우스 율리우스 카이사르≫, 루비박스, 2009, p.391, 참조.
   시오노 나나미, 김석희 역, ≪로마인 이야기≫, 한길사, 2018, p.370~371, 참조.
3) 다이에너 부허, 정지현 역, ≪대화사전≫, 토네이도, 2012, p.407, 참조.

2장 신망유지의 방법
1) R. G. 잉거솔, 미국의 정치가·법률가.
2) 사원교육연구회, 한국생산성본부 역, ≪이런 과장이 되어서는 안 된다≫, 한국생산성본부, 1992, p.37~38, 참조.
3) <이데일리>, "'도대체 누굴 위한 회식인가'..직장인 10명중 8명 '스트레스'", 2016. 01. 10, 수정. http://www.edaily.co.kr/news/news_detail.asp?newsId=01689206612516408&mediaCodeNo=257

3장 권한행사의 방법
1) <아시아경제>, "최희, 아나운서 합격 비결? "면접 끝난 뒤 쓰레기 치우면서…"", 2016. 02. 22. http://www.asiae.co.kr/news/view.htm?idxno=2016022214011002674
2) <조선비즈>, ""구글형 人材는 복도 휴지 치울줄 아는 사람"", 2015. 05. 29. http://biz.chosun.com/site/data/html_dir/2015/05/28/2015052804406.html
3) 선승훈, ≪삼형제의 병원경영 이야기≫, 매일경제신문사, 2011, p.59.
4) https://www.linkedin.com/pulse/7-characteristics-separate-boss-from-leader-franklin-frank-lion-
5) <두산백과>, "최후통첩게임", 참조. http://terms.naver.com/entry.nhn?docId=3548464&cid=40942&categoryId=31531
6) H. 하이네, 독일의 시인.
7) 임창희, ≪조직행동≫, 비앤엠북스, 2008, p.458.
8) 임창희, ≪조직행동≫, 비앤엠북스, 2008, p.156-157.
9) 임창희, ≪조직행동≫, 비앤엠북스, 2008, p.156, 수정.
10) 도리스 메르틴, 박희라 역, ≪회사가 탐내는 인재들의 10가지 업무기술≫, 마이다스동아, 2009, p.179, 참조.

4장 불가근불가원 (不可近不可遠)
1) 소크라테스, 그리스의 철학자.
2) 사원교육연구회, 한국생산성본부 역, ≪철새사원을 만들어서는 안 된다≫, 한국생산성본부, 1991, p.3~12, 참조.
3) <근로기준법> 제7조(강제근로의 금지) 사용자는 폭행, 협박, 감금, 그 밖에 정신상 또는 신체상의 자유를 부당하게 구속하는 수단으로써 근로자의 자유의사에 어긋나는 근로를 강요하지 못한다.
4) E. 버어크, 영국의 정치가.

5) 신생 벤처기업을 뜻하며 미국 실리콘밸리에서 생겨난 용어. http://terms.naver.com/entry.nhn?docId=2067389&cid=42107&categoryId=42107
6) <근로기준법> 제8조(폭행의 금지) 사용자는 사고의 발생이나 그 밖의 어떠한 이유로도 근로자에게 폭행을 하지 못한다.
7) 피해자가 가해자의 처벌을 원하지 않는다는 의사를 표시하면 처벌할 수 없는 범죄.

5장 기타 본인관리
1) 영국속담.
2) 국가통계포털. http://kosis.kr/wnsearch/totalSearch.jsp#
3) <기간제 및 단시간근로자 보호 등에 관한 법률>, <파견근로자보호 등에 관한 법률>.
4) 영국속담.
5) 정재홍, ≪나는 행복한 병원에 출근한다≫, 메디캠퍼스, 2016, p.255, 수정.
6) 영국속담.

6장 회의 시 주의점
1) 다이애나 부허, 정지현 역, ≪대화사전≫, 토네이도, 2012, p.256, 참조.
2) 네이버 지식백과, 수정.
   http://terms.naver.com/entry.nhn?docId=3433848&cid=58345&categoryId=58345
3) 다이애나 부허, 정지현 역, ≪대화사전≫, 토네이도, 2012, p.275, 참조.
4) 다이애나 부허, 정지현 역, ≪대화사전≫, 토네이도, 2012, p.270, 참조.
5) 다이애나 부허, 정지현 역, ≪대화사전≫, 토네이도, 2012, p.270, 참조.
6) 다이애나 부허, 정지현 역, ≪대화사전≫, 토네이도, 2012, p.261~262, 참조.
7) Casey Fitts Hawley, ≪201 Ways To Turn Any Employee Into A Star≫, McGraw-Hill, 2004, p.136~137, 참조.
8) Casey Fitts Hawley, ≪201 Ways To Turn Any Employee Into A Star≫, McGraw-Hill, 2004, p.136~137, 참조.
9) Casey Fitts Hawley, ≪201 Ways To Turn Any Employee Into A Star≫, McGraw-Hill, 2004, p.136~137, 참조.
10) Casey Fitts Hawley, ≪201 Ways To Turn Any Employee Into A Star≫, McGraw-Hill, 2004, p136~137, 참조.
11) M. T. 키케로, 로마의 정치가·웅변가.

참고문헌

– 법률 전공서적 –
김철수, ≪헌법개설≫, 박영사, 2015.
지원림, ≪민법강의≫, 홍문사, 2009.
김준호, ≪민법강의≫, 법문사, 2008.
김형배, ≪노동법≫, 박영사, 2007.
이병태, ≪최신 노동법≫, (주)중앙경제, 2008.
임종률, ≪노동법≫, 박영사, 2008.
신동운, ≪형법총론≫, 법문사, 2014.
정영일, ≪형법각론≫, 박영사, 2011.
이시윤, ≪신민사소송법≫, 박영사, 2008.

– 법률 실무서적 –
윤희준, ≪노동법 해설≫, 한국경제신문사, 2004.
권정임, ≪직장인이 꼭 알아야 할 노동법≫, 생각비행, 2012.

– 인사관리 전공서적 –
김영재 외, ≪인적자원관리≫, 삼영사, 2008.
김인수, ≪거시조직이론≫, 무역경영사, 2008.
박경규, ≪신인사관리≫, 홍문사, 2008.
Stephen P. Robbins, 김광점 외 역, ≪조직행동론≫, 시그마프레스, 2009.
신유근, ≪인간존중경영≫, 다산출판사, 2008.
임창희, ≪신인적자원관리≫, 명경사, 2007.
임창희, ≪조직행동≫, 비앤엠북스, 2008.

– 인사관리 실무서적 –
김성용 외, ≪회사생활 10년을 좌우하는 3% 습관≫, 21세기북스, 2008.
노동부, ≪2010 주40시간근무제교육≫, 한국공인노무사회, 2010.
낸시 스티븐슨, (주)러닝솔루션 역, ≪동기부여≫, (주)피어슨에듀케이션코리아, 2006.
마츠오 아키히토, 이민영 역, ≪부하기술≫, (주)행간, 2010.
사쿠라이 카즈노리, 박현석 역, ≪결과를 낳는 부하 만들기≫, (도)동해, 2002.

션완펑, 임국화 역, ≪내가 부하직원에게 잔소리 하는 이유≫, 비지니스맨, 2009.
스티븐 비스쿠시, 박정현 역, ≪직장인 생존철칙 50≫, (주)진명출판사, 2009.
신시아 샤피로, 공혜진 역, ≪회사가 당신에게 알려주지 않는 50가지 비밀≫, 도서출판 서돌, 2009.
존 카첸바흐, 김명철 역, ≪왜 자부심이 돈보다 중요한가≫, 매일경제신문사, 2003.
최광돈, ≪회사생활 잘하는 기술 50≫, 더난출판사, 2008.
Casey Fitts Hawley, ≪201 Ways To Turn Any Employee Into A Star≫, McGraw-Hill, 2004.
토다 야스하루, 박영란 역, ≪성공하는 사람들을 위한 꾸중의 기술≫, 도서출판 글로벌, 2006.
하야시다 마사미츠, 김은주 역, ≪회사생활 잘하려면 꼭 알아야 할 77가지 비밀≫, 북&월드, 2007.
권오서 외, ≪사장님이 만나보고 싶어 하십니다≫, 21세기북스, 2011.
예동희, ≪지금 회사와 안녕하고 싶은 날≫, 세림출판, 2011.
조세핀 먼로, 김선하 역, ≪기적의 경력관리≫, 21세기북스, 2009.
다이애나 부허, 정지현 역, ≪대화사전≫, 토네이도, 2012.
시라가타 도시로, 이봉노 역, ≪마법의 코칭2≫, 새로운제안, 2009.
이혜범, ≪성공하는 의사들의 진료비법 노하우 24≫, 군자출판사, 2008.
홍성진, ≪병원을 살리는 마케팅 병원을 죽이는 마케팅≫, 케이앤피북스, 2009.
안상윤 외, ≪보건의료 커뮤니케이션≫, 보문각, 2007.
황성완 외, ≪병원 코디네이터 만들기≫, 보문각, 2010.
이현숙, ≪NEW 병원코디네이터≫, 보문각, 2010.
이창호, ≪우리 병원 좀 살려주세요≫, 다산북스, 2008.
선승훈, ≪삼형제의 병원경영 이야기1≫, 매일경제신문사, 2011.
정재홍, ≪나는 행복한 병원에 출근한다≫, 메디캠퍼스, 2016.
한화순, ≪간호사, 너 자신이 되어라≫, 메디캠퍼스, 2015.
엄영란 외, ≪함께 일하고 싶은 1% 수간호사≫, 현문사, 2010.
병원전략경영개발원, ≪병원경영학≫, 신광출판사, 2002.
브라이언 그레이저, 박종윤 역, ≪큐리어스 마인드≫, 열림원, 2016.
세리 맥아들 외, 송설희 역, ≪개는 왜 꼬리를 흔드는가≫, 삼양미디어, 2010.
조동성 외, ≪장미와 찔레1≫, IWELL, 2007.
김인수, ≪뺄셈의 리더십≫, 명태, 2015.
윌리엄 코헨, 홍윤주 역, ≪최강의 리더십≫, 청림출판, 2002.
니나 디세사, 이현주, ≪유혹과 조종의 기술≫, 쌤앤파커스, 2008.
더글러스 앨런 외, 김은영 역, ≪2+2 매직 리더십≫, 넥서스BIZ, 2006.

앤터니 머시노, 권오열 역, ≪프로젝트를 성공으로 이끄는 감성 리더십≫, 비전과리더십, 2008.
박종선, ≪팀장 리더십 상식사전≫, 길벗, 2009.
피터 드러커, 이재규 역, ≪변화 리더의 조건≫, 청림출판, 2014.
유동수 외, ≪팀장의 대화법≫, 위즈덤하우스, 2008.
존 코터 외, 현대경제연구원 역, ≪리더십≫, 21세기북스, 2009.
이토 아키라, 김경섭 역, ≪코칭 대화기술≫, 김영사, 2005.
사원교육연구회, 한국생산성본부 역, ≪철새사원을 만들어서는 안 된다≫, 한국생산성본부, 1991.
사원교육연구회, 한국생산성본부 역, ≪이런 과장이 되어서는 안 된다≫, 한국생산성본부, 1992.
인재활성화연구회 편, 한국생산성본부 역, ≪이런 임원이 되어서는 안 된다≫, 한국생산성본부, 1991.
중소기업연구회 편, 한국생산성본부 역, ≪중소기업병 퇴치 신기법≫, 한국생산성본부, 1993.

― 일반서적 ―

볼프 슈나이더, 박종대 역, ≪만들어진 승리자들≫, 을유문화사, 2011.
볼프 슈나이더, 박종대 역, ≪위대한 패배자≫, 을유문화사, 2005.
로버프 팔콘 스콧, 박미경 역, ≪남극일기≫, 세상을여는창, 2005.
장성숙, ≪사람에겐 사람이 필요하다≫, 더나출판사, 2013.
한혜경, ≪남자가, 은퇴할 때 후회하는 스물다섯 가지≫, 아템포, 2014.
후안 카를로스 외, 고인경 역, ≪스페셜 원 무리뉴≫, GRIJOAFC, 2013.
폴렛 데일, 조영희 역, ≪대화의 기술≫, 푸른숲, 2002.
지그 지글러, 안진환 역, ≪당신에게 사겠습니다≫, 김영사, 2005.
잉그마르 브룽켄, 엄양선, ≪세상을 움직인 6인의 전략가≫, 지식나무, 2006.
로버트 그린, 안진환 역, ≪전쟁의 기술≫, 웅진지식하우스, 2007.
카이사르, 천병희 역, ≪갈리아 원정기≫, 숲, 2012.
골즈워디, 백석윤 역, ≪가이우스 율리우스 카이사르≫, 루비박스, 2009.
시오노 나나미, 김석희 역, ≪로마인 이야기≫, 한길사, 2018.
엘든 테일러, 이문영 역, ≪무엇이 우리의 생각을 지배하는가≫, 알에이치코리아, 2012.
스티브 테일러, 정나리아 역, ≪제2의 시간≫, 용오름, 2012.
강신익, ≪불량 유전자는 왜 살아남았을까≫, 페이퍼로드, 2013.
로이 F. 바우마이스터 외, 이덕임 역, ≪의지력의 재발견≫, 에코리브르, 2012.
신시아 A. 몽고메리, 이현주 역, ≪당신은 전략가입니까≫, 리더스북, 2014.
레오나르드 믈로디노프, 김명남 역, ≪"새로운"무의식≫, 까치글방, 2013.

켄트 그린필드, 정지호 역, ≪마음대로 고르세요≫, 푸른숲, 2012.
요헨 마이 외, 오공훈 역, ≪현실주의자의 심리학 산책≫, 지식갤러리, 2012.
토마스 자움 알데호프, 염양선 역, ≪왜 나는 항상 욱하는 걸까≫, 21세기북스, 2010.
제임스 J. 배럴 외, 이미숙 역, ≪챔피언의 심리학≫, 21세기북스, 2009.
그레고리 번스, 김정미 역, ≪상식파괴자≫, 비즈니스맵, 2010.
리처드 스텐걸, 임정근 역, ≪아부의 기술≫, 참솔, 2006.
데일 카네기, 최염순 역, ≪카네기 인간관계론≫, 씨앗을뿌리는사람, 2007.
박금실, ≪성장하는 세 가지 힘≫, 스타북스, 2011.
도리스 메르틴, 박희라 역, ≪회사가 탐내는 인재들의 10가지 업무기술≫, 마이다스동아, 2009.
제프 앵거스, 황희창 역, ≪메이저리그 경영학≫, 부키, 2009.
피터 드러커, 이동현 역, ≪피터 드러커 자서전≫, 한국경제신문, 2005.
로버트 그린 외, 이수경 외 1명 역, ≪권력의 법칙≫, 웅진지식하우스, 2009.
구리모토 타다시, 김창남 역, ≪영업의 99%는 신규개척이다≫, 다산북스, 2009.
아서 프리먼 외, 송지현 역, ≪그동안 당신만 몰랐던 스마트한 실수들≫, 애플북스, 2017.
크리스토프 앙드레, 이세진 역, ≪나라서 참 다행이다≫, 북폴리오, 2010.
제인 미들턴 모즈, 유우정 역, ≪거인과 카멜레온≫, 이매진, 2011.
니시다 후미오, 박은희 역, ≪우리가 잊고 지낸 것들≫, 에이미팩토리, 2011.
미하엘 코르트, 권세훈 역, ≪광기에 관한 잡학사전≫, 을유문화사, 2009.
조기선, ≪물건을 팔지 말고 가치를 팔아라1≫, 가림출판사, 2006.

− 경제학서적 −
김유배, ≪노동경제학≫, 박영사, 2006.
Ronald G. Ehrenberg 외, 한홍순·김중렬 역, ≪노동경제학≫, 교보문고, 2008.
배무기, ≪노동경제학≫, 경문사, 2007.
조순·정운찬, ≪경제학원론≫, 법문사, 1991.
조우현, ≪일의 세계 경제학≫, 법문사, 2010.

− 회계·세무 실무서적 −
강재원 외, ≪벤처경영 재무실무총람≫, 도서출판 바른지혜, 2001.

− 논문 −
박지순, '징계권의 법적 구조와 개별쟁점', 노동법포럼, 2008.
권미경, '직무태도가 직무성과에 주는 영향에 관한 연구', 건국대학교 경영대학원, 2009.

김문권, '동기부여가 직무성과에 미치는 영향에 관한 연구', 한경대학교 산업대학원, 2007.

김민희, '조직구성원의 이직의도와 고의적인 지각, 조퇴 및 업무태업에 관한 연구', 경희대학교 경영대학원, 2005.

김선주, '직장인의 예절의식과 생활예절 실천에 관한 연구', 성신여자대학교 교육대학원, 1997.

김윤식, '한국산업에서의 노동변수간의 관계', 중앙대학교 대학원, 2000.

문성기, '결근행위의 주요관련변수에 관한 실증적 연구', 서울대학교 대학원, 1985.

박상욱, '노동생산성에 미치는 기업 현직교육훈련의 투자효과 분석', 연세대학교 대학원, 2010.

박영재, '직장불만족이 종업원의 직장 내 반응행동에 미치는 영향에 관한 연구', 동국대학교 경영대학원, 1994.

박지은, '신뢰와 조직문화인식이 조직몰입 및 직무만족에 미치는 영향에 관한 연구', 울산대학교 경영대학원, 2010.

백석일, '조직구성원의 동기부여 활용방안에 관한 연구', 중앙대학교 행정대학원, 2003.

백승아, '주5일 근무제가 조직구성원의 직무만족도와 직무태도에 미치는 영향에 관한 연구', 영남대학교 경영대학원 2006.

이동현, '성과배분제가 동기부여에 미치는 영향", 경희대학교 대학원, 2007.

이병제, '직장-가정갈등이 조직몰입과 이직의도에 미치는 영향에 관한 연구', 세종대학교 경영전문대학원, 2009.

이연훈, '국공립병원 간호사들의 근무부서 이동에 대한 태도와 직무만족에 관한 연구', 경희대학교 행정대학원, 2003.

이현철, '인적자원개발비가 노동생산성에 미치는 영향', 한남대학교 대학원, 2000.

주영종, '조직문화 연구에 대한 통합과 실증분석', 중앙대학교 대학원, 2010.

차현진, '직장인의 직무·생활스트레스가 인터넷중독에 미치는 영향', 숙명여자대학교 정책·산업대학원, 2009.

최영아, '근로자의 조직몰입에 관한 연구", 동아대학교 대학원, 2003.

편기형, '역량주의 인적자원관리의 효과성에 관한 연구', 한국외국어대학교 경영정보대학원, 2005.

이대로 끝낼 수 없다
내 인생, 내 직장, 내 직원

초판1쇄 발행 2019년 05월 13일

지 은 이 강명주
펴 낸 이 정선균
디 자 인 이나영
발 행 처 도서기획 필통북스
출판등록 제406-251002014000068호
주   소 경기도 파주시 돌단풍길 35
전   화 1544-1967
팩   스 02-6499-0839
homepage http://www.feeltongbooks.com/

ⓒ강명주, 2019

ISBN 979-11-6180-111-7 03190

지혜와지식은 교육미디어그룹 도서기획 필통북스의 임프린트입니다.

| 이 책은 저자와의 협의 하에 인지를 생략합니다.
| 이 책은 저작권법에 의해 보호를 받는 저작물이므로 도서기획 필통북스의 허락 없는 무단전제 및 복제를 금합니다.
| 책값은 뒤표지에 있습니다.
| 잘못된 책은 바꾸어 드립니다.